古墳時代の生産と流通

和田晴吾

吉川弘文館

序

本書は、これまでに検討してきた古墳時代の「生産と流通」に関する拙文をまとめ、総括したものである。前著の『古墳時代の葬制と他界観』（吉川弘文館、二〇一四年）は、遺構論が中心となったが、ここでは遺物論が中心となる。

学生のころ、「あいつは『もの』のわかるやつだ」という先学の言葉をよく耳にした。すぐには意味がわからなかったが、そのうち、それは遺物から多くの情報を引きだすことができる研究者をさす言葉だとわかってきた。

遺物から多くの情報を引きだす方法にはいろいろな方法があるが、今の私は遺物をよく観察し、知っている他の関係遺物と比較しながら、まずは以下のような視点から検討するのがよいと思っている。

各視点とも重なるところは少なくないが、第一は、歴史的出来事を理解するのに不可欠な基本要素である５Ｗ１Ｈ（いつ When、どこで Where、だれが Who、なにを What、どのようにして How、なぜ Why）を考えること。第二は、遺物のライフサイクルにそって考えること。すなわち、特定の遺物が、特定の素材から、だれかによって、特定の技術で加工され、できあがった特定のものが、だれかの意志によって、何らかの方法で流通し、それを入手しただれかが、何らかの目的のために、特定の用い方で使用し、最後に埋納したり破棄したり、時には再利用した後に、地下に埋まったものをだれかが掘りだす、という過程にそって思いをめぐらすことである。なぜなら、その過程の一つ一つに多くの分析視角とそれに答える情報が内包されているからである。「作った人の立場」や「使った人の立場」に立って具体的に考えるというのも、その思考の一部にほかならない。そして第三は、どんな遺物にも、時期差・地域差・階層差を考慮しておく必要があるということである。

その意味では、遺物を中心に生産と流通を考えるという今回のテーマは、考古学ではもっとも基本的なもので、研究方法を基礎から学び、さらにさまざまに工夫をこらして内容を深めることができるテーマと言える。

私もまた、多分に漏れず、漁具や石棺という遺物から研究を始めたが、期せずして、自然界にあるものを採集する普遍的な営み（漁撈）の道具と、それとは正反対に、高度に階層化した社会の支配階層だけが用いる非生産的な儀礼用のものを、研究の最初に扱えたことは幸せであった。その後、「あとがき」のような経緯により、鉄、非鉄金属、ガラスなど各種の手工業に関係する遺物を検討する機会を得、時にはその生産の場の踏査や発掘や見学にも立ち会うことができ、比較的幅広く生産と流通の問題を考えることができた。

今から千数百年以上も前の時代の生産と流通は、政経分離などといった言葉が飛び交う現在とは大きく異なり、祭祀と政治が密接に係わっていたように、それらと深く結びついていた。したがって、日本列島に水稲農耕社会がはじめて定着して以降、成熟した古代国家としての律令国家が成立してくるまでの途上に位置する、弥生・古墳時代の生産と流通を扱うためには、その長い国家形成期過程の各段階についての一定の評価が求められるし、また、その評価の妥当性についての検証も求められることになる。本書では、生産と流通を加味しても、墳墓の築造を中心に設定した弥生三段階、古墳三時期五段階（本書二一五頁表14、二三三頁図32参照）の時期区分が妥当と考え、その区分を基本に叙述している。

なお、本書の編集にあたっては、各章節名の統一をはかるために、初出の論文名を一部変更した。初出の論文名については初出一覧（二九七〜八頁）をご覧いただきたい。各論文とも、できるだけ初出のままとし、その後に新たに判明したことや、その後の研究の進展についてはできるだけ補註を加え、利用に便ならしめた。また、シンポジウム記録を収録したものについては、です・ます調を改め、である調とした。改稿にあたっては、文意を変えぬ程度、書きあらため、一部の挿図も入れかえた。挿図全体については重複をさけ、通し番号を付し、参考文献は最後にまとめた。なお、失礼ながら各論文の謝辞は割愛した。「畿内政権」を「ヤマト王権」にするなど、いくつかの用語については現在使用のものに統一した。

ご一読いただき、ご批判いただければ幸いである。

目次

図表目次

第一部　弥生・古墳時代の漁具と漁撈

第一章　弥生・古墳時代の漁具

はじめに

四周を海に囲繞されたわが列島社会にあって、古来、漁撈・漁業はきわめて重要な生業の一部を構成してきた。(補註1) したがって、この業に対する研究も民俗学・歴史学・経済学をはじめとする各分野において、数多くの、すぐれた論考を生みだしてきた。しかし、初期農耕社会にあたる弥生・古墳時代のそれは、考古学界の動向が当代を農耕社会としての性格づけに性急であったことや、漁撈の専業化が未熟であったこと、あるいは、資料が非常に断片的であったことなどの理由により、すでに当代の漁撈が古代漁撈・漁業の基礎を作りあげつつあったにもかかわらず、漁撈に対する評価のきわめて低い時代となっていた。当代の漁民の担った神話・伝承が高い評価を受け、水軍としての漁民の活躍が重視されるといった研究動向の背景で、漁民、および漁撈そのものの考察はまことに不十分であったといわざるをえない。

こうしたなかで、近年、ようやく当代の漁撈に関する考古学的な考察が増加し(1)、特に漁撈と製塩が未分化であった当時の、土器製塩遺跡の研究がめざましい勢いでもって推し進められている。(2) したがって、この動向に対応して、弥生・古墳時代における漁撈集団の性格をより全体的に捉えるために、漁撈活動そのものを、直接、研究対象とすることが、一つの不可欠な作業となっている。

本章では、以上の観点より、網漁の実体を示す土錘を中心に、漁具の改良と変遷のあとを追い、その意義を明らかにしようと思う。

一　土錘の変遷

弥生時代以降の漁撈においては、網漁が漁法のもっとも重要な位置を占める。しかし、その実体を示す遺物ははなはだ少なく、ごく僅かな木製のタモ網(3)や、浮子《うき》(4)を除けば、あとは土錘と石錘が知られているのみである。しかも、土器片錘や有溝土錘、有溝管状土錘などとともに、切目石錘や打欠石錘が大きな比重を占めた縄文時代に比べ、石錘の比重はきわめて低く、特に小稿の中心的な対象水域である瀬戸内海沿岸においては、土錘が網錘のほとんどすべてであったといっても過言ではない(5)。したがって、現状では、網漁の分析は土錘に頼るほかはない。

(1)　型式分類

そこで、まず、土錘を漁網（沈子《しずみ》網）との着装技法を考慮しつつ、分類すると、

1　土製品の中心に貫通孔を穿ったもの
2　棒状土製品の端部に貫通孔を穿ったもの
3　土製品の外表に溝をめぐらせたもの
4　土製品に貫通孔と溝の両者をつけたもの

の四者に大別することができ、それぞれを「管状土錘」「棒状土錘」「有溝土錘」「有溝管状土錘」と呼ぶ。

つぎに、それぞれを形態より、さらに細分して以下のごとくする(6)（図1）。

①　管状土錘

a類　縦断面が隅丸長方形、ないしは楕円形を呈し、横幅が長さの二分の一以上を示す、全体にずんぐりしたもの（図1―1・2）

b類　a類を縦長にした形で、長さに対して横幅が二分の一未満のもの（10・11）

c類　縦断面が長方形をなす端正な形を呈するもの（4・12）

d類　縦断面がほとんど正方形に近いもの（5）

e類　断面が円形に近い、いわゆる「球形土錘」（6）

②　棒状土錘

a類　棒状土製品の両端に貫通孔を穿ったもの（7・13）

③　有溝土錘

a類　球形に近い土製品の外表に一条の溝をめぐらせたもの（8）

b類　卵形土製品の外表に長軸方向の溝を一条めぐらせたもの（14）

c類　卵形土製品の外表に長軸方向と短軸方向とにそれぞれ一条の溝をめぐらせたもの（9）

④　有溝管状土錘

a類　管状土錘の外表の一面にのみ穿孔方向に一条の溝をつけたもの（3）

なお、土錘の漁網への着装技法としては、二つの技法が一般的である。一つは、いわゆる「沈子綱」に、直接、一

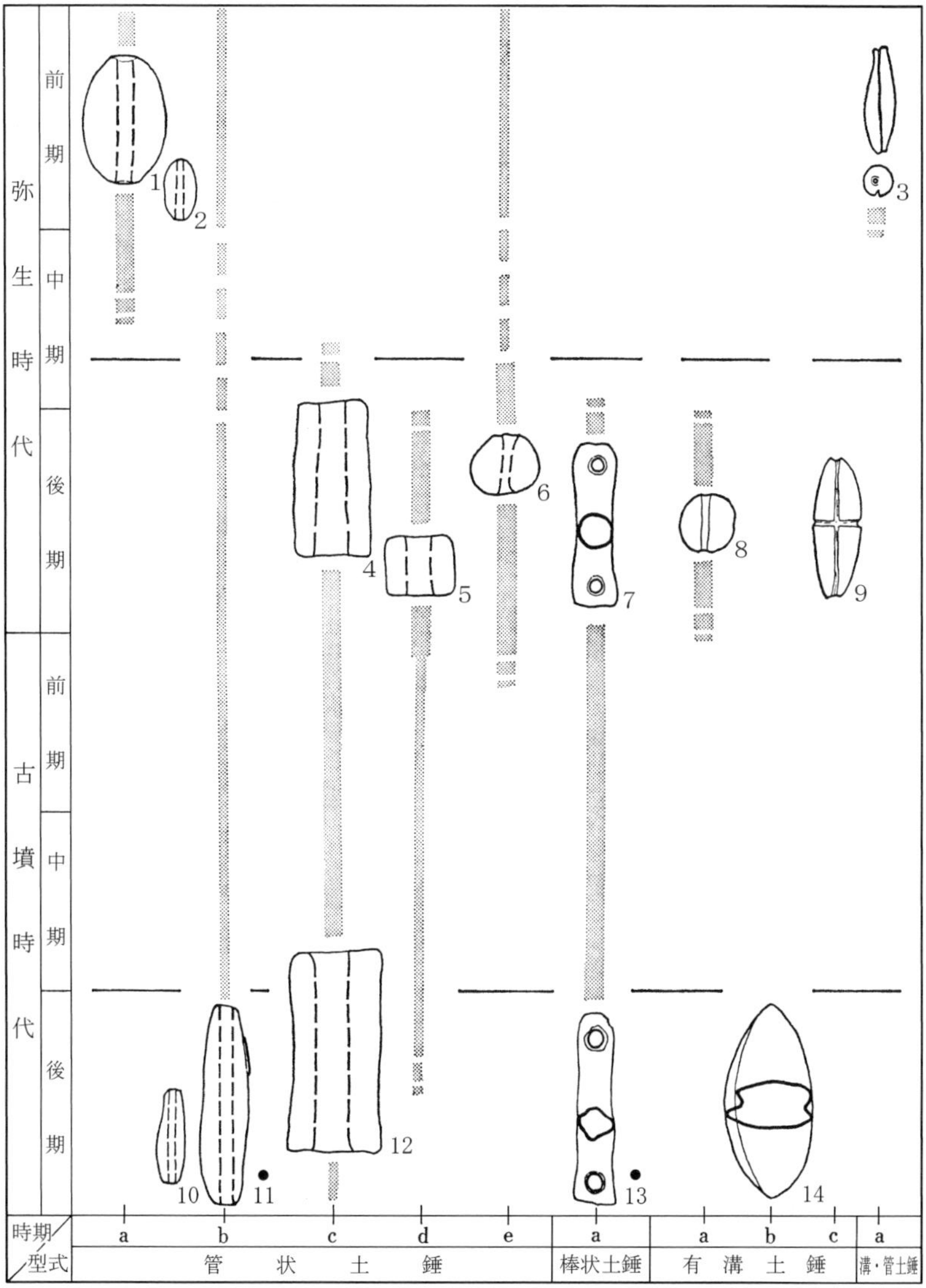

図1　土錘の分類と変遷

1・2山口・綾羅木郷　3福岡・夜臼　4兵庫・大中　5大阪・府大農学部　6兵庫・常全　7和歌山・井辺　8岡山・上東　9愛媛・北条菖蒲ヶ谷　10滋賀・湖西線　11滋賀・鏡山　12徳島・日出　13大阪・大園　14和歌山・津久野　(●須恵質)

定の間隔をおいて、連続的に土錘を着装する方法（A技法）であり、他は土錘を一個ずつ「下げ糸」に結びつけ、「下げ糸」の他の端を漁網ないしは「沈子綱」に着装する方法（B技法）である。対象とした土錘では、その形態より類推し、有溝土錘c類を除き、他はすべてA技法により漁網に着装されたと推定する。この着装技法の差は土錘の重量と漁網の規模とを対比する上で十分注意されなければならない点である。

(2)　重量と規模

ところで、網錘たる土錘の役割とは、漁網を水中に沈めたり、あるいは浮子と併用されて、沈降力と浮力とによって漁網を水中に直立させたりする点にある。したがって、重量という要素は、土錘のもつ属性のなかで、もっとも重要な要素にほかならない。そこで、各種の土錘の重量を比較すると図2のごとくであり、管状土錘a・b類を除く他の種類のものは、一グラムから数百グラムに至るまでの重量範囲のなかの、特定の重量と密接に結びついていることが明らかである。したがって、後者の重量幅を拠りどころとしつつ、土錘の相対的な規模をつぎのごとく想定する。

まず、管状土錘b類にきわめて数多くの二〇グラム未満の製品が存在することにより、これを「小型」とする。つぎに棒状土錘a類の重量幅を中心に「中型」を設け、その幅を二〇グラム以上、八〇グラム未満とする。すると、この重量範囲内において、管状土錘c類は五〇グラム以上を示し、これに対して管状土錘e類はほとんどが五〇グラム未満を示す。そこで中型は五〇グラムの境をもって、以上を「中の大型」、未満を「中の小型」と二分する。また、八〇グラムを超えるものでは、一般によく出土するものの重量を二〇〇グラム未満とおさえ、これを「大型」とする。そして、稀にしか出土しないもの、あるいは特定の種類にのみ限られる二〇〇グラム以上のものを「超大型」とする。対象とした土錘では四〇〇グラムから七〇〇グラムにまで達するものがある。

したがって、各種の土錘の規模はつぎのごとく規定することができる。

〈管状土錘〉

a類　小型から超大型まであるが、中型と大型が中心

b類　小型から超大型まであるが、特に小型の出土が多い

c類　中の大型から超大型がほとんどである

d類　中型と大型があるが、中型が中心

e類　小型と中の小型がほとんど

〈棒状土錘〉

a類　中型で中の小型が多い

〈有溝土錘〉

a類　小型が中心で、中の小型もある

b類　中型から超大型まであるが、中の大型、大型が中心

c類　中型。大型もあるらしい

〈有溝管状土錘〉

a類　小型から中型

なお、弥生時代以降の土錘の重量を縄文時代の土錘、および石錘との比較でみておくと、[7]縄文時代の土器片錘、有溝土錘、有溝管状土錘は小型と中の小型がほとんどで、せいぜい中の大型どまりであり、切目石錘でも中の大型の割合が増加する程度で、八〇グラムを超える大型はごく僅かにすぎない。したがって、大型以上の土錘の出現は、弥生時代

前期以後の土錘の一つの大きな特徴ということができる。ただ、漁網錘としての性格が否定しきれない縄文時代の打欠石錘のみには大型以上のものがある。打欠石錘に関しては不明なところも多いが、ここでは先に述べた漁網との着装技法との関係でB技法を推定し、単に網を沈めればよいといった程度の機能を想定しておきたい。

これら各種の土錘の重量を媒介とする相互の関係については後述することとして、では、つぎに各型式の編年と分布を中心に概要を述べよう（図1）。

(3)　型式の概要

①　管状土錘

a類　この種類の土錘はb類とe類の中間的形態を示し、遺跡によっては、この型式のバラエティのなかにb類やe類が若干含まれることもある。なぜなら、a類は弥生時代最古の土錘の一つであり、以降の管状土錘各種の祖型をなす、粗製で、形態的にいまだ安定していないものだからである。

弥生時代前期の例は、山口県綾羅木郷遺跡（図1—1・2）〔下関市一九六九・七一〕、兵庫県吉田遺跡〔直良・小林一九三二〕、大阪府鬼塚遺跡〔藤井・都出一九六六〕、三重県大谷遺跡〔小玉一九六六〕・永井遺跡〔小玉・伊藤一九七三〕、愛知県貝殻山遺跡〔柴垣ほか一九七二〕・西志賀遺跡〔紅村一九六三〕など、瀬戸内海沿岸から伊勢湾沿岸にいたるまでの、いわゆる遠賀川式土器の分布と重なって出土する。また、中期前葉には大分県台ノ原遺跡〔後藤ほか一九七五〕、山口県伊倉遺跡〔小野ほか一九七三〕、奈良県唐古鍵遺跡〔末永ほか一九四三〕などに出土例をみる(8)（図3—1）。

重量的には中型と大型が中心をなすが、すでに小型から超大型までが存在し、後の管状土錘各型式へと分化していくものと考える。

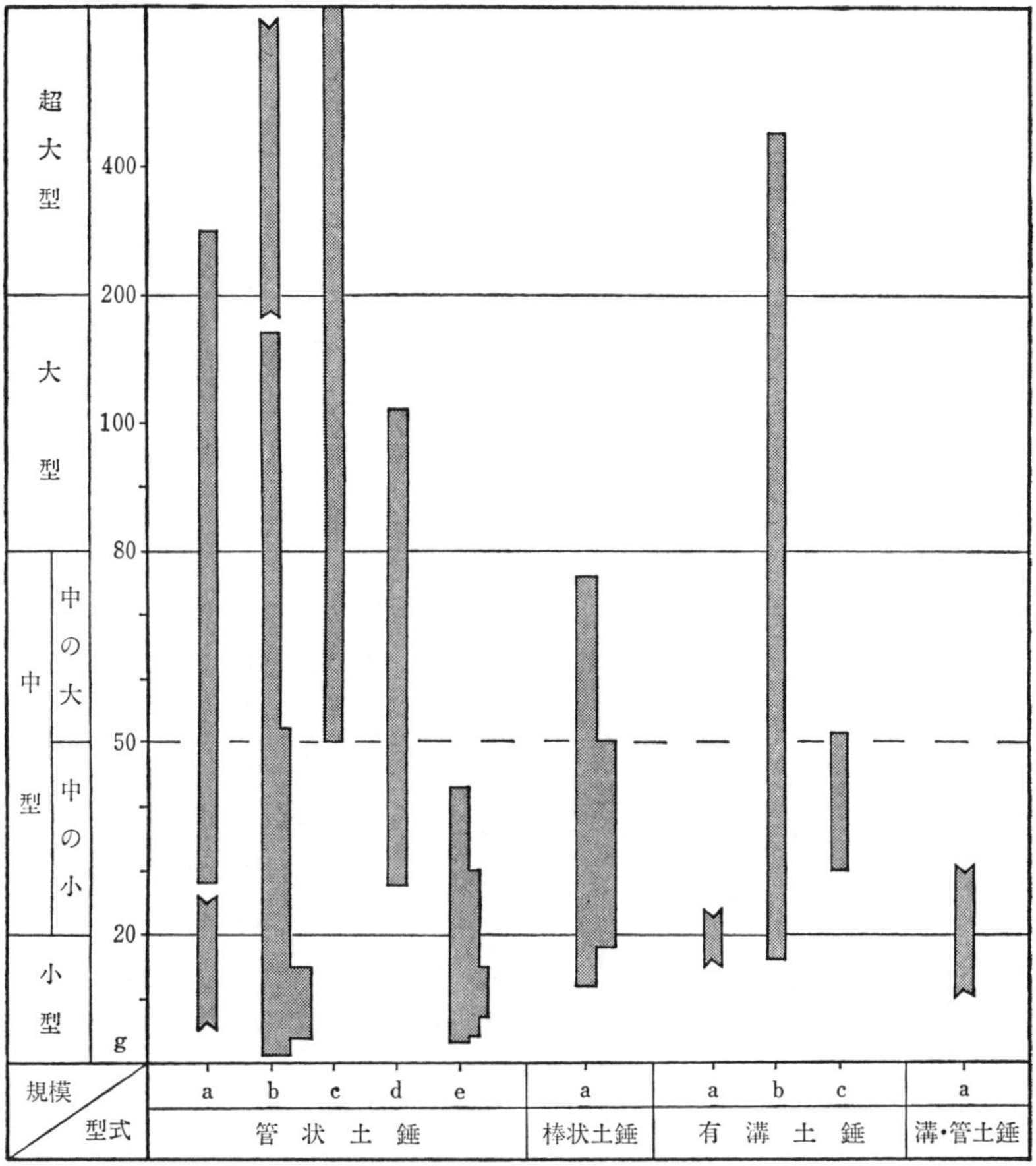
超大型
大型
中型
中の大
中の小
小型
400
200
100
80
50
20
g
規模
型式
a
b
c
d
e
管状土錘
a
棒状土錘
a
b
c
有溝土錘
a
溝・管土錘

図2　土錘の重量比較

b類　もっとも普遍的な土錘の形態を一括したために、より細分は可能であるし、重量的にも小型から超大型までが存在する。愛媛県南宮ノ戸遺跡〔得居一九五九〕例のごとく、弥生時代前期に若干の小型があるが、それらは西日本の縄文時代後・晩期に分布していたと推測される管状土錘(9)の系譜を引くものとも受けとれる。しかし、弥生時代前期の小型に直続する確実な例はなく、後期になって大阪府池上曽根遺跡〔第二阪和一九七〇〕に典型的な紡錘形を呈する中型をみる程度である(10)。現状では、この種類の土錘は古墳時代後期にいたってはじめて西日本の各地に、小型から大型までの各種が確認できるようになる。ここでは、その例として、福岡県下山門遺跡〔山崎ほか一九七三〕、広島県馬取遺跡〔松崎・潮見一九六三〕、大阪府船橋遺跡〔平安学園一九六二〕、誉田白鳥遺跡〔野上一九七二〕、京都府高川原遺跡〔中谷ほか一九七五〕、滋賀県湖西線関係遺跡（10）〔田辺ほか一九七三〕、三重県西ヶ広遺跡〔小玉・谷本一九七〇〕、愛知県埋田遺跡〔吉田一九六八〕、石川県笹原遺跡〔中口・上野一九六〇〕などの例を指摘しておこう。そして、この時期にいたっては滋賀県鏡山窯跡群例（11）〔京都大学一九六八、和田一九八一〕のごとく、須恵器窯で焼成される例も出現してくるのである。

したがって、b類においては、後の時代に盛んに用いられるようになる小型をも含めて、その盛期は古墳時代、それも後期以降にあったものと推察する。

c類　a類が定型化し、体形が直線化したものである。弥生時代中期の例としては、中期後葉の岡山県児島上之町保育園内遺跡例〔間壁一九六九〕が知られているのみであるが、同時代の後期から古墳時代前期にかけては岡山県雄町遺跡〔正岡ほか一九七二〕、兵庫県門前遺跡〔上田ほか一九七一〕・大中遺跡（4）〔上田ほか一九六五〕、大阪府西岩田遺跡〔荻田・北野一九七二〕・遠里小野遺跡〔藤岡一九四二〕・四ッ池遺跡〔堅田一九六九〕・池上曽根遺跡など、瀬戸内海中・東部から大阪湾沿岸を中心に出土し、中の大型、大型として盛行する。そして、古墳時代中期には大阪府大園遺跡〔広瀬一九七六〕、和歌山県楠見遺跡例〔網干ほか一九七二〕のごとき、超大型をも生みだす。しかし、古墳時代後期に入ると、

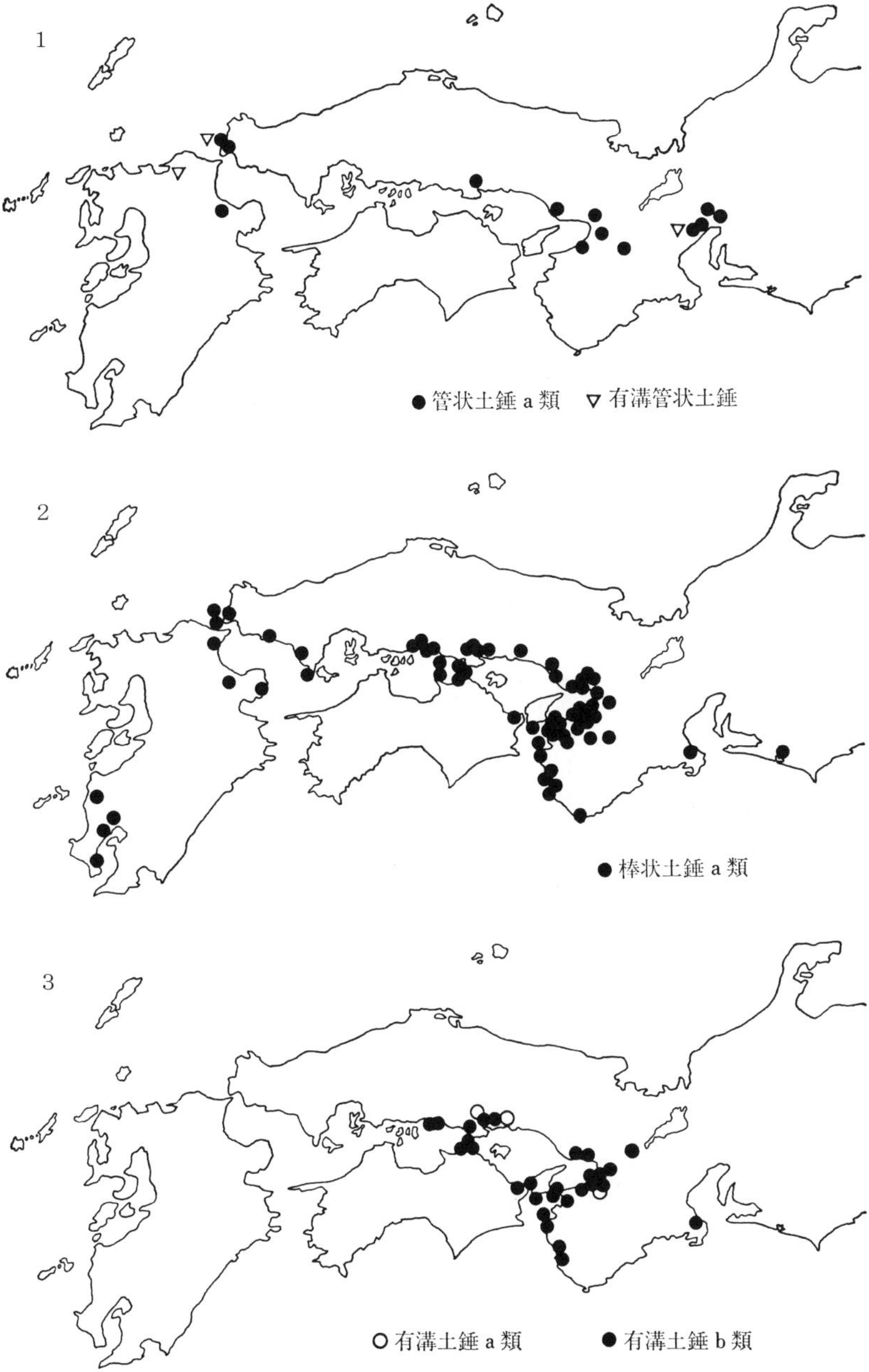

図3　土錘の分布

前時期に栄えた地域での類例は乏しくなり、かえって、その周辺の徳島県日出遺跡(12)〔森・白石一九六八〕、和歌山県鷹島遺跡〔巽・中村一九六九〕などに類例をみる。

他方、伊勢・三河湾沿岸においても、c類は愛知県瓜郷遺跡〔豊橋市一九六三〕例など、すでに弥生時代後期には出現しており、古墳時代後期末には、静岡県大沢・川尻両須恵器窯跡群〔遠江一九六六〕で焼かれているほか、平安時代以降の知多・渥美両半島の雑器窯で盛んに製作されている。

なお、c類はa・b・e類と異なり、内陸部での発見例がほとんどなく、海岸線沿いの遺跡から多く出土する点に特色がある。

d類　形態的にはc類の長さを縮めたものと理解できるものである。弥生時代後期から古墳時代前期にかけて、岡山県雄町遺跡・御堂奥遺跡〔池畑・葛原一九七四〕、兵庫県常全遺跡〔磯崎ほか一九七二〕、和歌山県会津川々床遺跡〔浦一九三八〕、静岡県口野洞高遺跡〔笹津一九六四〕などに出土しているほか、時期不詳であるが、大阪府大阪府立大学農学部構内遺跡(5)〔京都大学一九六八、和田一九八二〕、静岡県浜名湖弁天島海底遺跡〔内藤・市原編一九七二〕にもみられる。

d類の存続期間や分布地域はc類のそれとほぼ重なり、両者の間に密接な関係のあったことが予想される。紐孔がc類に劣らぬ太さをもつものが多いが、その場合は、紐の太さは同一で、重量を減らすといった点に意味があったのかもしれない。

e類　この種類のものは紀伊半島西岸以西で二〇を超える遺跡に出土が報告されているが、いずれの場合も一例から三例程度の出土である。しかも岡山県上東遺跡鬼川市地区の竪穴住居跡より土製勾玉と伴出した例〔伊藤ほか一九七四〕もあり、類例のなかには祭祀用の土製丸玉であった可能性の高いものも含まれている。また、大分県安国寺遺跡例〔鏡山ほか一九五八〕のごとく、算盤玉の形をしたものなど、紡錘車としての機能を否定できないものもある。この地域では、弥生時代前期から中期前葉にかけての大遺跡である山口県綾羅木郷遺跡例がもっとも遡りうる例であるが、弥生時代の古い段階の例はほとんどなく、和歌山県荻原遺跡例[11]が中期後葉、岡山県雄町遺跡例が中期後葉ないし後期初頭とされているほかは、ほとんどが弥生時代後期に属す。

他方、琵琶湖沿岸から伊勢・三河湾沿岸、および関東地方にかけてのe類は分布、出土量などの点からみて、前の地域よりは、はるかに漁網錘であった可能性が高い。そのうち、伊勢・三河湾沿岸では、弥生時代前期の三重県永井遺跡や愛知県貝殻山遺跡において、管状土錘a類のバラエティの一つといった状態で出土しているが、ここではa類衰退以後も、中期の三重県上箕田遺跡例〔三重県立神戸編一九六一、真田ほか一九七〇〕、後期の同県西ヶ広遺跡・高松遺跡〔三重大学一九六四〕、古墳時代前期の愛知県欠山遺跡例〔紅村ほか一九六五〕と存続し、その後、瀬戸内海沿岸同様、姿を消していく。

以上の二地域に対し、琵琶湖沿岸や関東地方では、e類が古墳時代を通じて盛んに用いられていることは注目される。[補註2]

② 棒状土錘

a類　弥生・古墳時代の土錘としてはもっとも特色ある形態を示すもので、現状では系譜関係が明らかでなく、突如として出現した感が強い。しかし、弥生時代後期には、兵庫県大中遺跡、和歌山県井辺遺跡（7）〔和歌山市一九六五・大野一九六六〕・大目津泊り遺跡〔巽一九六六〕・笠嶋遺跡〔安井編一九六九〕などに出現し、古墳時代前期初頭には岡山県雄町遺跡・御堂奥遺跡でも出土している。したがって、この時期の分布密度からして、a類がはじめて漁網錘として用いられた地域は、瀬戸内海中部から紀伊半島西岸にかけての地域であった可能性が高い。

その後は図3―2のごとく、西は鹿児島県七社遺跡〔出口一九七四〕などから、東は静岡県浜名湖の弁天島海底遺跡に至るまで、中型の新製品として分布を急速に広げるとともに、古墳時代後期には大阪府陶邑窯跡群〔中村ほか一九七六〕や福岡県天観寺山窯跡群〔小田ほか一九七七〕において、須恵質のものが製作されるようになる。しかし、奈良時代以降〔和歌山県津久野遺跡例[12]、広島県草戸千軒遺跡例〔広島県一九七五〕など〕は徐々に衰退していく。

なお、棒状土錘a類は奈良・和歌山両県を流れる紀ノ川沿岸を除けば[13]、他はいずれも海岸線沿いに分布し、瀬戸内海中部から紀伊半島西岸にかけての土器製塩遺跡の盛衰と密接に関連している[14]。

③　有溝土錘

a類　類例に乏しいもので、岡山県雄町遺跡に弥生時代中期後半から後期初頭にかけての例が、同県上東遺跡に後期前半の例（8）が出土している。ともに小型のもので、後出のb類とは系譜的につながらないものである。漁網錘としての性格も弱い。同形態の石錘との関連性が考えられる[15]（図3—3）。

b類　一般には扁平な卵形土製品の幅狭い側面に溝を一条めぐらせているが、なかには幅広い面に溝をめぐらせる場合もある。ただ、後者の場合は土製品が厚く、横断面がほぼ円形に近くなっていることが多い。

図3—3のごとく、瀬戸内海中部から紀伊半島西岸にかけての海岸線を中心に分布しているが、時期不明のものが少なくなく、分布図には平安時代以後のものも含まれている。そのなかで、徳島県日出遺跡出土の大型例が、現在もっとも遡りうる例であり、古墳時代後期初頭の須恵器群と伴出している。以後、古墳時代後期の例としては岡山県広江浜遺跡〔間壁一九六六〕、兵庫県沖の島二号墳〔宮崎一九六三〕時期不確実〕、和歌山県大目津泊り遺跡例などが知られているが、その盛期は奈良時代以後と推定する。

c類　大阪府池上曽根遺跡、愛媛県上難波恵良遺跡〔得居一九五九〕などに出土しており、前者の一例は弥生時代後期のピットより出土している。いずれもまとまって出土するものではなく、池上曽根遺跡、あるいは福岡県宮の前遺跡

〔酒井一九七〇・橋口一九七一ほか〕・野方中原遺跡〔柳田ほか一九七四〕などにみられる同時期の類似形態の石錘の材質転換したものとみることもできる。

④　有溝管状土錘

a類　管状土錘a類、ないしはb類の一側面に貫通孔と同じ方向の溝をもつもので、新古二群がある。古い一群は弥生時代前期に属す小型で福岡県夜臼遺跡（3）〔森一九六一〕、山口県綾羅木郷遺跡、および愛知県永井遺跡より出土している〔図3—1〕。他方、新しい一群は広島県ザブ遺跡〔中田ほか一九七三〕、和歌山県串ヶ峯遺跡〔巽一九六四〕例など平安時代以後のもので、中型以上のものである。

(4)　編年と発展段階

以上が土錘各種の概要である。その結果を、まず、編年的にまとめると図1のごとくである。

一、弥生時代前期においては管状土錘a・b・e類、および有溝管状土錘a類が存在する。なかでも管状土錘a類が中心をなし、すでに小型から超大型のものまでが出現している。他はいずれも小型、ないしは中の小型で、類例が少ない上に、後続するものが明確でなく、漁網錘として十分な展開をとげない。

二、弥生時代中期後葉に入ると、管状土錘a類の、中の大型や大型は管状土錘c類として定型化する。また、小型から中の小型の管状土錘e類はこの時期から類例を増してくるが、瀬戸内海沿岸から紀伊半島西岸にかけての地域ではあまり発達せず、古墳時代には姿を消していく。このような弥生時代中期後葉からの変化は、同時代の後期になるとさらに増幅され、中型として管状土錘b・d類、および棒状土錘a類が出現し、なかでも棒状土錘a類が急速に発展し、分布を拡大していく。なお、この時期には有溝土錘a・c類がみられるが、漁網錘としてはあまり重要な役を果たさなかった。また、この段階の終わりごろの古墳時代中期中葉において、管状土錘c類のなかに超大型が現れてくることが注目される(16)。

三、古墳時代も後期になると、中の大型から超大型として発達していた管状土錘c類は徐々に減少し、これにかわって新種の有溝土錘b類が出現してくる。また、遅くとも弥生時代後期には中型として現れていた管状土錘b類の中型、大型が発達し、管状土錘c類の段階で土錘の大型化が達成されなかった地域にも分布を拡大する。瀬戸内海沿岸や伊勢・三河湾沿岸を除く地域では、このb類の登場によって、はじめて土錘の大型化が達成された場合が多かったと推測する。そして、以前には顕著でなかった小型に管状土錘b類が現われ、以後の時代に盛んに用いられるようになる。したがって、この段階の終わりには管状土錘b類と有溝土錘b類とが土錘の中心を占めるかたちとなり、前段階以降の多様性を発展的に統一していく方向へと向かう。そして、奈良時代以後しばらくは、この延長線上にあったものと予測する。

したがって、土錘にみられる画期とは、西日本に管状土錘a類が普及し、小型から、縄文時代にはみられなかった大型までが出揃った弥生時代前期以後では、第一に、この前期の土錘が普及、定型化するとともに（管状土錘b・c・d・e類）、中型として、まったく新たな型式の棒状土錘a類が発展してくる弥生時代中期後葉から後期である。そして、第二が大型に新種として有溝土錘b類が出現し、管状土錘b類が小型から大型までの全重要幅を覆うとともに、特に小型として顕著な展開をみせだす古墳時代後期である。ただ、第二の画期は、新たな種類が出現するといった質的な変革をとげる古墳時代中期後葉から後期前葉と、量的な展開をとげる後期後葉とに分けることができそうである。

各時期の中心的な土錘の種類と規模という点から、これを図式的に表現するならば、

大型（超大型）　管状土錘a類——管状土錘c類——有溝土錘b類・管状土錘b類

中型　管状土錘a類――棒状土錘a類（管状土錘d・e類）――棒状土錘a類・管状土錘b類と、まとめることができる。ただ、小型のみは、e類を除くと、第三段階以降の管状土錘b類の普及をもって、はじめて漁網錘としての発展をとげたといえるであろう。

弥生・古墳時代の土錘の動向は、以上のごとく二つの画期、三つの段階を経たものとして把握することができる。この間、若干の超大型を除けば，土錘全体の重量幅にはさしたる大きな変化はなく、大・中・小それぞれ特定の重量と結びついた各種の土錘がセットとしてこの全重量幅を覆っていたのである。この事実は当代の土錘を特徴づけるもっとも重要な性格の一つにほかならない。そして、このことは多様な漁網の存在を示すとともに、各漁網に固有の土錘が存在していたことをも示しているものと理解したい。すでに指摘した、管状土錘a・b類のみが一種類でもって土錘の全重量幅を覆っていた理由は、a類が弥生時代以降の土錘の祖型としてあり、b類が古墳時代よりも後の時代にもっとも普及した種類としてあったがためなのである。

なお、ここで注目すべきことは、以上に述べてきた土錘変革の舞台の中心となった地域は、長い列島の海岸線のなかでも、特に瀬戸内海中部から紀伊半島西岸にかけての地域であり、同地方でも内水域では海岸線からの影響下に管状土錘a・b・e類がわずかに展開をみせた程度ということである。この地域の海岸線が他の地域と比べて、土錘の優位性を顕在化させてくるのは弥生時代中期後葉から後期にかけての第一の画期以降のことである。そして、まさにこの時期において、同水域ではイイダコ壺が漁具として定着する一方、土器製塩が急速に展開し、海上生産活動が活況を呈してくるのである。

(5)　漁網の復元

では、以上に述べてきた各種の土錘は、いかなる漁網を反映しているのであろうか。この問いに関しては十分な見解を持ちあわせてはいないが、漁網復元の方法とともに、若干の見通しはつけておきたい。その場合に問題となるのは、第一に土錘の形態、重量、使用痕などであり、第二には出土遺跡の性格と、対象魚を含めた自然環境である。

そこでまず、棒状土錘a類を取りあげる。中型のこの土錘は棒状土製品の両端に穿孔されるという特殊な形状を示し、両端部には磨滅による溝状の使用痕をしばしば残している。したがって、それぞれの孔に紐をくくりつけ、先に述べたA技法でもって、漁網に着装されていたであろうことは想像に難くない。しかし、その形態からして、半折しやすく〔事実半折品が非常に多い〕、あまり激しい力で操られたものではないと推測する。

つぎに、分布をみると、ほとんどが海岸線の遺跡で出土し、しかも、大阪府羽衣砂丘遺跡〔宇田川一九五九〕・春木八幡山遺跡〔堅田一九六五〕といった和泉砂丘地域にも、あるいはまた、和歌山県友ヶ島〔森・白石一九六八〕や兵庫県沼島といったリアス式の礫底海岸地域にも分布していることが注目される。つまり、一型式の土錘が一型式の漁網を反映しているとすれば、棒状土錘a類の示す漁網は、海岸や海底の条件とはあまり関係なく操業されえたものと推定することができる。

したがって、以上の二点に、この土錘を着装した漁網の規模が、後述のごとく、古代家族内の労働規模で十分操業しうるものであったとの推測を加えれば、ある種の漁網をかなりの妥当性でもって予想することができるであろう。これらの点からして、安井良三が、和歌山県笠嶋遺跡の報告書〔安井編一九六九〕において、伴出の木製品を浮子〔網《あ》端《ば》〕とする刺網類を復原したことは、もっとも可能性のある一つの卓見であった。

ところで、漁網復元の前提的な作業として、各型式の土錘が反映している本来の漁網はどの程度の労働規模でもって操業されたのであろうか。この問いに対しても、棒状土錘a類は一つの重要な示唆を与えてくれる。すでに指摘したとおり、棒状土錘a類は土器製塩遺跡と密接な関係を有しているのであるが、特に分布密度の高い紀伊半島西岸の観察では、遺跡の大小を問わず、頻繁に出土していることが注目される。すなわち、棒状土錘a類を着装する漁網は製塩遺跡の自然条件に適応し、その展開と時期的に一致したというにとどまらず、労働サイクル、労働規模といった製塩遺跡での労働様式にきわめて適合したからこそ、多用された漁網であったと推定できるのである。したがって、この種の漁網の規模は製塩遺跡での基本的な生産単位——ここでは一応、古代家族程度の規模を推定する(17)——内でもっともよく操業しえたものと考える。(補註3)

そこで、A技法で着装される土錘の規模は一定程度漁網の規模を反映しているとの前提のもとに、土錘各種と重量の関係から、棒状土錘a類を始めとする中型には家族労働規模内の漁網を、大型、ないしは超大型には家族労働を超えた、より大規模な協業を必要とする漁網を、そして、小型には一人、ないしは二人程度で操業可能な小型の漁網を想定したい。

この見解に立てば、弥生・古墳時代の土錘の発展の中心に大型があること、弥生時代後期を中心とする第一の画期以後に棒状土錘a類が中型として盛行すること、小型の多用化が古墳時代後期の第二の画期以後に始まること、および、もっとも大規模な協業が予想される超大型の定着が、すでに古墳時代中期にみられることなどは、ただ単に各時期の漁網の変革を表しているにとどまらず、各時期に特徴的な労働規模をきわめて敏感に反映しているものと受けとることができる。

以上、この節では、漁網復元の可能性とその成果の一つの見通しについて述べたが、ここでは推論を重ねることはさけ、つぎに他の漁具の動向を窺い、土錘との対応を検討しよう。

二　イイダコ壺と須恵質漁具

ここでいう「イイダコ壺」とは、イイダコの捕獲に用いられた器高が一〇センチ程度の小型壺である(18)。民俗例に従えば、親縄に連なる数十本の枝縄の先にこの小型壺をつけ、海底に沈め、イイダコの潜入をまって、これを引き上げるという一種の陥穽漁具である。したがって、その労働規模は、多くの釣針や刺突具の示すそれと同様、ごく小規模なものであったろう。たとえば、大阪府池上曽根遺跡出土の例（後述のa_1類）では、一個の平均重量は約一七〇グラムであり、六〇個前後の一括出土例の場合でも(19)、全重量は一〇キロ程度である。舟を用い、何組かを同時に使用したとしても、一人、ないしは二人程度の操業で可能である(補註4)。

しかし、イイダコ壺は出土量が多く、時代の変移を敏感に反映しているという点ではきわめて重要な資料であり、当代の漁具のなかではもっともよく研究されている(20)。したがって、ここでは詳論はさけ、諸先学の研究成果に導かれつつ、大阪湾と播磨灘沿岸を中心にその変遷を大づかみにし、他地域へと及んでいきたい。

さて、イイダコ壺には基本的にコップ形のもの（a類）と、釣鐘形のもの（c類、図4の3・7・9）の二形態がある。

a類はさらに丸底（a_1類、1・5・6）、平底（a_2類、同2）、尖底のもの（a_3類）、および全体が球形に近い丸底のもの（a_4類、10）に分けうるが、口縁部近くに一孔を有するのが普通である。ただ、a類のなかには底部にも一孔を有する例があり、今はこれをb類とする（細分はa類と同じ、4・8）。

これらのなかで、まず最初に漁具として定着してくるのはa_1・a_2類であり、少なくとも弥生時代中期中葉には出現している。大阪府池上曽根遺跡例、兵庫県東溝遺跡例（図4―2）〔石野・松下一九六九〕などはその代表的な例であるが、前者ではa_1類、後者ではa_2類が主体を占める。この差は相対的なものであるが、その後の展開のなかでも認めうるもので、大阪湾東岸（和泉中心）と大阪湾北岸から播磨灘沿岸（西摂、播磨）との地域差として捉えうるものであろう。

ところで、a類は古墳時代に入ると徐々に衰退し、尖底化（a_3類）、あるいは球形化（この中にb類もあり）していくが、この動きとは別に出現し、後のイイダコ壺の主体となるのが釣鐘形のc類である。現在のところ、「M地区R六四地点の井戸で、第三・四・五様式と伴出した」〔第二阪和一九七〇〕とされる池上曽根遺跡例（図4―3）がもっとも遡りうるものであるが、古墳時代に入ると、大阪湾沿岸から播磨灘にかけての各地で用いられるようになる。そして、古墳時代中期以降は大阪府南部の陶邑窯跡群〔森一九六三、田辺一九六六、大阪府一九六七、中村ほか一九七六〕で須恵質のものが焼成されるようになる。須恵質イイダコ壺は六世紀後半から八世紀にかけてが盛期であった。

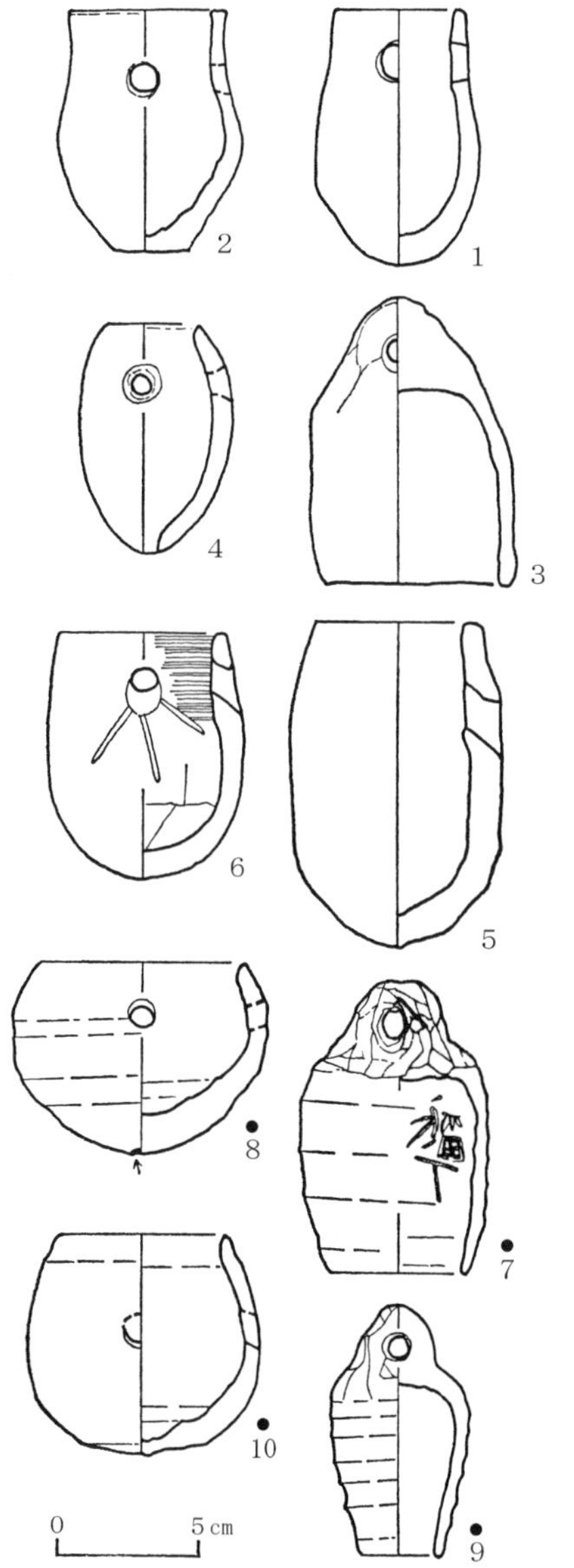

図4　イイダコ壺の変遷

1・4大阪・四ツ池　2兵庫・東溝　3大阪・池上曽根　5福岡・蔵ノ元　6福岡・下山門　7大阪・大園　8山口・松山　9岡山・玉島長尾　10福岡・天観寺山　（●須恵質）

なお、b類は弥生時代後期には出現しており、須恵器窯で焼成されるものも現れるが、類例はけっして多くない。ただ、釣鐘形のc類の出現に先だって、b類の底部の孔に紐を結び、コップ形の容器を逆さに使うような方法があったとすれば、a類からc類への過渡的な型式として注目されてよい。

以上が大阪湾沿岸を中心とする地域でのイイダコ壺の変遷の概要であるが、その動向は、(1)弥生時代中期中葉頃に想定されるイイダコ壺の漁具としての定着（a類）、(2)弥生時代後期、あるいはそれを若干遡る時期におけるc類の出現、および(3)古墳時代中期における須恵質イイダコ壺の登場（量的な問題を重視すれば古墳時代後期後半）として、その要点を捉えることができる。

ところで、イイダコ壺の分布は、西は福岡県から東は愛知県にまで及び、時には奈良盆地、京都盆地といった内陸部でも若干出土する。そのうちでイイダコ壺が本来の用途として使用された地域は、前述の大阪湾から播磨灘沿岸のほかに、博多湾沿岸、瀬戸内海西部（周防灘沿岸）、瀬戸内海中部の三地域である。現在の知見では、博多湾沿岸においては福岡県蔵ノ元遺跡〔塩屋・折尾一九七五〕（図4―5）・西新町遺跡〔福岡市一九七七、朝日一九七八〕例などの示す弥生時代後期末、ないしは古墳時代前期初頭以後にa_1類が用いられ、瀬戸内海中部の備讃瀬戸では古墳時代後期以後にc類のものが使用されている[21]〔善入一九五九、山本一九六九〕。また、周防灘に面す山口県松山窯跡群[22]や（同8）福岡県天観寺山窯跡群〔小田ほか一九七七〕（同10）においては、球形に近いコップ形のものが焼かれており、六世紀末から七世紀前半の特色ある一群とすることができる[23]。なお、これに似た例は大阪府陶邑窯群跡でも若干出土する。

イイダコ壺の動向を以上のごとく把握したとき、その動きの中心が大阪湾沿岸地域にあったこと、および、そこでの変遷過程が土錘のそれと密接に結びついていることは明瞭である。そのため、ここでは、土錘とイイダコ壺の両者に共通する須恵質製品の問題を若干深めておきたい。

まず、須恵質漁具の例を再整理すると、イイダコ壺は大阪府陶邑古窯跡群、山口県松山窯跡群、福岡県天観寺山窯跡群で、土錘は陶邑窯跡群〔棒状土錘a類〕、天観寺山窯跡群〔同上〕、滋賀県鏡山窯跡群〔管状土錘b類〕、静岡県大沢・川尻窯跡群〔管状土錘c類〕で製作されていることが確認できる。これら須恵質漁具のなかでは、大阪府今池遺跡出土〔森村一九七六〕のイイダコ壺c類がもっとも古く、五世紀前葉の須恵器群と共伴しており、陶邑古窯跡群におけるイイダコ壺の焼成をこの時期にまで遡らせることが可能である[24]。しかし、この窯跡群での製作量が増加するのは六世紀後半以降であり、土錘の焼成例もこの時期になって確認することができる。また、松山、天観寺山、鏡山の各窯跡群では六世紀末までには生産を開始しており、大沢・川尻古窯跡群では、やや下って七世紀中葉での生産を示す[25]。このほか、須恵器窯は不明であるが、福岡県下山門遺跡〔山崎ほか一九七三〕、京都府高川原遺跡〔中谷ほか一九七五〕などでは、六世紀末から七世紀にかけての須恵質の管状土錘b類が出土している。古墳時代中期中葉、大阪府の陶邑窯跡群に始まった現象は、古墳時代後期も後半には、西日本の各地にみられるようになったのである。

このことは、一つには、漁業の発展とともに、水中で使う土製の漁具として、硬質で耐水性の強いものが求められたからにほかならないが、当時の漁業集団が、それまで自給してきたであろう土錘やイイダコ壺といった生産用具の製作を他の集団の手に委ねた点に大きな意味をみいだすものである。このことは、狭小な島嶼や、海岸部における横穴式石室墳の築造や、漁具の副葬などと対応し、当時の漁村内部に起った大きな社会的・政治的変動を明示するにほかならない[26]。

三　釣針の改良と漁具の鉄器化

釣漁は弥生・古墳時代においても、網漁と並ぶ重要な漁法であり、関東地方以西では五〇遺跡以上に釣針が出土している。分布は北九州、瀬戸内海中部、島根半島、紀伊半島西岸、三河湾沿岸、三浦半島といったリアス式海岸の発達した地域を中心とする。紀伊半島西岸を除く地域が、いずれも縄文時代後・晩期における釣針出土地域にあたることが、両時代の釣漁の密接な関係を示している。ただ、古墳時代の特色として、釣針の前・中期古墳への副葬がみられることが、畿内一円を中心に釣針の分布に若干の変化を与えている。

そこで、まず、当代の釣針の特徴を指摘するに先だち、比較の材料として、西日本における縄文時代の釣針を概観しておくと、(27)

1　西日本の縄文時代後・晩期の釣針には、鈎部と軸部が一つの材よりなる単式釣針と、それぞれが別個の材よりなる結合式釣針とがある。そして、後者は九州西・北部を中心に発達し、その他の地域にみられる前者と明瞭な分布差を示す。

2　素材に関しては、ほとんどが骨角牙製品で、特に鹿角製品が主体を占めるが、九州地方では単式釣針と結合式釣針の鈎部に、近畿地方では単式釣針に猪牙の利用がめだつ。

3　釣針の規模は五センチを超える大型品と、それ以下の小型品の両者があるが、猪牙製のものはほとんどが小型品である。他方、結合式釣針には大型品が顕著である。なお、大型品の出土は海岸部の遺跡に限られる。

4　鐖《あぐ》は結合式釣針の一部に内鐖のものをみるが、他はいずれも無鐖と外鐖とである。

では、これらに対して、弥生時代以後の釣針の特徴は何か。まず、最初に指摘しうることは金属製釣針の出現であるが、これは二つの小段階をもって進行した（図5）。

弥生時代前・中期においては単式釣針、結合式釣針を問わず、その素材は縄文時代の各地域に固有のものをそのまま踏襲していたが、弥生時代後期になると、単式釣針に長崎県原の辻遺跡例（鉄、9）・カラカミ遺跡例（鉄）〔岡崎一九五六〕、兵庫県会下山遺跡例（鉄）〔村川・石野一九六四〕、神奈川県毘沙門B洞窟例（銅）〔赤星一九五三、剣持一九七二〕(28)、結合式釣針に毘沙門B洞窟例（鉄—鈎部、14）など金属製釣針が出現してくる。そして、これらに弥生時代のものと推定されている大阪府博労町例（青銅）〔森一九六七〕、和歌山県大谷川遺跡例（青銅、8）〔森・白石一九六八〕、静岡県伊場遺跡例（青銅）〔浜松市一九七五〕をも加えれば、この時期において、青銅、ないしは鉄は釣針の素材としてある程度の定着をみせ、釣針の金属器化に第一の段階を画したということができる。

しかし、それも青銅製品の多いことと、伊場遺跡例が八・二センチと大型品であるほかは、いずれも小型品、ないしは結合式釣針の鈎部に限られるといった点に、金属器化の限界がみられ、大型の単式釣針は依然として鹿角より成っている。弥生時代の漁撈遺跡として著名な神奈川県三浦半島の洞窟群における、この時期の釣針構成が単式釣針の小型青銅製品一例、小型鹿角製品二例、大型鹿角製品四例と、結合式釣針の鉄製鈎部（木製軸部か）、および鹿角製鈎部よりなることは、単に東国の一地域的なあり方という以上に、弥生時代後期の段階における釣針素材のあり方を端的に示している(29)と言えるだろう。

ところが、古墳時代に入ると、釣針のほとんどは鉄製品となり、ここではじめて釣針は、その大小を問わず、鉄製品として製作される段階に入った。しかし、この時期での釣針出土遺跡のほとんどが古墳であり、しかも、古墳時代前期のそれは、ほとんどが各地域の大型古墳なのである。したがって、この段階の釣針の鉄器化が、単に各漁業集団独自の力でもって達成されたとは考えられないし、鉄製釣針の普及がどの程度のものであったかも不明である。ただ、ここでは釣針の鉄器化にみられる二つの小段階が、当時においてやはり重要な位置を占めた刺突具においても認められることを指摘しておきたい。

すなわち、刺突具においても鹿角製品、あるいは鯨骨製品などが使用されていたなかに、弥生時代後期になって、はじめて原の辻遺跡例(19)、宮城県寺下囲遺跡例〔加藤・小野一九六四〕などの鉄製ヤスが出現してくる。しかし、それらはともに一〇センチに満たない小型の、しかも、板状の身のものであるのに対し、古墳時代に入ると、刺突具の多くは鉄製品となり、ヤスは全長二〇センチから三〇センチに及ぶ大型の棒状の身となって後代に続いていくのである(30)。

したがって、ここでは以上を漁具鉄器化の二小段階として捉える。そして鉄製漁具の普及に関しては、海浜部に立地する小規模な群集墳に鉄製漁具がみられるようになる古墳時代後期を、鉄製漁具の普及に一段と拍車の加わった段階とみておきたい。

以上、漁具の鉄器化は鉄素材の入手に限界がなければ、堅牢な漁具を比較的容易に、多量に、しかも大小自由に製作することを可能とした。その意味で鉄製漁具の出現は漁具の歴史に重要な段階を画したということができる。

しかし、刺突具はともかく、釣針においては鉄製品の出現自体は釣針の規模を変えることもなかったし、漁法そのものの改良をいかに貢献したかも不明である。では、釣針の技術面での改良はどこにあったのか。ここではそれを後の時代の典型である内鐖釣針の系譜に求め、一つの解決としたい。なぜなら、内鐖釣針はちもと〔軸部先端の糸を結合する部分〕の内側に釣糸を結合することと結びつき、捕魚の場合のもっとも合理的な形態を示すからにほかならない。

そこで、この視点から出土釣針を整理すると、弥生時代の段階では、多少の差はあるが、無鐖、外鐖、内鐖それぞれがみられるのに対し、古墳時代以後はいずれもが無鐖、ないしは内鐖となる。特に内鐖釣針は、岡山県金蔵山古墳

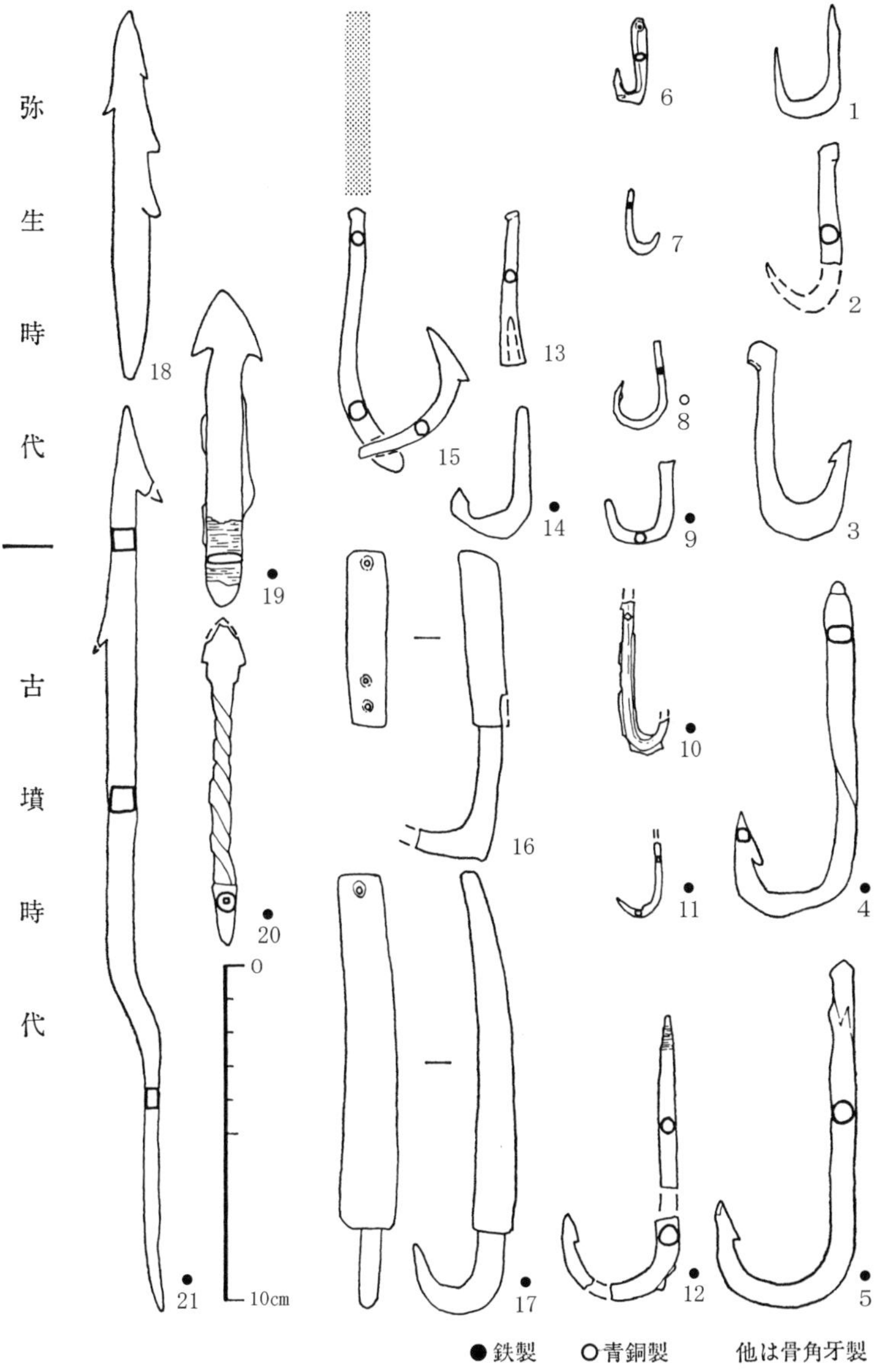

図5　釣針とヤスの変遷

1・18愛知・西志賀　2・7愛知・瓜郷　3神奈川・間口　4・21岡山・金蔵山　5岡山・稲荷山　6鹿児島・高橋　8和歌山・大谷川　9・19長崎・原の辻　10京都・椿井大塚山　11・12福岡・貝島4　13・15岡山・真菰谷（種松山）14神奈川・毘沙門B　16神奈川・鴨居八幡　17神奈川・鴨居鳥ヶ崎　20岡山・随庵

例〔図5—4〕〔西谷・鎌木一九五九〕をはじめとして、確実にその系譜をたどれるのであり、割合も増加していく。ちなみに、石川県高田遺跡出土の奈良・平安時代の鉄製釣針〔橋本一九七四〕も内鐖である。

したがって、後代につながる内鐖釣針の定着を古墳時代前期に求め、ここに釣針の鉄器化と並行して、釣針自身の改良が行われたことを推測する。

なお、こうした時間的連続からみれば、弥生時代後期の神奈川県間口洞窟例(31)〔図5—3〕、および、毘沙門B洞窟例〔結合式釣針〕がもっとも遡りうる内鐖釣針となるが、同地域は縄文時代に内鐖釣針が発達した地域〔三陸海岸から南関東地方〕の一角にあたり(32)、しかも、縄文時代に特有の鹿角製離頭銛をも出土していることから、他と同列に扱うことはできないであろう。

つぎに、結合式釣針に目を向けると、鈎部と軸部の結合技法の上で、弥生時代中期後葉の岡山県真菰谷〔種松山〕遺跡例(33)〔清野一九六九、和田一九八二〕が注目される。鈎部二例、軸部三例の出土であるが、結合技法には、(a)軸部の先端に軸と直角方向に穿孔し、ここに弧状の鈎部を挿入した例と〔図5—15〕、(b)軸部の先端から軸方向に孔を穿ち、ここにU字形の鈎部を挿入したであろう例〔同13〕の二つの技法が認められる。系譜的には、これらの結合式釣針は、縄文時代後・晩期の九州西・北部に発達し、弥生時代にも残っていく結合式釣針の流れをくむものであろうが、この二つの技法はともに前者のなかにはみられなかったものである。

ところで、この二つの技法のうち、a技法は弥生時代中期の香川県紫雲出山遺跡〔小林・佐原一九六四〕に類例をみるのみであるが、b技法は弥生時代後期の毘沙門B洞窟例〔図5の14〕、古墳時代後期の神奈川県鴨居鳥ヶ崎横穴例〔同17〕〔赤星一九二七〕と続き、古墳時代中期では結合部に目釘孔をもつ和歌山県磯間岩陰例〔堅田一九七〇〕のごとき逸品をも生みだしている(34)。b技法の結合式釣針は、類例は少ないものの、確実に後代に存続していくのである。しかも、この点を考慮しつつ他の釣針を再確認すれば、古墳時代以後に出土する一見単式釣針にみえる鉄製釣針のなかで、たとえば、福岡県貝島四号墳例（12）〔山中一九七八〕や愛知県高蔵一号墳例〔楢崎一九五五〕など、先細りのちもとに糸巻き痕を残す例は、軸部を鹿角、骨、あるいは木で作ったb技法の結合式釣針であった可能性が考えられる。

結合式釣針は、たえず擬餌《ぎじ》釣針という釣漁のなかではもっとも巧妙な漁法との関係で問題にされなければならないが、ここで指摘したb技法のそれは、とりもなおさず、後のマグロ用擬餌釣針そのものといえる形態を示しているのである。(35)

以上、この章では、弥生時代後期から古墳時代前期にかけて、二つの小段階を踏んで行われた漁具の鉄器化とそれと相前後して行われた釣針の技術的改良について述べた。

おわりに

わが国の原始・古代漁撈の研究に課せられている問題は実に多様なものがある。しかもそれは、単に漁業史としてではなく、当代の全体像を把握するうえで必要不可欠なものとなっている。それに比べて、われわれが入手しうる考古学的な漁具資料はあまりにも断片的であり、単純である。しかし、失われたものの大きさに驚いて立ちつくすわけにはいかないし、虚構を築きこれに対峙するわけにもいかない。

ここでは、漁具研究の基礎的作業を通じて明らかにしえた土錘、イイダコ壺、釣針、ヤス・モリなどの形態、素材、分布、時間的変遷などを漁具改革の段階として捉え、若干の解説を行った。その結果は、一見して、当時の農業社会の動向を反映し、鉄、塩、須恵器などの生産、分配のあり方と密接に係わりあっている。すでに「漁村」的性格の集落の成立もこの段階にあったであろう。しかしここでは、それぞれの段階、あるいは画期の歴史的意義について十分これを評価する余裕はない。いくつかの点で評価の方法だけでも示しえていればと思う。

以下、その概要をまとめ結語としたい。

一、弥生時代以降の漁法のなかでもっとも重要な位置を占める網漁の実体を示すものとして取りあげた土錘は、少なくとも四型式一〇類を数える。祖型となったものと、新しい時代にもっとも普及したものの二種類を除けば、他はいずれも土錘全体の重量幅のうちの特定の重量と結びつき、大・中・小のセットとして各時期の土錘群を構成している。

一、この土錘群の動向は二つの画期を経る三つの段階として捉えることができるが、それは弥生時代前期に西日本の各地域に広がり、一種類で全重量幅を覆っていた管状土錘a類が、大・中・小それぞれの規模に応じて定型化していく動きと、新型式（あるいは新種類）の出現と展開というかたちで把握することができる。第一の画期は弥生時代中期後葉から後期、第二の画期は古墳時代後期にある。遺物の量的な分析が進めば、第二の画期は質的転換をとげる古墳時代中期後葉から後期前葉と、量的に発展する古墳時代後期後葉との二つの小段階に分けることができるであろう。

一、各種の土錘の示す漁網については明らかでないが、遺跡の実体やその立地条件、対象魚などを総合的に捉え、民俗例と比較することによって、より妥当な漁網を推定復原することは可能であり、その時には各時期に特徴的な労働形態、労働規模をも推定することができるであろう。

一、イイダコ壺・釣針・刺突具などの漁具の動向も土錘のそれときわめて密接に対応する。イイダコ壺のコップ形（a類）と釣鐘形（c類）の漁具としての定着はほぼ土錘の第一の画期に、須恵質イイダコ壺の登場は須恵質土錘に対応して第二の画期にあたる。須恵質イイダコ壺の量的変遷は土錘第二の画期における二つの小段階の内容を暗示しているようである。

一、釣針では二つの小段階を経る金属器化（鉄器化）の現象、および内鐖釣針の定着と結合式釣針b類の出現が土錘に示された第一の画期の内容を深めている。ただ、釣針の画期の後半は古墳時代前期に及ぶ。刺突具の鉄器化は釣針のそれに対応する。

一、以上のごとく、土錘にみられた二つの画期、三つの段階は漁具全体の発展をも段階づけるものとして理解することができるのであり、ひいては当代の漁撈のあり方をも反映しているものと考える。

一、その展開の中心となった地域は瀬戸内海中部から播磨灘、大阪湾、紀伊半島西岸にいたる海岸線であるが、このことはその背後にひかえる農業社会の充実ぶりをも示しているであろう。この地域の漁具が他に対して優位性を顕在化させてくるのが第一の画期以後であることも興味深い。

なお、脱稿後に〔大野一九七八・一九八〇〕が発表され、池上曽根遺跡の調査報告書もつぎつぎに刊行されている。しかし、本章の内容とは抵触しないため、ここでは触れないこととした。参照していただければ幸いである。また、棒状土錘b類が弥生時代前期の大阪府山賀遺跡において出土しているという報告〔大阪文化財一九八一〕に接したが、棒状土錘a類が多用され出す時期は本章どおり、弥生時代後期でよいと考えている。

註

（1）叢書に収められた漁撈・漁業関係の論攷や、個別の漁具を取り扱った論文は少なくない。ここでは、戦前のものとして〔江藤一九三七〕、戦後のものとして〔森一九六七〕を掲げるにとどめ、以下、本章との関連に応じて触れることとする。

(2)〔喜兵衛島一九五六、近藤一九五六〕の二論文を画期に全国的な研究の高まりをみせている。
(3)大阪府池上曽根遺跡例、新潟県千種遺跡例など出土例は増加している。なお、タモ網漁法は、近年まで家島群島をはじめ、瀬戸内海沿岸の漁業で重要な位置を占めてきた。ただ、その場合は、愛媛県来島の一例が網の直径約一三〇チセンであるように、きわめて大型化したものである〔瀬戸内海一九七五〕。
(4)木製の浮子といわれているものには滋賀県湖西線関係遺跡例、和歌山県笠嶋遺跡例・鳴神Ⅱ遺跡例などがあるが、形態のみから用途を明確にすることは難しい。また、軽石製の浮子と推定されているものには福岡県湯納遺跡例、岡山県上東遺跡例、兵庫県沖の島1・2号墳例などがあり、出土例は少なくない。
(5)弥生時代以後の石錘の出土状況を分析すると、縄文時代の切目石錘、打欠石錘に比べて同一型式大量出土の例はほとんどない。瀬戸内海沿岸では出土例そのものが少なく、一遺跡一例から三例程度のことが多い。香川県紫雲出山遺跡で九例中七例が同一型式を示すが〔小林・佐原一九六四〕、この遺跡の立地が端的に示すごとく、石錘の分布はリアス式海岸に多く、釣針の分布と密接に重なりあう。
(6)類例の少ないものは分類よりはぶき、必要な程度にのみ触れることにした。
(7)縄文時代の網錘に関しては〔渡辺一九七〇〕をおもに参照した。ここで、「大型」の管状土錘の出現が弥生時代以後の土錘の特徴との指摘もなされている。
(8)古墳時代以後、特に平安時代以降にも、a類に類似する例がしばしばみられるが、定型化したもので、将来的には区分する必要があるだろう。
(9)これには奈良県宮滝遺跡例〔末永一九四四〕などを推定している。
(10)同遺跡出土の漁具関係資料に関しては、伊藤暁子氏の助言を受けつつ十分な観察を行う機会を得た。同氏をはじめ調査関係各位に深謝する。
(11)巽三郎氏ご教示。
(12)巽三郎氏ご教示。
(13)紀ノ川沿岸では中流の和歌山県橋本市市脇遺跡〔吉田一九七四〕、上流の奈良県五條市塚山古墳〔伊達・北野一九五七〕などで出土している。
(14)大阪府縄手遺跡例〔藤井・都出一九六六〕など、a類の半分で完結する例(b類)が若干存在する。a類に先だって出現し、しばらく存続したらしい。

(15) なお、三重県永井遺跡からはやや扁平な卵形土製品の平たい面に一条の溝がめぐる例が出土している。弥生時代前期のものだが、奈良県橿原遺跡例〔奈良県立橿原一九七一〕など縄文時代の有溝土錘との関係を考慮すべきであろう。

(16) なお、関東において超大型の管状土錘b類が出土している〔千葉県上ノ台遺跡〔種田・栗本一九七三〕、東京都武蔵伊興遺跡〔鈴木編一九七三〕など〕。時期は古墳時代中期後半から後期前葉ころのものであり、大阪湾岸の管状土錘c類の超大型品との対応が興味深い。ただ、超大型品の評価については地引網が考えられるが、資料不足もあって、今回はあまり触れない。

(17) この見解は〔喜兵衛島一九五六〕のそれに従った。それは製塩遺跡の実体と、隣接する六・七世紀の横穴式石室墳との対比を中心に導きだされた見解である。

(18) 大阪府池上曽根遺跡〔第二阪和一九七〇〕で指摘されているマダコ用の大型「タコ壺」については、十分実体が明らかでないため、ここでは触れない。

(19) 池上曽根遺跡〔第二阪和一九六九〕NⅠ五八での出土状況からみて総計六〇個程のものが以前一群として存在していたのではないかとの指摘がある。また、大中遺跡の第一土器群〔上田ほか一九六五〕からは七五個の出土が報告されている。

(20) 大阪湾東岸では〔森一九五〇・六三〕、大阪湾北岸では〔赤松・斎藤一九五九〕、播磨灘沿岸では〔今里一九六〇、真野一九七六〕、瀬戸内海中部では〔山本一九六九〕などがある。

(21) なお、〔真野一九七六〕に同様の指摘がある。

(22) 中村徹也氏ご教示。

(23) なお、周防灘海底出土品の報告として〔伊藤一九六六〕がある。

(24) 〔中村ほか一九七六〕においても漁具の製作がⅠ期から行われているという指摘がある。

(25) 鏡山窯跡群の例〔京都大学一九六八、和田一九八一〕はいずれも採集品であるが、近くの湖西線関係の遺跡ではすでに六世紀後半に須恵質土錘（管状土錘b類）が出土している〔田辺ほか一九七三〕。

(26) その意味では森浩一が、大阪湾沿岸においては、須恵質のイイダコ壺の分布が和泉国に集中することにより、「（Ⅲ後半以降）須恵器生産に変化が生じたとは言え、なお須恵器生産が国衙によって生産と分配に拘束をうけており、国の範囲をこえて、自由な生産物の流通網をもつには至っていなかったかと推定されるのである」〔森一九五〇〕と指摘した点は十分検討に値する。なお、和歌山県下ではイイダコ壺の報告がないこと（補注5）、釣鐘形のc類の須恵質製品は大阪湾東岸以外では、岡山県玉野市長尾に例（図4—9）をみることを指摘しておこう〔京都大学一九六八、和田一九八一〕。

(27) 〔渡辺一九六六・六八・七三〕を主に参考にした。

(28)　なお、B洞窟からは国分期と推定される青銅釣針も出土している。
(29)　間口洞窟では、このほかに弥生時代中期後半の大小の鹿角製釣針三例が出土〔赤星一九五三、剣持一九七二、神沢一九七四〕。
(30)　このような現象は、弥生時代から古墳時代にかけての他の鉄製品についてもいえそうである。なお、ここではモリ（銛）とヤスの厳密な区別はしていない。離頭銛以外はヤスと総称しておく（本書五一頁に定義あり）。なお、福岡県貝島古墳群からは柄との結合に袋状の構造をもった特殊な銛頭が出土している。六世紀代のものである〔山中一九七八〕。
(31)　同遺跡の弥生時代中期後半の例はいずれも無鐖である。
(32)　縄文時代の単式釣針で内鐖のものは岩手県、宮城県を中心に青森県から神奈川県に及ぶ。しかし、千葉県、神奈川県などの例はごく僅かである。後の内鐖釣針の系譜をここに求めることはできないであろう。
(33)　この例が結合式釣針と認識されたのは〔京都大学一九六〇〕においてである。
(34)　これと類似のものは神奈川県鴨居八幡境内から出土しているし（古墳時代、図4―16）、向ヶ崎B洞窟例（弥生時代後期）〔赤星一九五二〕もその可能性はある。
(35)　〔朝日一九七〇〕では、弥生時代の漁撈の新技術として擬餌のあることを指摘し、イカ用の擬餌に類似するものを紹介している。

(補註1)　本来は漁撈の専業化以前を漁撈、専業化以後を漁業とするべきであるが、弥生・古墳時代はその過渡期にあたるため、用語としては漁撈を基本とした。

(補註2)　鳥取県青谷上寺地遺跡ではe類に一本のヒノキの細枝を通して樹皮で環状に束ねたものが出土していて、〔内田二〇一四〕では一種の建・施網《まきあみ》類を想定している。

(補註3)　奈良県塚山古墳では、網に着装されたままだったかと思われる二二個が一括出土しており、棒状土錘a類を使った網の最小単位や用法を示唆している。

(補註4)　兵庫県玉津田中遺跡の土坑から一括出土した弥生時代中期のイイダコ壺七〇数個を中心に、類例を加えて検討した〔中川一九八八〕でも、「延縄の一単位」を七〇～一〇〇個程度と考え、一、二人での操業を想定している。なお、この遺跡では、口縁部と底部に穿孔のあるマダコ壺（弥生中期）も出土している。

(補註5)　最近、和歌山県でのイイダコ壺の出土が伝えられている〔瀬谷二〇一三〕。弥生中・後期のコップ形二例、須恵質・土師質の古墳時代の釣鐘形などである。

第二章　土錘・石錘、釣針、ヤス・モリ再考

一　土錘・石錘

弥生時代の遺物のなかに、錘《おもり》と考えられるものがあり、素材から、土錘・石錘・貝錘など(1)と呼びわけられているが、用途が特定されているわけではない。しかし、その多くは網錘、釣錘、あるいは広い意味での水上生産活動に係わる錘と考えられ、その情報量の少なさにもかかわらず、当代の漁撈活動復元に不可欠な資料となっている。以下では、土錘・石錘を中心にその概要を述べるが、用途論を中心に、研究の多くは将来に委ねられている。

(1)　土　錘

弥生時代以降、漁撈の中心的位置を占めるものは網漁であるが、土錘はその実体を示す数少ない人工遺物の一つである。その役割は漁網を水中に沈めたり、浮子《うき》と併用し、浮力と沈降力とで漁網を水中に直立させたりする点にある。したがって、その形態は、重量を与えるための要素と漁網（沈子《しずみ》綱）と結合するための要素とが、もっとも抵抗の少ない形で実体化されたものということができる。分類にあたっては、まず、結合装置と形態に着目し、主要なもの、特色あるものを管状土錘五種、棒状土錘二種、有溝土錘三種、有溝管状土錘一種に区分する。重量に関しては、二

〇グラム未満の小型、五〇グラム未満の中軽型と八〇グラム未満の中重型よりなる中型、二〇〇グラム未満の大型、二〇〇グラム以上の超大型に分ける〔和田一九八二〕。

表1は土錘各種の形態的特徴と重量の関係、および時期と分布の概要などをまとめたものである。以下、表を中心に土錘の動きを追い、その意義について若干の検討を加えよう。

前期には管状土錘a（図6―1〜3・10・12）・b（4）・e類（6・9・11）、有溝土錘a（13）・d類（7）、有溝管状土錘a類（5・8・14）などが存在する。なかでは管状土錘a類が主体を占め、九州から伊勢湾岸に至る地域で遠賀川式土器（Ⅰ期）と伴出する。しかも、すでにこの段階で、小型から大型までが出揃い、土錘の大型化を実現するが、その形態はいまだ不安定で、この種類のバラエティのなかにb・e類が含まれることも少なくない。a類は以後の管状土錘各種の祖型とも言えるものである。他方、その他の種類は、管状土錘b・e類のごとく、その先駆的な例が西日

分布ほか	図番号
九州から伊勢湾岸にかけて主に出土. 鹹・淡水域とも分布	1〜3・10・12
鹹・淡水域とも分布. 後にもっとも普遍的なものとなる.	4・17・26
瀬戸内海水系から東海の鹹水域中心.	18・19
管状c類と類似.	20
前期例は管状a類との伴出多し. 鹹・淡水域ともに分布.	6・9・11・21
瀬戸内海水系, 特に中・東部に多し. 鹹水域中心. 古墳時代には九州・関東に.	23・24
確例は佐賀・有明湾岸のみ.	15・16
伊勢湾岸, 瀬戸内海中部に出土.	13・22
瀬戸内海域に若干出土.	25
周防灘沿岸に若干出土.	7
玄海灘から周防灘沿岸, および伊勢湾岸に分布.	5・8・14

表１　土錘の分類とその特徴

		形　　　態	大　き　さ	時　　　期
管状土錘	a	土製品の中心に貫通孔を穿つもののうち，軸断面楕円形，隅丸長方形のずんぐりしたもの．	小型から大型まであり．	前期から中期前葉中心．歴史時代のものとは区別する．縄文後・晩期に若干あり．
	b	ａ類を縦長にした形で，長さに対して幅が1/2未満のもの．多様で細分可能．	小型から大型．弥生に大型少し．古墳後期に超大型．	前期に小型，中期に中型．後期には大型もあり．確例多くはなし．縄文後・晩期に若干．
	c	軸断面が長方形をなす．端正な形のもの．	中重型から大型中心．古墳中期に超大型出現．	中期後半，特に後期以後に発達．
	d	ｃ類を短くした形で，軸断面が正方形に近いもの．	中型中心．	後期から古墳前期に多し．前期に類例若干あり．
	e	軸断面が円形に近い，いわゆる球形土錘．	ほとんどが小型か中軽型．	前期よりあるも，西日本では中期に少なく，後期から古墳前期多し．縄文後・晩期に若干．
棒状土錘	a	棒状土製品の両端に貫通孔を穿ったもの．	中型で，中軽型がより多い．	後期以後に発達．初現は前期に遡る可能性あり．（注２）参照．
	b	棒状土製品の一端に貫通孔を穿ったもの．形態的には棒状ａ類の半分で成立．	小型中心．	中期にあり．類例は少なし．中世，珠洲陶器に例あり．（注２）参照．
有溝土錘	a	球形，卵形土製品の長軸方向に溝を一周させたもの．古墳中期以後のｂ類（注３）とは区別．	小型，中軽型．	前期，および中期後半ないしは後期初頭の例あり．類例は少なし．
	c	卵形土製品の外表に長軸方向と短軸方向の溝を各１条めぐらせたもの．	中型，大型．	後期の確例あり．類例少なし．
	d	細長卵形土製品の外表の一面にのみ，長軸方向の溝を１条つけたもの．	小型	前期に確例あり．類例少なし．
有溝管状土錘	a	管状ｂ類の外表の一面にのみ，長軸方向の溝を１条つけたもの．	小型中心．	前期中心．後期の例もわずかにあり．本体が球形の例（ｂ類）も前期にあり．

本の縄文時代後・晩期にみられる一群と、有溝土錘a・d類のごとく、石錘との関連を窺わせる一群よりなるが、ほとんどが小型か、中軽型で、後者は出土例も少ない。また、両者の折衷的形態をとる有溝管状土錘a類も、多くが小型で、この時期には玄界灘から周防灘の沿岸や伊勢湾岸〔下條一九八四〕に分布するものの、後続例に乏しい。

ところで、土錘の石錘に対する最大の長所は、自在な形で任意の重さのものを、より容易に量産できるところにあるが、事実、これ以後の土錘の展開は、大型化とともに、多様化と定型化の方向に向かい、特定の重量と結びついた特定の形態の土錘が、セットとして全重量幅を覆う群を構成するようになる。その先駆的な例は山口県綾羅木郷遺跡例（図6―1～6）〔伊東ほか一九八一〕で、すでに前期末（Ⅰ期）の段階で管状土錘a類の小・中・大型、b類の小型、e類の中・大型、有溝管状土錘a類の小型が揃い、管状土錘c・d類、あるいは棒状土錘の先駆的なものまでが含まれる可能性がある。しかし、このような例はごくまれで、弥生時代を通じても、一遺跡でこれだけの多様性をもつ例は少ない。

一般には、弥生時代の土錘の画期は、大型の管状土錘a類がc類（図7―18・19）として定型化してくる中期後葉（Ⅳ期）から、中型として、管状土錘d類（同―20）が加わり、棒状土錘a類（同―23・24）が急速に普及するようになる後期（Ⅴ期）〔大野一九八〇〕にかけての時期である〔和田一九八二〕(2)。すなわち、弥生時代の終わりには、大型としての管状土錘c類と中型としての棒状土錘a類を中心に、管状土錘b・d・e類の小・中型がこれに加わるかたちとなるのである。しかし、それも、当時土錘の発達がもっとも進んだ地域と考えられる瀬戸内海水系（周防灘沿岸から紀伊半島西岸北部まで）、特にその中・東部において、全体として実現されたものであり、一遺跡ですべてが揃う例はほとんどない。

管状土錘c・d類は後期には伊勢湾岸から東海に及び、少なくとも古墳時代前期までには関東や日本海沿岸にも出

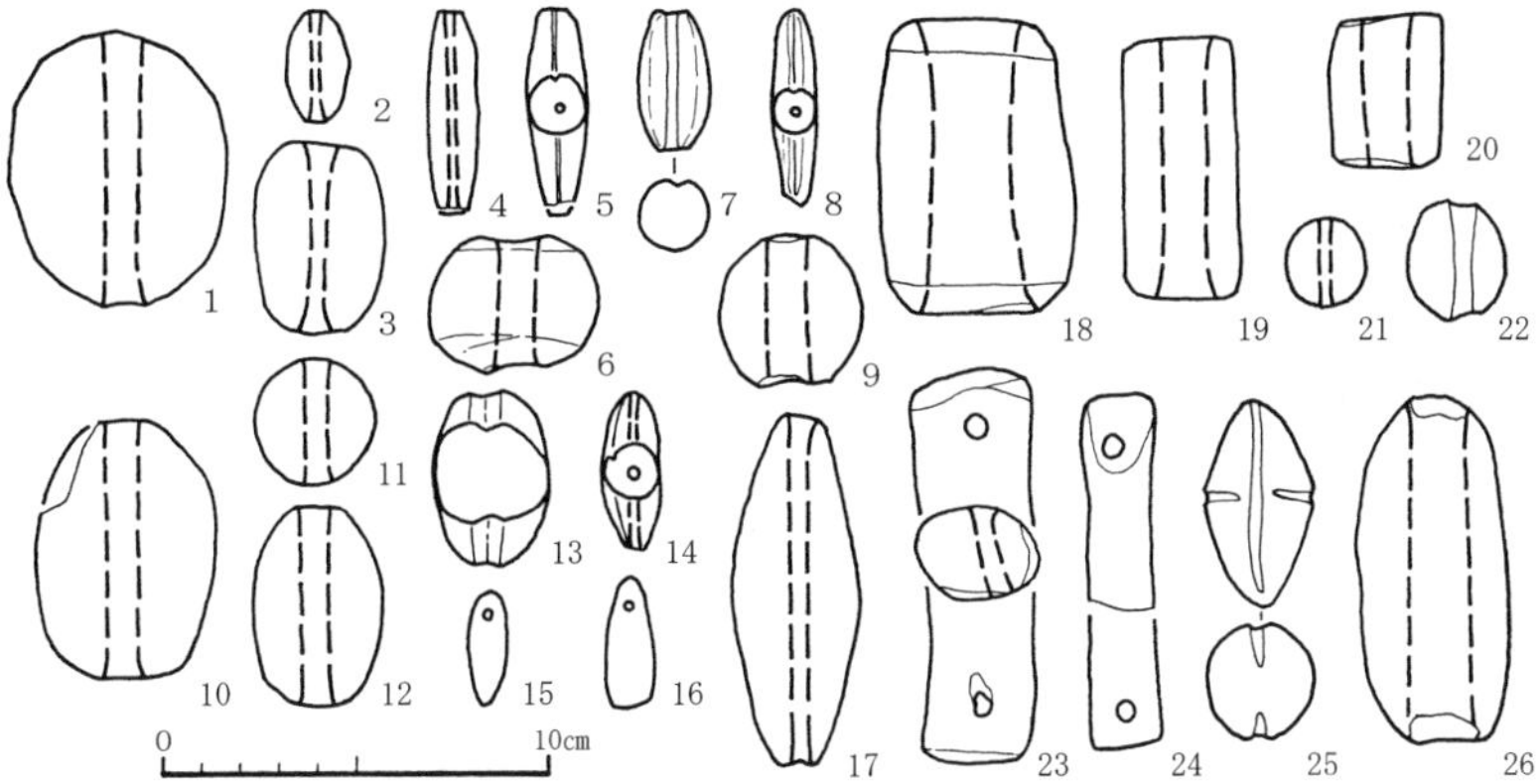

図6　土　　錘

1～6　山口・綾羅木郷　7～9福岡・竹並　10～14三重・永井　15・16佐賀・詫田西分
17・25大阪・池上　18～24岡山・雄町　26福岡・御床松原
（弥生前期）1～6・10～14　（前～中期）7～9　（中期）15・16　（中～後期）17・21・22
（後期）25・26　（後期～古墳前期）18～20・23

現し、e類とともに多用された。しかし、九州北部では、後期には管状土錘b類の大・小が認められるだけである〔下條一九八四〕。

その後、瀬戸内海水系の中・東部では、土錘は、古墳時代中期後半において、第二の画期を迎え、管状土錘c類に超大型品を生みだすとともに、中・大型に有溝土錘b類が加わり[3]〔大野一九七八〕、大阪府陶邑窯跡群では須恵質のイイダコ壺とともに陶錘が作られるようになる〔和田一九八二〕。そして、七世紀代には陶錘は全国に広がり、八世紀後半から十世紀代といわれる福岡県海の中道遺跡〔山崎編一九八二〕では、ついに、板状や棒状の鉛錘（一部は釣錘か）が登場するのである。それらは土錘の欠点である破損しやすい点や比重の軽い点を改良したであろうと思われるが、明治においてもなお、多くの網錘は漁夫自製の土錘によってまかなわれていた〔農商務省一九一二〕。

なお、ここでは土錘を一括して扱ったが、土錘各種が網錘かどうかを判定する基準は、出土遺跡の立地条件、伴出遺物、民俗例などを考慮しながらも、同種同大多量出土の例の有無が大きな指標となる。その意味では、有溝土錘a・c・d類や有溝管状土錘ａ類は網錘としての性格が弱い。管状土錘ｂ類の前期例やｅ類の瀬戸内海水系での例なども、手捏土器や土製勾玉などとの伴出例があり、祭祀用土玉の可能性の高いものも少なくない。

また、網漁法や対象魚にはいっさい触れていないが、これまでの復元案が当を得ていないからというわけではない。ただ、それらは復元法が不十分で、時にはあまりに個別的ですらある場合が多い。上記のごとく、弥生・古墳時代において、古代の土錘の基礎は確立したと判断する立場からすれば、少なくとも、地域ごとでの中・近世に及ぶ土錘の復元や出土魚骨の分析を加えることによって、ある程度の理論的裏付けをもった作業をすることが可能となると考える。そのための良好な資料も古代・中世に整いつつある。

(2) 石　錘

打欠石錘を除けば、弥生時代には独自の石錘が発達し、特に後期を中心に地域色をもつ独自のものが展開する。その顕著な例は九州北部を中心とする「九州型石錘」であり、東海から日本海沿岸に及ぶ「棒状石錘」、「有頭石錘」である。これに、両者がほとんど分布しない瀬戸内海水系を中心とする地域を加えれば、石錘の分布は、性格の異なる三つの石錘群が形成する三つの地域として把握することができる（和田一九八二）。ちなみに、土錘がもっとも発達をとげるのは第三の地域である。

①　九州型石錘（図7―1～10）

九州北部を中心に分布する独特の石錘群は下條信行により「九州型石錘」として総括された（下條一九八四）。それに従うと、それらはおもに滑石で作られ、まれに土製品をみる。大きさには大小があり、大きいものは八〇～五〇〇グラムに及ぶが、小さなものは八グラムから二五グラム程である。土錘との対比でいえば、前者は大型と超大型、後者はおもに

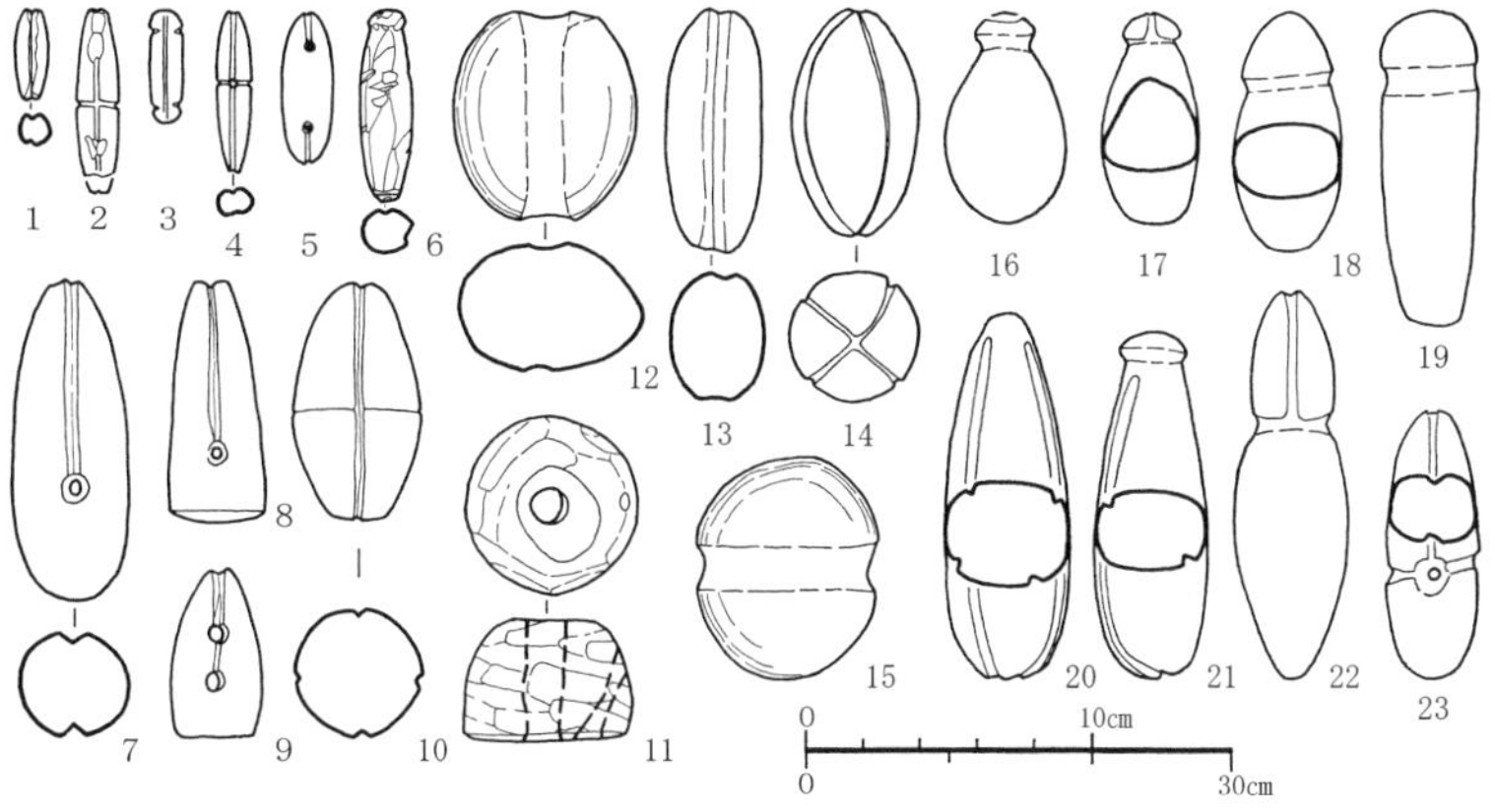

図7　石　　錘（11・16～23は下側の縮尺）

1佐賀・菜畑　2長崎・カラカミ　3長崎・原の辻　4福岡・小笹　5福岡・宮の前　6山口・伊倉　7・8福岡・小葎　9・10福岡・御床松原　11福岡・姪ノ浜浦山　12・15岡山・上東　13・14大阪・池上曽根　16静岡・東椎路　17静岡・駿河湾岸　18静岡・内野町　19静岡・飯田　20長野・海戸　21長野・高木　22新潟・鬼伏沖　23福井・伊井
（弥生前期）1　（中期末～後期）12　（後期）2～4・7～9　（古墳前期）18

小型にあたる。形態は長卵形、あるいはその下端を平らにしたもの、特に小型は棒状などで、結合装置の溝や孔のあり方は実に多様である。その変遷は、まず前期（Ⅰ期）末に小型が、中期中葉（Ⅲ期）に大型が現れ、中期後葉から後期（Ⅳ～Ⅴ期）[4]にかけて両者ともに盛期を迎える。古墳時代に入ると大型は前期まで盛行し、中期には衰退するものの後期まで存続するが、小型は中期には姿を消す。玄界灘沿岸を中心に分布し、そのなかでも地域差をみせるが、一部は薩摩半島、あるいは山陰から丹後半島、若狭湾岸に及ぶ[5]。中心となる大型の多くが下脹の垂下に適した形をとることや[6]、一遺跡同時期の出土量が少なく、しかも形態差に富むことも特色である。なお、この地域では後期末に、一・五キロを超える「半球形有孔滑石製品」（図6―11）と呼ばれる特殊な錘様のものも認められる〔橋口・八幡一九七二〕。

② 中部型石錘（16～23）

これに対し、古くは江藤千萬樹〔江藤一九三七〕らによって明らかにされてきた「棒状石錘」、「有頭石錘」を「中部型石錘」とすると、それらは安山岩などで作られた超大型品がほとんどで、重量は六〇〇《グラム》から八〇〇《グラム》台を中心に、二〇〇《グラム》前後から二《キロ》を超えるものまでが存在する。形態は下膨卵形の本体にくびれを設けて結合装置とするのが基本で、これに溝や孔を加える例もある。藤森栄一はそれらを「中部太平洋型」（図6―16～18）、「中部湖沼型」（同―20・21）、「日本海型」（同―22・23）と区分したが〔藤森一九六二〕、前者はさらに細分され、太平洋岸での地域差も指摘されている〔滝沢一九八二〕。弥生時代後期から古墳時代前期にかけて盛行するが、古墳時代後期の例も存在する。太平洋岸では駿河湾岸を中心に、東は相模湾に及び、西は伊勢湾東岸にまで散在する。内陸では諏訪湖岸に出土し、日本海沿岸では佐渡から山陰に及ぶ。したがって、その西半は九州型石錘と分布が重なるが、丹後半島では前者が主体を占める。垂下に適した形をとり、一遺跡内での形態差は小さい。比較的まとまって出土することもあるが、重量差は大きく、製作技法も個々別々な場合がある〔和田一九八二〕。

③　瀬戸内型石錘（12・13・15）

瀬戸内海水系に分布する石錘は、例外的なもの（図6―14）を除けば、ほとんどがやや扁平な卵形石製品に一条の溝をめぐらせただけのものである。溝がめぐる方向と場所とで三分類できるが、他は施溝法に若干の差が認められるだけで、きわめて斉一性に富む。したがって、前二者との対比から、これを「瀬戸内型石錘」と呼ぶ。石材は花崗岩を主とし、砂岩がこれにつぐ。重量は一〇〇《グラム》前後から四〇〇《グラム》台のものがほとんどである。中期前葉（Ⅱ期）には確実に存在するが、盛行するのは中期後葉か

表2　石錘の比較

	全体の形態差	一遺跡での形態差	大きさ				一遺跡での重量差	形態	
			小型	大・超大型				下膨	対象
				<0.5kg	<1.5kg	≧1.5kg			
九州型	大きい	大きい	多い	多い	わずか	(半球品)	やや大	大型多し	小型・大型一部
中部型	やや大	かなり小	—	少し	多い	多い	大きい	ほとんど	—
瀬戸内型	小さい	小さい	わずか	多い	少し	—	やや大	—	ほとんど

ら後期（Ⅳ～Ⅴ期）で、古墳時代の例はあまり知られていない。海岸部が分布の中心をなすが、内陸部からの出土もみられる。日本海沿岸、四国太平洋岸、あるいは伊勢湾岸から東海にも分布するが、中部型石錘と分布の重なる地域では五〇〇グラムを超えるものも少なくない。形態が上下・左右対称であることが前二者の主体と異なるが、同種同大多量出土の例があまりない点は類似する。

最後に三者の比較をまとめると表2のごとくである。これに土錘を加えれば、錘全体の関係をある程度把握することができるであろう。用途に触れる余裕はないが、復元のための基本的手続きは土錘と同様と考えている。

二　釣　針

釣漁法は網漁法と並ぶもっとも重要な漁法の一つで、釣針はすでに後期旧石器時代（ウクライナ）に出現をみている。しかしながら、釣漁法は一貫して「六物《ろくぶつ》」と呼ばれる釣針、糸、竿、餌、沈子、浮子などを駆使して魚を誘い、針先にこれを懸けて捕らえるという、きわめて単純な原理によってきた。したがって、それがためにかえって、この漁法は魚種や環境の変化に応じて、多様で奥深い技能の世界を形成することになった。

しかし、ここでは、釣漁法そのものについて検討を加える余裕はない(7)。漁法や対象魚あるいは漁撈をとりまく状況に配慮しつつ、釣具の主要素である釣針を、主として形態と素材の面から分析し、前後の時代のそれと比較することによって、弥生時代釣針の評価を行い、将来のより総括的な漁撈研究に備えるのが目的である。

(1) 釣針の改良

現在、弥生時代の釣針と推定できるものは、少なくとも三七遺跡に七〇例を数える。ほとんどが海岸部寄りの出土で、前後の時代同様、九州西・北部、島根半島部、瀬戸内海中部、三河沿岸部、三浦半島部といった、主としてリアス式海岸の発達した地域に多い。

① 構　造

構造的には、軸部と鈎部を一体として作る単式釣針と、両者を別個に作る結合式釣針とがあり、後述のごとく、後者には擬餌の機能を備える複合式釣針が含まれる可能性が高い[8]。出土例では前者の方が多く、二八遺跡四六例、後者が一二遺跡二四例である。九州西北部を中心とする縄文時代の結合式釣針は単式釣針との共存例がきわめて少ないといわれているが、弥生時代には三遺跡で両者の共存が認められる（以下、図8参照）。

② 規　模

釣針の大きさについて、渡辺誠は、長さ一、二センチ台の釣針を小型、三、四センチ台のものを中型、五、六センチ台のものを大型、七センチ以上のものを極大型とする〔渡辺一九七三〕。この分類は縄文時代の骨角製釣針に基礎を置くため、金属製の釣針にあてはまるかどうかが問題となるが、鉄製釣針を多く出土した古墳時代の鳥取県長瀬高浜遺跡〔鳥取県一九八三〕や山口県天神山八号墳〔中村一九八二〕、あるいは奈良時代後期から

〔図8　遺跡番号〕
1・2鹿児島・高橋　3・29～33・39佐賀・菜畑　4愛知・西志賀　5～7・38島根・西川津　8～12愛知・瓜郷　13～15・18・20神奈川・間口　16神奈川・西ノ浜　17神奈川・大浦山　19神奈川・猿島　21神奈川・毘沙門C　22静岡・登呂　23・49神奈川・毘沙門B　24和歌山・大谷川　25大阪・博労町　26長崎・原の辻　27佐賀・柏崎松本　28福岡・御床松原　34佐賀・柏崎　35長崎・寄神　36島根・タテチョウ　37長崎・脇岬　40韓国・東三洞　41韓国・鰲山里　42～44岡山・真菰谷（種松山）　45～48香川・紫雲出山　50神奈川・向ヶ崎B　51～54鳥取・長瀬高浜　55～59山口・天神山8　60・61神奈川・鳴居鳥ヶ崎　62神奈川・鴨居八幡　63～70福岡・海の中道　（71東北型　72西南型　73中間型）
（弥生）1～28・32・34～36・38・39・42～50　（縄文）29～31・33・37　（古墳）51～62　（奈良・平安）63～70　（明治）71～73　（韓国新石器）40・41
（青銅）23～25　（鉄）26～28・49・51～61・63～73（60・61は鈎部のみ）
（石）41　他は（骨角牙）

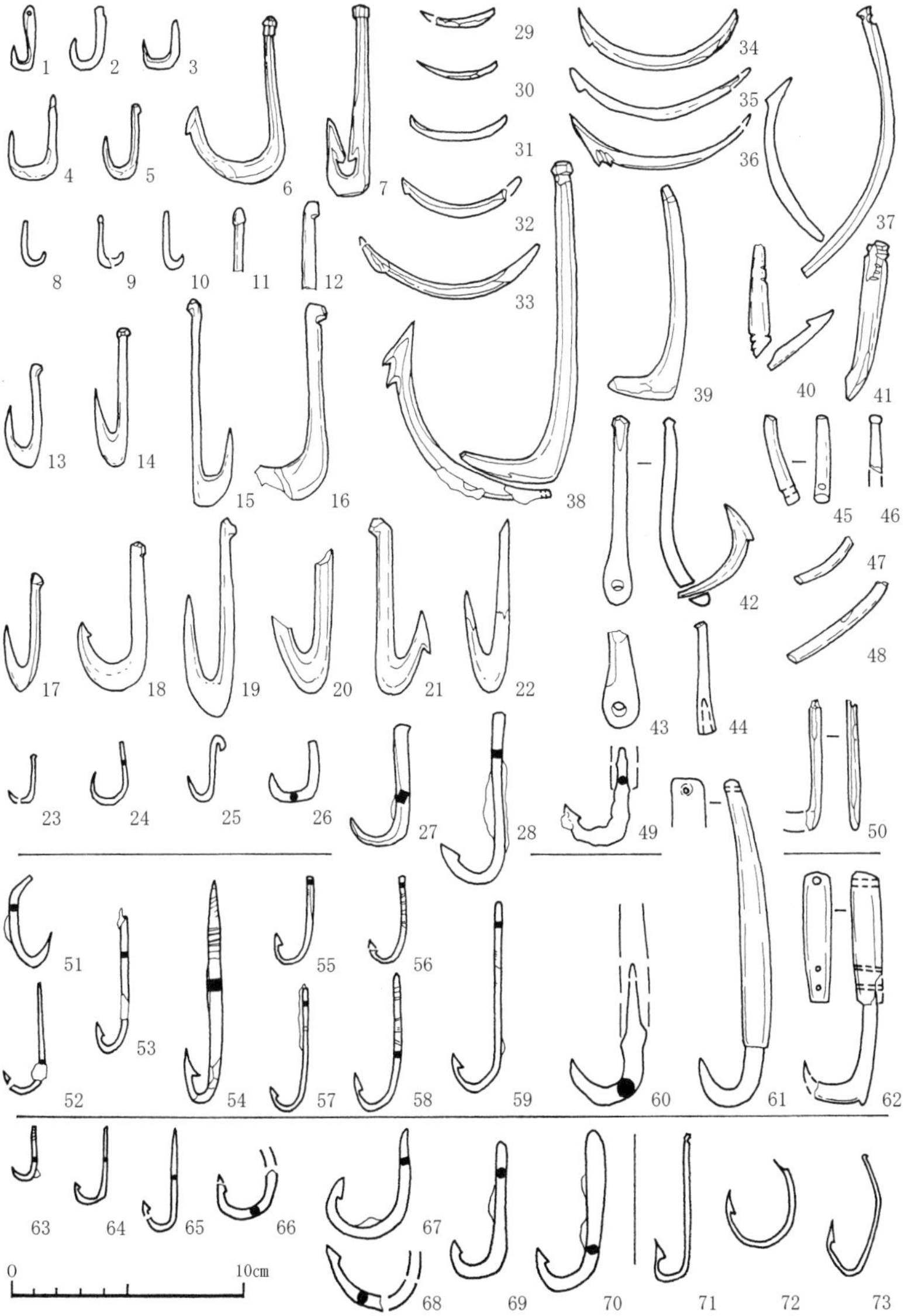
1 2 3 4 5 6 7 8 9 10 11 12 13 14 15 16 17 18 19 20 21 22 23 24 25 26 27 28 29 30 31 32 33 34 35 36 37 38 39 40 41 42 43 44 45 46 47 48 49 50 51 52 53 54 55 56 57 58 59 60 61 62 63 64 65 66 67 68 69 70 71 72 73
0
10cm

図8　釣　　針（遺跡名は右頁）

平安時代中期にかけての福岡県海の中道遺跡〔山崎編一九八二〕などの釣針の分類にもこれが有効である。したがって、対象魚と釣針の規模との変わらぬ関係をここにみいだすことも可能である。

弥生時代を通じ、単式釣針には各規模のものが存在し、それぞれの数も顕著な差異を認めがたい。結合式釣針はほとんどが大型・極大型であり、前後の時代と共通する傾向を示す。

③　素　材

つぎに、釣針の素材に目を向けると、この時代には猪牙や鹿角などの骨角牙製品と青銅（ないしは銅、図8―23〜25）、鉄（26〜28）製品とが認められる。猪牙製品は単式釣針の小型品と組合式釣針の鉤部とに多く、鹿角製品は単式釣針の中〜極大品と結合式釣針の軸部とに多い。この傾向はすでに縄文時代に認められるところであり、その伝統上にあるということができる。しかし、単式釣針では、猪牙製品は中期以後（Ⅱ〜Ⅳ期）に発見例はなく、鹿角製品も、後期（Ⅴ期）にはいまだ静岡県以東に多いとはいうものの、古墳時代にはほとんど姿を消してしまう。

結合式釣針の場合はこれとは異なり、古墳時代以後も骨角製品は存続し、鉤部が鉄器化した例でもなお軸部は鹿角などで作られる（49・60・61）。したがって、これらの場合は素材が骨角であることの意味が別の角度から問われなければならない。

ところで、釣針の素材の金属器化は、二段階で進行したことを指摘したことがある（第一部第一章）。第一段階は単式釣針の小・中型品や結合式釣針の鉤部に青銅と鉄が用いられるようになる弥生時代後期（Ⅴ期）、第二段階はそれが単式釣針の大・極大品に及び、鉄製品で統一されるようになる古墳時代前期である。現状でもこの考えを大きく改める必要はないかと思うが、極大型鉄製品が福岡県御床松原遺跡（同28）〔井上一九八三〕で、すでに弥生時代終末の段階に出現していることが判明した。

なお、釣針の鉄器化に関連して、注意を促しておきたいことは、釣針を作る鉄素材の形態についてである。なぜなら、弥生時代から古墳時代前期にかけての鉄素材は、ほとんどが断面矩形の角棒材で、まれに断面円形の丸棒材があったとしても、それは小・中型品用に限られるからである。これに対し、古墳時代後期には両者が存在し、海の中道遺跡では丸棒材が主流を占めているのである。[9] 大・極大品を含めた鉄製釣針への丸棒材の使用は古墳時代中期以後のことで、それが徐々に比重を増したと推定できる。この現象は、鍛鉄技術の発展を考慮して評価すべきことではあるが、先には鉄製漁具の普及というかたちでしか評価しえなかった（第一章）、古墳時代中期後半以後の段階における釣針の一つの技術的改良点として意義づけておきたい。

④ 鐖《あぐ》

ところで、釣針の鉄器化は、素材の入手に制限がなければ、堅牢で自在な大きさの製品を比較的容易に、しかも多量に製作することを可能とした。その意味では釣針の歴史に重要な段階を画したということができる。しかし、技術面でこれが果たした役割は十分明らかではない。では、この段階で漁法にはどのような改良が加えられたのであろう。この視点から、つぎに釣針の形態を検討してみよう。

まず、釣針の形態でもっとも特色を示す鐖、すなわち鈎部などにつけられた逆刺《かえし》に注目すると、その変化をもっとも端的に示すのは、単式釣針では外鐖と内鐖の消長にある。西日本の縄文時代において、無鐖式についで比重の大きかった外鐖式は、弥生時代に減少し、後期の神奈川県毘沙門C洞窟遺跡例（同21）〔赤星一九五三〕を最後に姿を消す。一方、内鐖式は弥生後期にはあり（同18）、古墳時代以後、著しく類例を増しつつ現在に至っている。したがって、西日本の縄文時代の伝統を引く鐖のあり方は、素材の場合と同様、弥生時代後期にいたって改良され、無鐖式と内鐖式とに統一されていったと理解できる。その後の両者の関係は、古墳時代では後者に大・極大品が多く、小・中型品には前者が多いといえる程度であるが、海の中道遺跡（63〜70）では小型品は無鐖式、中型品以上は内鐖式と明確に区別されており、そこに、釣針の大きさと鐖の整備された関係をみることができる。なお、結合式釣針には、縄文時代以来、外鐖式を中心に無鐖式、内鐖式のものが存在し、弥生時代に続いている。しかし、古墳時代の実例はいずれも無鐖式である。

⑤　ち　も　と

ところで、後代においてもっとも合理的な形とされる内鐖式釣針は、「ちもと」すなわち軸部先端の内側に引き糸がくるように釣糸を結びつけることによって、はじめてその威力を発揮するのであるが、ちもとの形態はどうであろう。少なくとも四種一〇類には分類できるそれについて、今ここでは深く立ちいらないが、結合式釣針をも含め、弥生時代後期以後の釣針には、ちもとの内側に釣糸を結合するには不便な形である、ちもとの内側が突出する例（6・7・14など）はほとんどなく、穿孔の場合もけっして側面（逆しの字状にみえる面）には行わないということができるのである。したがって、内鐖の定着は釣糸のちもと内側への結合をも同時に促したと理解したい。しかし、古墳時代単式釣針のちもとは、ほとんどが軸部そのままか、先細り、先太りで終わるため、鉄製釣針特有のちもとの加工はより後代の工夫と思われる。

⑥　本体の形態

鉄製釣針の本体の形態に関していえば、その形態は、弥生・古墳時代を通じ、軸部が長くまっすぐで、鉤部の立ちあがりがその三分の一にもならない長軸型がほとんどで、軸部が短く、湾曲する短軸型は僅かな小・中型品の丸棒材使用例にのみみられるだけである（26・51）。両者はそれぞれ、のちに鹹水用釣針の二大原型とみなされる「東北型」（同71）と「西南型」（72）[10]に類似するが、短軸型の定着は海の中道遺跡（66・67）に認められる。

⑦　群　構　成

以上の釣針はどのような組みあわせで群を構成したのであろう。前期を中心に一部中期に及ぶ島根県西川津遺跡例〔11〕（5～7・38）を紹介すると、単式無鐖小型一・中型一、単式外鐖大型一・極大型二、単式両鐖大型一・極大型一、結合式外鐖極大型一組、および結合式の軸部一と内鐖鉤部二が出土し、みごとな規模と形態の構造との関係を示しているのである。このような関係は程度の差こそあれ、中期の愛知県瓜郷遺跡〔豊橋市一九六三〕、後期を中心とする神奈川県三浦半島洞窟遺跡群〔赤星一九五二、剣持一九七二、神澤一九七三・七四〕にもほぼ認められる。そして、それは古墳時代においても同様で、一括出土の場合、各規模内の大きさや形がさらに揃うようになるといった程度の差を示すにすぎない。すなわち、弥生時代には大小の釣針がセットとして用いられており、その構成は古墳時代まで大きく変わることはなかったと推定できる。このことが、縄文時代釣針の規模の分類が以後のそれにも有効であることの背景をなしていたのである。しかし、八世紀後半から一〇世紀代と推定されている海の中道遺跡の釣針はすべてが鉄製品でありながら、内鐖式の極大型一種、大型二種、中型三種および無鐖式の小型二種が認められ、中型二種には定型化した短軸型のものまでが出現している。したがって、これらすべてが必ずしも魚種や漁法の差違に対応するとはいえないにしても、鉄針の進化は各規模内のさらなる分化へと向かったことは明白である。

(2)　結合式釣針と擬餌

西日本における縄文時代から古墳時代にかけての結合式釣針は、その結合技法よりa～fの六類に区分できる〔和田一九八二〕。a類は軸部、鉤部ともに結合のための特別な加工のないもの（37）。b類は軸部下端、鉤部の基端に接合面を作り出したもの（40・41）。c類はL字型の軸部下端に断面逆V字型の溝を刻んだもの（38・39）。d類は軸部下端近くに主軸と直交に貫通孔を穿ったもの（42・43・45）。e類は軸部の下端面から主軸方向に孔を穿ったもの（44・49・60・61）。f類はe類の結合に目釘を加えて強化したもの（50・62）である。(12)

弥生時代の結合式釣針は、縄文時代の九州西北部から朝鮮半島にかけての海岸部に発達したそれの伝統を引くものであり、前代に多いc類は前期の菜畑遺跡〔中島ほか一九八二〕、西川津遺跡で知られており、aないしはc類につく鉤部は佐賀県柏崎遺跡〔中島ほか一九八二〕ほかに出土している。中期（Ⅱ期以降）に入ると確例はd・e類となるが、岡山県真菰谷遺跡〔清野一九六九〕や香川県紫雲出山遺跡〔小林・佐原一九六四〕の例で著名なd類は岡山県門田遺跡に前期まで遡る例が出土している。(13)

ところで、以上のa〜d類の結合式釣針は前・中期（Ⅰ〜Ⅳ期）で姿を消すことになるが、e類はその後に継続し、後期（Ⅴ期）にf類をも生みだすとともに、古墳時代には発展し、e類は鉄製無鏃鉤部＋骨角製軸部の結合式、f類は骨角製で無鏃の結合式として定型化する。したがって、e類の出現に結合式釣針の大きな変化をみいだしたい。縄文時代の結合式釣針は大型化の欲求と材料不足の相剋から生みだされたといわれているが〔渡辺一九七三〕、e類の意義は釣針の鉄器化を一つの型式として受けとめたというだけでなく、少なくともf類出現以後は両者相俟って、擬餌機能を有す複合式釣針として定着していったというところにあると考えられるのである。(14)

以上、弥生時代釣針の評価を、縄文・古墳時代のそれとの比較において行ってきた。いま、それを整理すると、骨角牙製単式釣針、外鏃式、結合式釣針a〜c類などで代表される縄文的要素は後期まで姿を消す。他方、中期後葉（Ⅳ期）から後期（Ⅴ期）になると、釣針の金属器化、そして鉄器化、内鏃式の定着、釣糸のちもと内側への結合、複合式釣針の出現などからなる釣針の改革が断行され、それはまた、釣魚法そのものの変革であったと推定される。この時期はまさに弥生時代以後における漁具全体に係わる変革期（第一の画期）にあたり（第一章）、釣針はその重要な一翼を担っていたのである。しかし、釣針の規模は縄文時代以来のそれを受けついでおり、各規模内のさらなる分化や短軸型釣針の定着は奈良時代以後にもちこされたし、鉄素材としての円棒材の使用は古墳時代中期中頃までまたなければならなかったのである。

三　ヤス・モリ

突きさすことによって魚や海獣を捕らえる刺突具はヤスとモリ（銛）によって代表される。一般には、柄を持ったままで突くものをヤス、投げて突くものをモリと、動作によって呼びわけるが、構造的には柄の先に「頭《かしら》」（先端の利器）を固定する型式が前者に多く、柄の先にとりつけた頭が柄からはずれるように作った、いわゆる離頭式のものが後者に多い。動作が基準になりにくい考古学では、構造によって固定式のものをヤス、離頭式のものをモリと呼び、基本的に前者は持って突き、後者は投げて突く、とするのが適当であろう。離頭式のものは、あらかじめ銛頭《もりがしら》に綱をつないでおき、獲物に銛頭が突きささると同時に柄がはずれ（柄の流出を防ぐため、柄も綱につながれている）、獲物の疲労をまって綱を引きよせるものだが、頭に離頭のための装置や綱を結合するための装置が明瞭なものだけをモリと呼ぼうというのである。

(1)　ヤ　ス

ヤスには突く機能とともに、引っかける機能や挟む機能が備わっている場合が多い。そこで、構造と機能に配慮しつつ、ヤスの頭を以下のごとく分類する。

単式ヤス（頭が一本のものからなるもの）

a類：棒状で先端が尖るもの（図9―1～20・41）

b類：複数の逆刺が左右両側につくもの（27・28・31～34・38・39）

c類：複数の逆刺が片側につくもの（29・30）

d類：逆刺が、主に先端部の左右両側に一個ずつつくもの（37・40）

e類：逆刺が、主に先端部の片側に一個つくもの（35・36）

複式ヤス（単式のものを複数組みあわせて頭としたもの）

A類：複数の個体を紐などで結合したもの

A1類：三本以上を立体的に組みあわせたもの（47・48）

A2類：二本以上を平面的に組みあわせたもの

B類：A類を一個体で実現したもの

B1類：A1類を一個体で実現したもの

B2類：A2類を一個体で実現したもの（53）

（複式ヤスを構成する個々の先端部の分類は単式ヤスのそれに従う）

単式a類は突く機能のみからなり、単式b～e類はこれに引っかける機能が加わり、複式ではさらに挟む機能が備わる。

弥生時代の刺突漁具の多くはヤスであり、しかも骨角製品が大半を占める。なかでは単

〔図9　遺跡名〕
1・2・12・13大阪・亀井　3・10・29愛知・貝殻山　4・28愛知・瓜郷　5・33愛知・欠山　6・8・9・11・21～23・31神奈川・間口　7神奈川・大浦山　14・16・27佐賀・菜畑　15奈良・唐古鍵　17～20大阪・山賀　24・35神奈川・毘沙門B　25・26福島・薄磯　30愛知・下別所　32愛知・西志賀　34・36・37長崎・原の辻　38～40長崎・カラカミ　41・42福岡・御床松原　43～47岡山・金蔵山　48岡山・随庵　49～51福井・浜禰　52福岡・貝島1　53富山・友坂
（弥生前期）12・14・16・17・27　（前～中期）3・10　（中期）15・18～20・21・25・26・30
（中～後期）28・34・36～40　（後期）1・2・5・11・22・31・33・41・42
（古墳）43～52　（中世）53
（木）16～20・27　（鉄）40～48・52・53　他は（骨角）

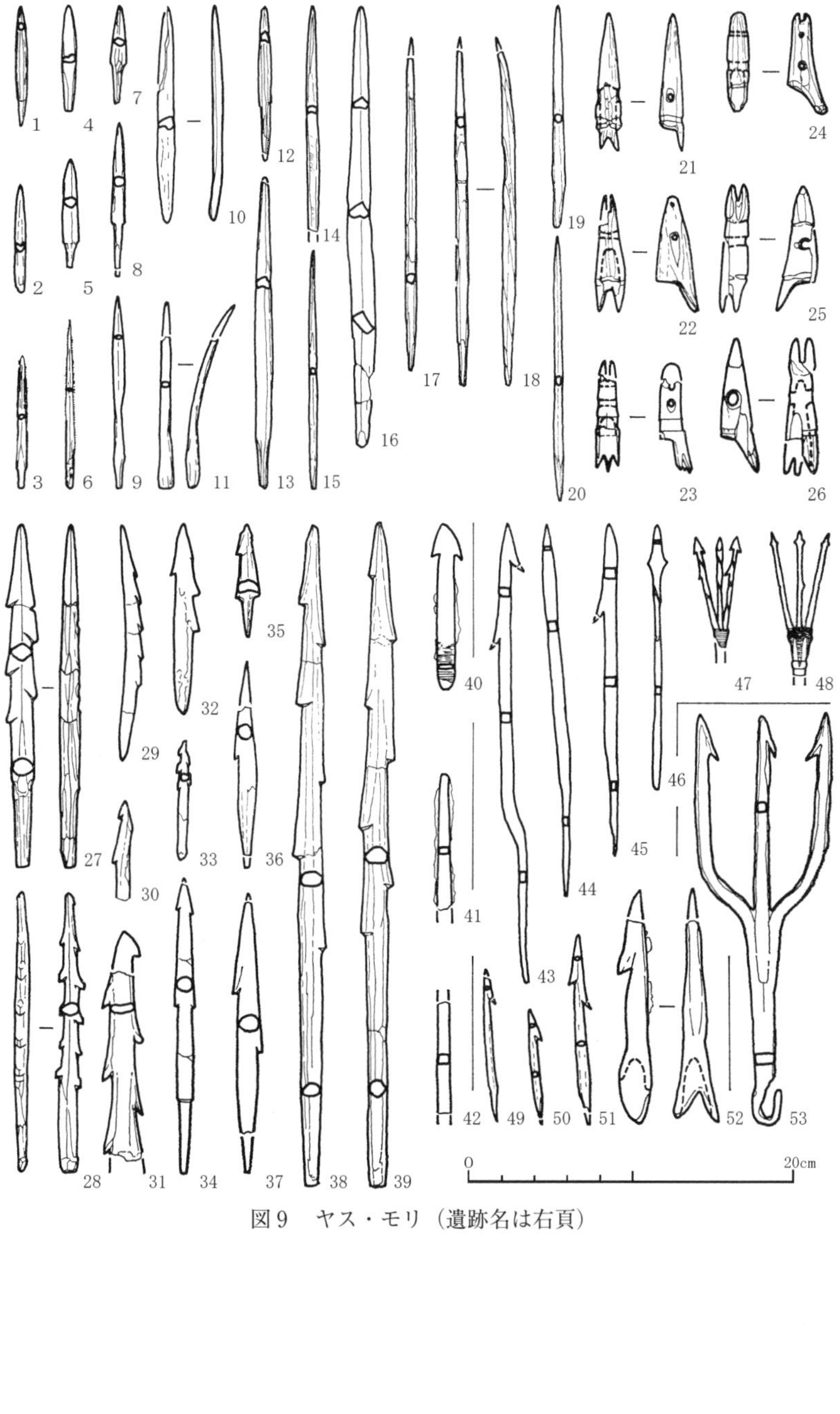

図9　ヤス・モリ（遺跡名は右頁）

式a類がもっとも普遍的で全時期に認められるが、小型品（同1・7）は骨鏃との区別が困難である。身部が湾曲する例（図9―10・11・18）には、複式ヤスとしての利用が推定されているものもあるが、古墳時代の49〜51のごとく、基部を斜に切りおとして、柄への着装を容易にした例はない。縄文時代のそれと同じく〔金子一九六七〕、ニホンジカの中手骨や中足骨を用いる例が多いが、菜畑遺跡例（同14）〔中島ほか一九八二〕のごとく、弥生時代に入ると鹿角製となる場合もある。まれに、エイの尾棘を用いる例（同3・6）のあることも前代からの伝統である。

なお、現状では、用途がヤスと確定しているわけではないが、骨角製品と類似の形態をとる木製品も少なくない。和歌山県笠嶋遺跡例〔安井一九六九〕が著名であるが、それらは多くがヒノキ製で、長さは六〇〜九〇センチを測る。また、大阪府の旧河内湖岸では、骨製品とともに、長さ一〇〜二〇センチ程の木製品（同17〜20）が多量に出土しているが、多くはモミ製で、なかには赤色顔料を塗布する例もある。

単式で逆刺をもつ例では、b類が北部九州、伊勢湾岸、および三浦半島部に集中する。前期の菜畑遺跡例（同27）は唯一の木製品。長崎県原の辻（同34）・カラカミ遺跡例（同38・39）〔岡崎一九六八〕はいずれも鯨骨製で、後者は長さ四〇センチの大型品である。愛知県の伊勢湾岸では、c類を含め、前期（Ⅰ期）から後期末（Ⅴ期）まで、鹿角製品が多用され、神奈川県三浦半島部では後期（Ⅴ期）の例が多い。また、滋賀県大中の湖南遺跡〔滋賀県一九七九〕では、淡水域唯一のb類が出土している。

ところで、以上の骨角製品はいずれも縄文時代以来の伝統を引きついだものであるが、ヤスにおける新時代は、強固で鋭利な頭を保証する鉄製品の出現によって実現された。それはまず、中期末（Ⅳ期）において、板状の鉄素材を用い、小型の単式d類（同40）を作ることに始まり、後期（Ⅴ期）末には角棒材を用いた単式a類（同41）へと続き、古墳時代にはほとんどのヤスを鉄器化することとなった。それに伴ない、ヤスの形態からは伝統的なb・c類が消失し、これに代わって弥生時代には類例の少なかったd・e類が主体を占めるようになる。

古墳時代の鉄製品の中にe類が多く、身部が屈曲する例(43・44)の少なくないことは、複式A1類の盛行を物語るが、弥生時代の複式ヤスは、前述のごとく、一部の単式a類にそれを推測させる例があるものの、前後の時代ほどには完成されたものはなかったといえよう。なお、複式B類の確例は古墳時代においても認められず、岡山県金蔵山古墳例〔西谷ほか一九五九〕など、武器との区別が困難な、特殊な類例を若干掲げうるにすぎない。(補註1)

(2) モ リ

弥生時代のモリとしては、神奈川県三浦半島の後期(Ⅴ期)を中心とした時期の、鹿角製閉窩《へいか》式(燕型《つばめがた》)回転銛頭(21~24)〔赤星一九五三、剣持一九七二、神澤一九七三・七四〕がよく知られている。型式的には先端を尖らせたものと、そこに溝を設け、鏃を挟むようにしたものとがある。ともに、縄文時代後・晩期の東北地方太平洋岸に発達した閉窩式回転銛頭〔馬目一九八三〕の系譜を引くものであるが、最近では、両者の間を埋める中期前葉(Ⅱ期)の例(25・26)が福島県薄磯遺跡〔大竹一九八五〕において発見されている。(補註2)西日本でのモリの出土例はほとんどないが、岡山県郡遺跡に中期といわれる例〔鎌木一九六二〕があり、鳥取県境港でも時期不明の一例〔鳥取県立博物館で実見〕が採集されている。型式は同一ではないが、ともに付近に結合式釣針の出土をみることから、九州西北部との関連も考えられる。古墳時代では、後期の福岡県貝島古墳群(52)〔山中一九七八〕などに若干の例が発見されている。

なお、弥生時代のヤス・モリ類との関連では他に、縄文時代の九州西北部にみられる石鋸、サイド・ブレイド、石銛などの弥生時代への残存例にも触れる必要があるが、今回は省略する。

註

（1）西南諸島の八重山地方を中心に、網錘として用いられたと考えられる二枚貝製の錘〔国分一九七二〕。

（2）棒状土錘a類としては唯一の前期（I期）例が大阪府勝部遺跡〔藤井ほか一九七二〕に報告されている。大阪府山賀遺跡〔大阪文化財センター一九八四〕の前期に類似の半折品があり、中期の九州では佐賀県菜畑遺跡〔中島ほか一九八二〕に滑石製品が、佐賀県詫田西分遺跡〔徳富・森田一九八三〕にb類の土錘が認められる。したがって、棒状土錘a類の先駆的な例は前期に遡る可能性が高い。

（3）卵形土製品の外表に長軸方向の深い溝を一条めぐらせたもので、短軸断面は工字状、あるいは分銅状を呈す。

（4）時期は、九州編年に立つ下條の中期後半を中期中葉、後期を中期後葉から後期と書きかえた。

（5）瀬戸内海水系に散在する有溝土錘c類も、九州型石錘の影響を受けた土製品と理解する。なお、〔和田一九八一〕の大阪府池上曽根遺跡出土例の記述に誤りがあった。記述二例のうち、前者は土製品で、後者は出土していない。記してお詫びする。

（6）ただし、下膊の垂下に適した形であることは、網錘でないことの積極的な根拠とはならない。網錘の沈子網への結合法には、直接、連続して結合する場合と、一個ずつを下げ糸に結び、それを沈子網につなぐ場合とがあり、後者には垂下型が適している。ちなみに、現用の刺網では両者がみられ、〔金田一九七七〕に紹介された例を分析すると、網錘の重量が二〇〇グラムを超えるものは、後者の技法をとる例が多い。重量と結合技法の一つの関係として注目しておきたい。

（7）兵庫県桜ヶ丘第五号銅鐸に描かれたI字状器具をもつ人物と魚の絵（図10）は、糸巻きを用いた「手釣り」の場面とみなされ、『古事記』上巻・国譲りの条には「栲縄《たくなわ》之千尋縄」として「延縄」の記載があり〔渋沢一九六二　七六頁〕、中国後漢の画像石には一本の釣り糸に四つの仕掛けのある例や、竿による一本釣にタモ網の併用例がある〔林一九七六〕。前者には布目順郎の紡糸枠《かせ》説〔布目一九五〇〕があるが、佐原真は「I字状器具を一種の漁具と考え、魚を取り（釣り？）あげた一瞬」とした〔佐原一九八二〕。

（8）構造的分類の用語は〔渡辺一九七三〕によった。また、西日本縄文時代後・晩期の釣針については〔渡辺一九七三・八五〕をおもに参照した。

（9）古墳時代鉄製漁具には、釣針の一部を除き、角棒材が用いられているとの指摘がある〔山中一九八〇〕。なお、海の中道遺跡には鏃を作りだしただけで、曲げられていない丸棒材の未製品がある。鏃を作ったあとで本体を曲げるという製作手順は後代に同じ。

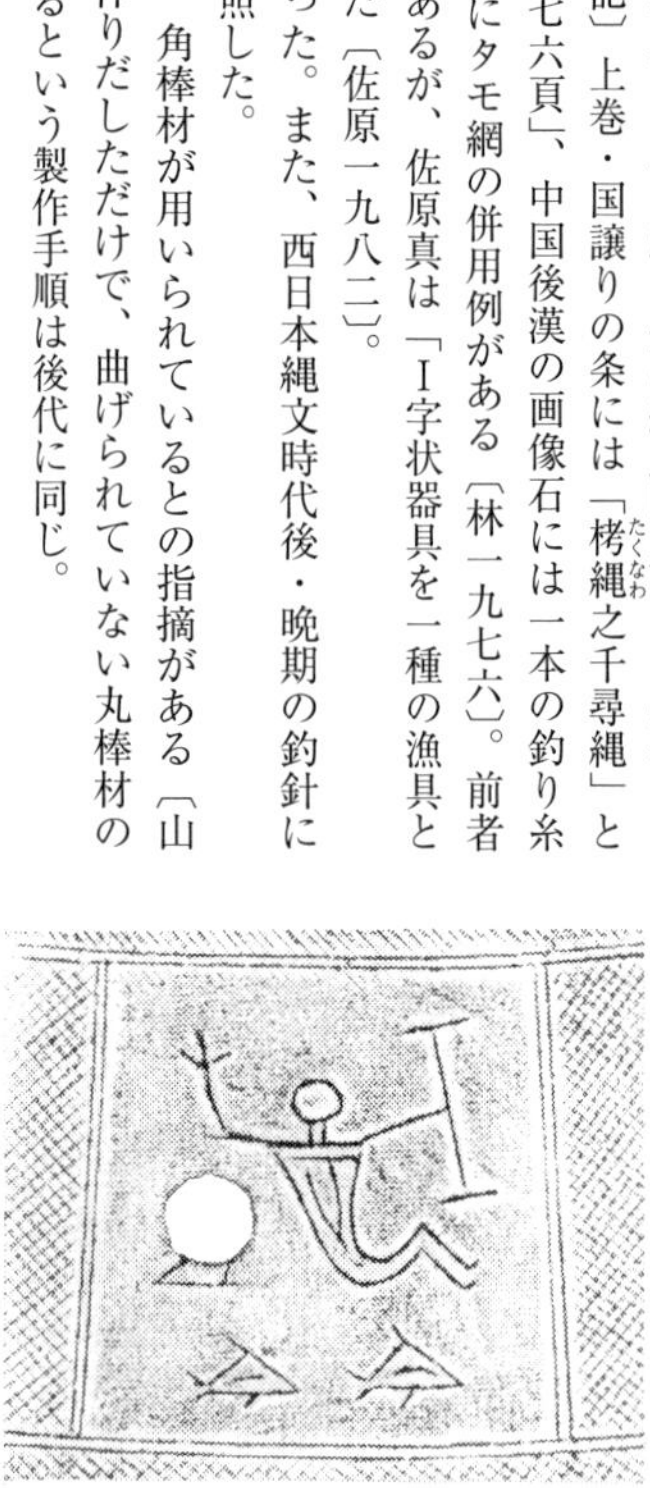

図10　手釣りをする人（銅鐸絵画）

(10)〔渋沢一九六二〕では、〔農商務省一九一二〕に従い、全国の鹹水用の釣針を、(甲)角型・中部型、(乙)丸型・西南型、(丙)直軸型・東北型に区分し、後二者が原型で、東北型が直軸なのは材質が悪く、焼入が未熟なためとした。一般に淡水魚用は丸型という。

(11) 内田律雄氏ご教示。図も氏の提供による。

(12) 坂田邦洋はa類を「鰯岬A型」、c類を「鰯岬B型」とし〔坂田一九七六〕、渡辺誠はb類と同技法のものを「鰲山里《おさんり》型」、c類を「西北九州型」、d類を「真菰谷型」としている〔渡辺一九八五〕。b類の日本出土例はない。

(13) 近藤義郎・秋山浩三両氏ご教示。

(14) 西川津遺跡のc類鉤部の根元に穿孔があり、内田律雄氏は擬餌の可能性を指摘されたが、同様な位置への穿孔例は石川県笠舞B遺跡の単式釣針(縄文か)〔岡本一九七五〕にもある。なお、〔朝日一九七〇〕では、弥生時代の新技術として擬餌の出現を指摘し、骨角製品を掲げる。海の中道遺跡には樹皮などで束ねた三本一組の釣針があり、現用イカ・タコ用擬餌との類似が指摘されている〔山崎ほか一九八二〕。類例はヤスの可能性も残るが、愛媛県雉之尾丘陵の一古墳〔正岡一九七八〕にある。

(補註1) 後に、鍛接したかと考えられる古墳時代の複式B2類の鉄製ヤスが、京都府恵解山古墳(図11—29中期)〔長岡京一九八一〕や、滋賀県入江内湖遺跡(後期)〔瀬口編二〇〇七〕などで出土している。古墳時代の鉄製のヤスや釣針については、韓国の例を含め、〔魚津二〇一〇〕参照。

(補註2) 三重県白浜遺跡から、多くの骨角製漁具とともに、閉窩式で先端に石鏃を挟む鹿角製離頭銛が出土している。「(骨角器は)その大半が弥生中期から後期後半に属すると考えている」という〔萩本・山本編一九九〇〕。太平洋沿岸における東北地方からの離頭銛の流れは伊勢湾岸に達していたのである。

第三章　弥生・古墳時代の漁撈

はじめに

弥生文化は、日本列島最初の水稲農耕文化であるとともに、そのなかに、農耕社会を背景とする最初の漁撈文化をも内包していた。そして、この漁撈文化は、縄文時代の長い伝統の上に、稲作農耕とともに伝わった新しい漁撈の文化を加え、弥生時代に固有の文化を生みだすとともに、この時代の後期（V期）には、早くも古代漁業の基礎を形成しはじめたと考えられる。小稿では、このような弥生時代の漁撈への理解を深める一助として、おもに出土漁具を中心に、その漁撈活動について若干の検討を加えたいと思う。

一　漁具の種類と地域色

(1)　漁具の種類

そこでまず、出土漁具の種類をみてみると、つぎの通りである。

①　漁　　網

漁網に関する遺物のほとんどは土錘である。しかし、土錘の型式は実に多様で、その重量も数グラムから数百グラムに達す。各型式の土錘がそれぞれ特定の重量規模をとり、セットをなして土錘の全重量幅を覆っていることがひとつの大きな特徴であるが、それは、各型式の土錘がそれぞれ固有の漁網を表現し、何種類かの漁網が用途に応じて使いわけられていたことを示しているものと理解できる。各型式の土錘がそれぞれどのような漁網を表しているかは即断できないが、ここでは単純な型式の曳網《ひきあみ》、繰網《くりあみ》、敷網《しきあみ》、刺網《さしあみ》、建網《たてあみ》、掩網《おおいあみ》（投網《とあみ》）などを想定しておきたい。

漁網のなかで、その型式がわかるのはタモ網のみである。いずれも枠は円形、ないしは楕円形を呈すが、枠の作り方には基本的に二種のものがある。太い枝を柄にし、それより伸びる細い枝を枠にしてつなぎあわせるものと、湾曲した枠を別に作っておき、これを柄に取りつけるものとである。単式、結合式と呼びわけることができるが、単式は小枝が左右から伸びるものと、一方から伸びて全体に回るものとに区別できる。『和名抄』にみえるサデ網（柄の先で二本の竹を交叉させ三角形状とし、これに網をはって袋状としたもの）は現在まで出土例がなく、四手網《よつであみ》は奈良時代には出土している。[1] 浮子と考えられているものには木製と軽石製のものがあるが、その可能性の高い木製品でも推測の域をでない。軽石製品は釣魚用のものかとも思われる。

② 釣　具

釣具としては骨角、猪牙、青銅、鉄などで作られた釣針の出土が著しい。構造的には単式釣針と結合式釣針とがあり、結合式釣針の一部は擬餌の機能を備える複合式釣針であった可能性が高い。大きさにも大小があり、それぞれが用途に応じて使いわけられていたと考えられる。

釣漁には竿釣と手釣があるが、手釣には兵庫県桜ヶ丘五号銅鐸の絵画よりその存在を知ることができ、I字形の糸巻きも出土している。[2] しかし、『古事記』や『万葉集』には表されている竿の確認例はない。延縄《はえなわ》も『古事記』の国譲り神話にみえるが、これには同規模多量の釣針を必要とするところから、本格的な延縄の出現は鉄製釣針が普及する古墳時代以後とするのが妥当であろう。

弥生時代の石錘はその分布地域から九州型、瀬戸内型、中部型等に分けられる。中部型の用途はいまだ不詳であるが、他の多くは釣魚用の沈子と考えられる。九州型石錘の大型品を天秤釣用の沈子とするのは卓見であろう〔大野一九八一、下條一九八四〕。

③　刺　突　具

刺突具には頭が固定式のヤスと離頭式のモリとがある。出土量の多いヤスには、頭が一本のものと頭が複数本のものとがあり、それぞれ単式、複式と呼んでいる。弥生時代の複式ヤスは、存在しても複数の頭を紐で固定したものである（A類）が、古墳時代にはそれを一個体で実現した鉄製品（B類）が現れる（第一部第二章補註1参照）。また、潜水漁の存在を推測させるものとしては、アワビオコシ（イソガネ）があるが、(3)認定が困難な場合も少なくない。

なお、刺突具の仲間である鉤具《こうぐ》（引っ掛け具）、狭捩具《きょうれいぐ》（挟み・捩り具）、爬具《はぐ》（引っ掻き具）の類は漁具として完成していないためか、明確な型式を持った出土例がない。弓矢が漁撈に用いられたかどうかも不明である。

④　陥　穽　具

罠を仕掛けそこに入った魚を捕る漁具としてはイイダコ壺、筌《うけ》、梁《やな》、魞《えり》などが知られている。イイダコ壺は同時期の周辺地域ではいまだに出土例をみないが、弥生時代の列島では盛んに用いられた。苧麻や蔓類で作られた親縄に多数の枝縄をつけ、その先端に壺を括りつけて用いるが、出土例からみて六〇個から八〇個程度が一縄を構成していたらしい。大阪府池上曽根遺跡などではマダコ用かと推測されている無頸壺形土器も出土している〔大阪文化財センター一九七九〕。多くに縄をつけるための装置がないことから、この種の壺がタコ壺であることを否定することもできるが、弥生時代の壺のなかには、別の用途のものではあるが籠に入れられたものがあり、後世のタコ壺の中にはやはり縄をつける装置がなくとも縄で粗く籠状に括って用いる例があることを思えば、これを簡単に否定しさることはできない。兵庫県玉津田中遺跡などでは、同形態のものの口縁近くに穿孔されたものも出土しているのである〔埋蔵文化財研究会一九八六〕。

筌には二例の出土がある。いずれも竹や木のヒゴを蔓で編んで作ったものである。大阪府山賀遺跡の前期（Ⅰ期）の例は全体がわかる貴重なものであるが、逆刺が一重でその先に九センチの開口部があり、尻部が完全に閉じられているのは興味深い〔中西一九八五〕。同じような簀で作る魚伏せ籠の存在も考えておくべきだろう。

梁では愛知県朝日遺跡に小規模なものの発見例がある。(4) これに類似する漁具である魞も縄文時代や平安時代に類例があることから、弥生時代にはその存在が推測できよう。

以上のほか、弥生時代の漁法としては、平安時代の文献に認められる、カイボリをはじめとする素捕り、柴漬《ふしづけ》法、毒流しなども存在したことが十分考えられるが、考古資料としては明らかでない。また、漁撈をとりまく周辺資料として、舟、櫂《かい》、アカカキ、木槽《きぶね》、竹籠、鎌、刀子、紡錘車などが出土しているし、網針も縄文時代晩期に民俗例に酷似する遺物が出土している(5)ことを思えば、その存在も推測することができる。

(2) 漁具の地域色

弥生時代の漁具はこのように多様であるが、いずれの地域も同様な漁具をあわせもっていたわけではない。その顕著な差は、まず海水域と淡水域とで現れる。海水域では網漁や釣漁が発展し、各種の土錘、釣針、石錘が発達するとともに、ヤス、モリ、アワビオコシ、イイダコ壺なども盛行するが、淡水域では、網漁や釣漁はさほど発展したとは考えられず、おもに管状土錘a・b・e類の小・中型品と単式釣針の小・中型品が認められる程度で、代わってタモ網、ヤスとともに筌・梁・魞あるいは、素捕り、柴漬法などの発達が推測される。

海水域では、網漁の発達は瀬戸内海水系、特にその中・東部に顕著で、弥生・古墳時代を通じ土錘の新型式はたえずこの地域で生みだされてきた。イイダコ壺の創出も大阪湾から播磨灘にかけての地域でのことである。他方、釣針は各地に出土するが、リアス式海岸が発達した地域に比較的多い。結合式釣針はその系譜とも関連して、c類は九州北部から日本海の島根半島、d類は瀬戸内海中部、縄文時代の寺脇型結合式釣針の系譜を引く例は東北地方南部に分布する。石錘は、九州型が九州北部を中心に九州西岸から日本海若狭湾岸、中部型が駿河湾岸を中心に諏訪湖から日本海を南下して丹後半島にかけて広がり、これらに挟まれた瀬戸内海水系には瀬戸内型がみられる。ただ、瀬戸内型は瀬戸内海水系にのみ固有のものではない。ヤスも各地に分布するが、九州北部ではアワビオコシとともに鯨骨製品がめだち、伊勢湾岸や三浦半島では単式ヤスb・c類とともに東北地方縄文時代のものの系譜を引くモリの存在が注目される。

したがって、各地域の性格を際立たせるために、少し極論すれば、タモ網、ヤスに筌、梁、魞類の淡水域、大小の漁網（土錘）にイイダコ壺の瀬戸内海水系、釣針とヤス、モリ、アワビオコシのその他の海水域と大別できる。ただ、漁網が砂浜地帯に発達し、釣針や刺突具が岩礁地帯に普及するという一般的傾向に変わりはなく、そのような環境に応じた漁具・漁法の使い分けは三つに分けたそれぞれの地域においても認められ、その他とした海水域でもおもに管状土錘a・b・e類を用いた中・小規模の漁網は盛んに使用されている。地域間相互の影響も少なくない。

二　漁具の発達

ところで、これらの弥生時代の漁具を縄文時代のそれと比較してみるとつぎのようである。[6]

1　漁網を示す土錘、石錘では、縄文時代に土器片錘、有溝土錘、有溝管状土錘、切目石錘、打欠石錘などがみられるが、系譜的に弥生時代につながるものは、打欠石錘を除き、ほとんどない。管状土錘の発達は弥生時代以後の網錘の特徴であり、この型式の小型のものはすでに縄文時代晩期の西日本に入ってきた可能性が高い。打欠石錘を除くと、縄文時代の漁網錘には八〇グラムを超える大型品は僅かであり、大型品の出現も弥生時代の網錘の特徴とできるが、なによりも大小の規模を持つ各型式の土錘がセットをなして使用されている点に当代の網漁の質の高さが窺われる。

2　釣針には、縄文時代の西日本に広く分布していた単式釣針と、朝鮮半島の東・南岸から[補註1]九州の北西岸に分布していた結合式釣針の系譜を引くものとがある。両者ともに弥生時代後期（Ⅴ期）には改良され、新しい型式を生みだすが、その時に外からの影響を受けたかどうかは不明である。この改良には釣針の鉄器化が伴うが、刺突具をも含めた鉄製漁具の出現も弥生時代の漁具の大きな特徴である。

釣漁との密接な関係が考えられる石錘には、縄文時代のそれとは異なる型式のものが発達し、漁網錘としての石錘は土錘にとって代わられる。

3　ヤスも多くは縄文時代に認められる型式である。三重県以東の太平洋沿岸に少数散在するモリは縄文時代後・晩期の東北地方の太平洋沿岸に発達したモリの系譜を引くものであり（第一部第二章補註2参照）、東北地方ではモリと同系譜の結合式釣針も弥生時代には使用されている。(7) 同様にアワビオコシもまた縄文時代には使用されていたと考えられる漁具で、縄文人骨のなかには潜水漁に従事する人に多い外耳道骨腫が認められる例もある〔佐原一九八七〕。

4　舣はすでに縄文時代晩期の岩手県萪内《しだない》遺跡などにその存在が知られており〔佐原一九八七〕、筌や梁も存在した可能性はある。ただ、イイダコ壺は弥生時代の創作によるもので、それ以前に民俗例にみるような巻貝や二枚貝を用いたものがあったかどうかは不詳である。

このようにみてみると、弥生時代の漁具の特徴は網漁の発達、釣漁の改良、漁具の鉄器化、イイダコ壺の使用などにあることがわかる。つぎにはそれらを中心に弥生時代以後の漁具の発展とその画期を検討しよう（図11）。

(1)　土錘の発達

弥生時代前期（Ⅰ期）から中期中葉（Ⅲ期）にかけての土錘は、おもに管状土錘a類を中心に、同b・e類を加えて構成される。九州北部から周防灘にかけての地域では、これに有溝管状土錘a類が加わり、遺跡によっては、時に少数の特殊な土錘も出土する。福岡県下稗田《しもひえだ》遺跡ではこの時期の土錘二五四例が出土しているが〔長嶺ほか一九八五〕、そこでは土錘の約九割が管状土錘、約一割が有溝管状土錘で、他には二例の土版に刻みをつけた例があるにすぎず、石錘（打欠）は僅かに一例のみである。管状土錘では、おもにa類が中・大型、b類が小・中型、e類が中型、有溝管状土錘が小型を占め、弥生時代の最初の段階から各種の土錘がそれぞれ各種の漁網を表し、それがセットとして用いられていたことを示している。しかし、この遺跡で三〇例前後が一括出土し、それが一網分の土錘だと考えられるものでも、形態的には管状土錘a・e類が混在しているように、管状土錘の型式化・定型化はまだ十分進んではいない。管状土錘の定型化は、その祖形としてのａ類が衰退していく一方で、そのなかから中重型・大型中心のｃ類、中型中心のｄ類、中・小型中心のｅ類、確例は多くはないものの小型から大型のｂ類の各型式が確立されていく、弥生時代中期後葉（Ⅳ期）から後期（Ⅴ期）にかけてのことである。そして、この段階には新しい中型の土錘として棒状土錘ａ類が急速に普及するのである。

土錘の型式は、その後大きくは変わらないが、古墳時代中期後半になって管状土錘ｂ・ｃ類に超大型品が現れ、ほどなく有溝土錘（ｂ類）が中重型から超大型の新型式として登場するとともに、後期に入り、管状土錘ｂ類が小型から超大型までの各規模で盛んに用いられるようになる。大阪府南部の陶邑古窯址群で須恵質の土錘が焼かれるようになるのも中期中葉からのことである。したがって、弥生・古墳時代の漁網を示す土錘には二つの画期があったことが理解できる。

(2)　釣漁の改良

弥生時代の釣針はほとんどすべてが長軸式である。大小の釣針によって構成され、単式釣針には大小のものが、結合式釣針には大型・超大型のものが認められる。釣針の規模は縄文時代以来の伝統を引きつぎ、対象魚にあわせて使いわけられていたと考えられる。しかし、同一遺跡出土の釣針でも、同一規模内での大きさが揃いはじめるのは釣針の鉄器化が進行する古墳時代になってからのことであり、各規模内のものがさらに漁法や対象魚によって細分化されるのは奈良・平安時代に入ってからのことで、この時期には短軸式釣針も定着してくる。

それに比べ、単式釣針における明確な形態上の改良は鐖の形態に求められる。弥生時代前期（Ⅰ期）には、西日本の縄文時代の伝統を受けつぐ外鐖、内鐖、無鐖の各型式の釣針が存在するが、その代表である外鐖式は弥生時代後期

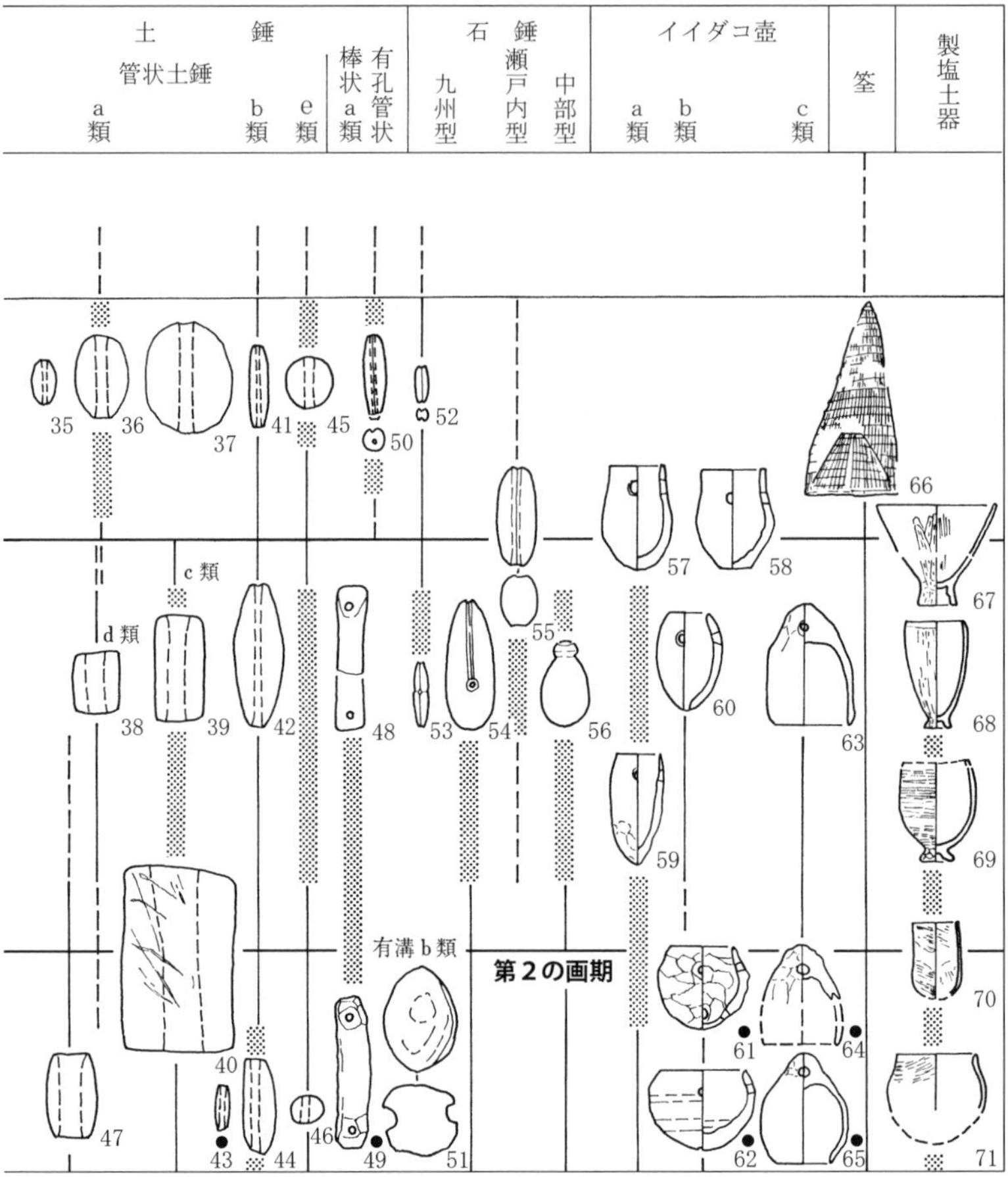

土錘
管状土錘
a類
b類
e類
棒状a類
有孔管状
石錘
九州型
瀬戸内型
中部型
イイダコ壺
a類
b類
c類
筌
製塩土器
c類
d類
有溝b類
第2の画期
35 36 37 41 45 50 52 55 57 58 66 67
38 39 42 48 53 54 56 60 63 68
59 69 40 61 64 70
47 43 44 46 49 51 62 65 71

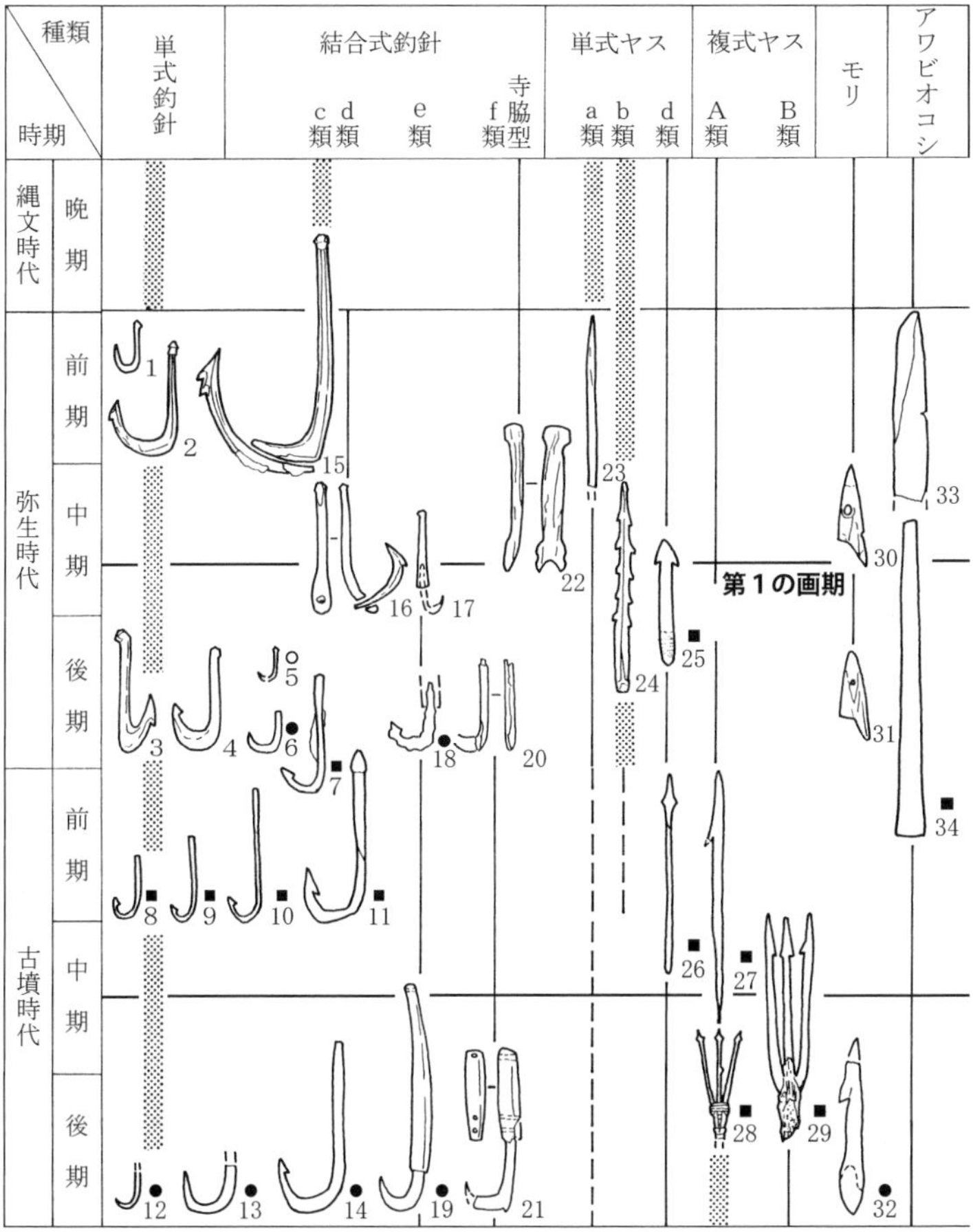

図11　漁具の変遷

11岡山・金蔵山　12福岡・貝島４　13福岡・貝島１　14岡山・稲荷山　22福島・薄磯　29京都・恵解山　33・34佐賀・菜畑　40大阪・大園　43・44・46滋賀・湖西線　47大阪・万崎池　49陶邑 KM115　51徳島・日出　57・59〜61四ッ池　58兵庫・東溝　62山口・松山　63大阪・池上曽根　64大阪・今池　65大阪・陶邑 TG51　67〜71は［柳瀬 1984］・他は図６〜９参照　（○青銅 ■鉄の角棒 ●鉄の丸棒・須恵質）

（Ｖ期）で姿を消し、これに代わって後の時代に普遍的な内鐖式釣針が後期には定着する。それとともに、釣糸を釣針のちもとの内側に結わえる方法も定着し、ここにおいて、釣針ははじめて合理的な形態と結束法を獲得したものと考えられる。また、結合式釣針では、縄文時代以来の型式はほとんどが前期で終わり、中期後葉（Ⅳ期）にはｅ類、後期にはｆ類が出現し、ともに鉄製釣針が普及する時代の骨角製結合式釣針（ｅ類の鉤部は鉄製）、すなわち擬餌釣針として発展したものと推測される。

釣漁と関連する石錘では、前期（Ⅰ期）に小型品がみられた九州型に大型品が現れ、中期後葉から後期にかけて両者ともに盛期を迎える〔下條一九八四〕。瀬戸内型の類例の多いのもこの時期で、この動向はともに釣針の改良・鉄器化と無縁ではあるまい。ちなみに、中部型の盛期も後期から古墳時代前期にあり、いずれも古墳時代中期には衰退する。

(3)　漁具の鉄器化

鉄製漁具の出現は弥生時代に始まる。鉄品はすでに弥生時代の初頭には現れ、前期（Ⅰ期）末には列島でもその製品が製作されだすが、漁具にまで鉄器化が及ぶのは中期末（Ⅳ期）ないしは後期（Ｖ期）に至ってのことである。しかも、最初の段階では、釣針やヤスに青銅製品が認められ、鉄器化は釣針では単式釣針の小・中型品や結合式釣針の鉤部に限られており、ヤスでは小型板状のものに限られていたようである。大小の釣針が鉄で作られ、ヤスが長い角棒状の鉄素材で作られるようになるのは、おもに古墳時代前期以後のことである。釣針の鉄器化は内鐖式の定着とほぼ時を同じくしたが、この時点では釣針そのものの形態に大きな影響を与えることはなかった。しかし、ヤスでは単式ｂ・ｃ類のように複数の逆刺が身の両側ないしは片側につく型式のものはほとんどなくなり、身の形はｄ・ｅ類のように簡素化する。[8] 鉄製漁具のつぎの改良は古墳時代中期中葉以降に鍛鉄技術が革新され、丸棒状の鉄素材が使用されだす時にあるかと考えられるが、中期から後期にかけての最大の特徴は鉄製漁具の普及にあったものと思われる。

(4) イイダコ壺の創造

イイダコ壺は、遅くとも中期中葉(Ⅲ期)には土製で素焼きのコップ形で口縁部近くに孔を有するもの(a類)が、大阪湾から播磨灘沿岸にかけての地域に現れる。すでに平底のものと丸底のものとがあり、初期の地域差とも考えられる。その後、後期(Ⅴ期)には底部にも穿孔する例(b類)が現れ、ついに釣鐘形の型式(c類)を生みだす。a類は弥生時代終末頃には九州北部の博多湾沿岸などに広がるが、この伝播には棒状土錘a類や庄内式土器が伴ったものと思われる。

古墳時代に入ると、a類には尖底化したものも現れるが、中期中葉以降はC類が普及し、大阪府南部の陶邑古窯址群において須恵質のものが焼成されるようになる。なお、マダコ用タコ壺が認められるならば、それもまた弥生時代中期中葉には出現している。

三 漁具発達の画期とその意義

弥生時代の漁具・漁法は縄文時代以来の伝統の上に、新しく稲作農耕文化とともに伝わった漁撈文化を加えて出発した。そして、弥生時代中期後葉(Ⅳ期)から後期(Ⅴ期)、ないしは古墳時代初頭にかけての第一の画期、古墳時代中期中葉から後期前半にかけての第二の画期を経て奈良・平安時代のそれへと発展していく。いま、後者の代表として、八世紀後半から十世紀代にかけて営まれた福岡県海の中道遺跡の漁具を観察してみると、石錘〔滑石製〕、土錘、鉛錘、釣針、ヤス、鎌、刀子、鉇、紡錘車、製塩土器などが出土しており、網漁、釣漁を中心にヤス漁、鎌による藻刈り、貝の採集、刀子による魚の解体、網や糸の補修などが塩作りとともに行われていたことが端的にわかる〔山崎一九八二〕。そして、そこでは石錘や釣針に新たな型式が生みだされ、鉛錘のようにそれまではまったくなかった素材の錘も登場している。古墳時代後期の漁具がここに至るまでには、この後、幾度かの改良を経なければならなかったが、土錘の型式にみられるごとく、その基礎はすでに弥生・古墳時代にはできあがっていたものと思われる。

弥生時代における第一の画期は鉄器の普及、農具の改良などを背景とした農耕社会の発展期に対応する。海産物はそれまでにも交易によって内陸部へ持ちはこばれていたが、その頃の漁獲高はけっして漁民の自己消費量を大きく上回ることはなかったかと思われる。しかし、農耕社会の発展は海産物の需要を高め、そのことが漁具の改良を促したのであろう。それまで特別な用具を持たなかった塩の生産に製塩土器が現れ、内陸部への搬出を目的に塩が生産されだすのもちょうどこの頃にあたるのである〔近藤一九八〇a〕。しかし、これらは漁民の自由な生産・交易活動によって保証されたわけではない。余剰の生産物の多くは当時台頭してきた首長のもとに集中され、消費・上納・下賜・交易などに振りわけられたものと考えられる。当時の沿岸部にあっては、漁撈は農耕や製塩とは未分化の状態にあった。しかし、この段階に至って、製塩を伴う漁撈、場所によってはそれを伴わない漁撈が、専業化へ向かって大きく動きだしたということはできるだろう。

おわりに

弥生文化の研究は、列島最初の農耕文化としての性格づけや、その発展段階の枠組み作りに性急であったために、専業化が未熟な漁撈に対する検討を、長らくなおざりにしてきた。ここで素描した漁撈の姿も漁具の型式学的な分析から導きだされたものにすぎない。人と魚の生態学的な研究をはじめ、多くの作業は今後に残された課題である。

註

(1) 静岡県伊場遺跡例〔向坂一九七八、立石編一九七八〕など。
(2) 静岡県白岩遺跡例〔榊原・石川一九七五〕、奈良県唐古鍵遺跡例〔橋本編一九八六〕など。
(3) 長崎県原の辻遺跡例〔岡崎一九六八〕など。
(4) 『中日新聞』一九八六年一一月二〇日の記事による。
(5) 宮城県里浜貝塚例〔楠本一九六五〕。
(6) 縄文時代の漁具については〔渡辺一九七三・八五、加藤ほか一九八三〕を参考にした。
(7) 福島県薄磯貝塚例〔大竹一九八七〕など。
(8) アワビオコシでは佐賀県菜畑遺跡例が最古の鉄製品で、弥生時代中・後期(Ⅱ〜Ⅴ期)とされている〔中島・田島編一九八二〕。本書第一部第二章でヤスに入れた福岡県御床松原遺跡例(図9—41・42)もアワビオコシとすべきかもしれない。

(補註1) 最近では、朝鮮半島の西岸でも結合式釣針が散在することがわかってきた。
(補註2) その後の資料の集成や考察については、〔埋蔵文化財一九八六・二〇〇七、内田二〇〇九、積山二〇一二〕などを参照されたい。

付論一　古代漁撈の概観

弥生時代以降の漁法は縄文時代以来の伝統に、新しく稲作文化とともに伝わった漁法が加わって発達した。漁具でみると、縄文の伝統を引くものには、骨角・猪牙製の釣針、骨角・木製のヤス・モリなどの刺突具、植物性のタモ網・筌・魞などがあり、毒流しも推定できる。新しい漁具では、漁網の錘である管状土錘の出現が大きな特色で、遠賀川式土器の波及に伴って伊勢湾沿岸まで急速に広がる。すでにⅠ期に数グラムの小型品から二〇〇グラム前後の大型品までが出揃っており、形にはばらつきがあるが、後の各種の土錘の祖型となった。また、遅くとも弥生中期中葉（Ⅲ期）にはコップ形のイイダコ壺・マダコ壺が陥穽漁具の一種として出現している。これらの漁具を使って、海水域の砂浜地帯で網漁やタコ壺漁が、岩礁地帯では釣漁や刺突漁などが発達し、淡水域の湖沼や河川では土錘を用いた小規模な漁網やタモ網・ヤス・筌・梁・魞などで魚を捕ったと推定される。新しく伝わった漁法には、山口県土井ヶ浜遺跡の鵜をかたわらに葬った女性の埋葬（Ⅰ期）から推測されている鵜飼を加えることもでき、古墳時代の水鳥形埴輪には首輪をつけたものもある。この遺跡の弥生人骨にみられる外耳道骨腫は男性に多いが、この時代にも潜水漁法があり、「魏志倭人伝」の倭人が「好んで沈没して魚蛤を捕える」とする記述と一致する。また、一九・二〇世紀まで水田で産卵したコイ・フナ・ナマズ・ドジョウ・アユモドキを捕獲する水田漁撈があった事実から、春から夏にかけて湛水する水田や灌漑用水路において籠・笯などで魚を捕えた弥生時代以来の水田漁撈にも注目すべきとする意見がある〔根木ほか一九九二〕。

弥生中期後葉（Ⅳ期）から古墳前期前葉、漁具の段階的な改良のなかで、縄文的要素が払拭され、本格的な古代漁具の基礎が形成されていく。土錘でいえば、管状土錘は小型から大型まで一定の重量と対応したいくつかの定型にわかれる。一方、後期（Ⅴ期）に新型式である両端に孔がある中型の棒状土錘が出現し、急速に普及する。釣針では、鐖《あぐ》（逆刺《かえり》）の型式が内鐖式と無鐖式とに統一されるとともに、軸部と鈎部を一体で作る単式釣針に青銅製品や鉄製品が出現し、弥生終末期には大小を問わず鉄製となる。軸部と鈎部が別作りになる大型の結合式釣針では、全体が骨角製、あるいは軸部が骨角製で鈎部が鉄製になった、後の擬餌釣針と酷似するものも出現する。ヤスやアワビオコシも鉄製品となる。弥生前期（Ⅰ期）以降にある石錘では、滑石製で多くが紐をかける溝や孔があって大型は五〇〇グラムにもなる九州型が北部九州を中心に分布し、時に二キロ以上になる中部型が駿河湾・諏訪湖・中部日本海に分布するなど、大型石錘が弥生中期後葉～古墳前期に盛行する。この時期には土器製塩が始まり、準構造船も出現し、弥生時代から古墳時代にかけての大きな社会変動のなかで海上生産活動も急速に進展したと推測できる。その動きの中心は紀伊半島西岸から大阪湾沿岸を経て中部瀬戸内海におよぶ海浜部であった。

古墳中期中葉から後期前半になると、地引網に使ったかと思われる四〇〇～七〇〇グラムの超大型の管状土錘がみられ、大・中型土錘には縄掛け用の溝がついた有溝土錘が現れ、弥生後期（Ⅴ期）に出現した可能性のある釣鐘形のイイダコ壺が盛行しだす。土錘、イイダコ壺いずれにも、須恵器窯で焼成したものがある。釣針の形はあまり変わらないが、ヤスには複数の頭を一体的に鍛接した複合式ヤスの鉄製品が出現する。釣針やヤスの鉄器化は六世紀に急速に進んだと推測される。土器製塩の急増とともに海を舞台とする生産活動がさらに活発化し、漁撈集団の専業化の動きも急速に進展した可能性が高く、釣針や製塩土器を副葬する海浜の群集墳がみられるようになる。

奈良時代以降の漁撈活動・漁撈集団、さらに各地の産物などの研究は、木簡や記紀、さらに『万葉集』『風土記』

『延喜式』『和名抄』など文献史料によるものが中心であった〔大島一九六七〕など）。近年は多量のアワビ・サザエの殻などとともに鯨骨製刺突具を出土した長崎県串山ミルメ浦遺跡（古墳後期～奈良）、製塩土器とともに釣針・鉛錘・やす・藻刈り用鎌などが出土し、「津御厨」と推定される福岡県海の中道遺跡（奈良～平安）、土錘やイイダコ壺を多量に出土し、後の「鴨社領長洲御厨」（一一世紀）の前史をしのばせる兵庫県金楽寺貝塚（平安）、多量の土錘や木製浮子・網針などを出土した新潟県的場遺跡（奈良～平安）など、漁撈活動基地になった遺跡の調査が進み、木簡記載の貢納国である伊勢湾沿岸部や駿河・伊豆沿岸部では特産のサメやカツオの捕獲用かと推定できる釣針などの出土の報告があり、考古資料による古代漁撈の実態の解明も緒につきはじめている〔平川一九九六〕（補註）。

（補註）　他に〔農商務省一九一二、埋蔵文化財一九八六、真鍋一九九五、大野一九九六〕などを参照した。なお、沖縄と北海道の部分は編集者が追加した部分であるため、ここでははずした。

第二部　古代の石工とその技術

第一章　古代の石造物

はじめに

杜の磐座、古刹の石塔。野辺の石仏、古城の石垣。身近なところを見回しても、「木の文化」と呼ばれることの多いわが国の文化のなかにも、豊かな「石の文化」の伝統は脈々と息づき、確固たる地歩を占めている。石のもつ堅牢性や不朽性、あるいは神秘性や独特の美しさが人々の心を捉え、その活用を促してきた。人が手を加えなければ、自然が害を及ぼさなければ、大きな石の造形物はいつまでもあまり変わらない姿で存続し、古いものでは、木のそれよりも、かえって多くのものが残されている。

ここでは、自然石そのままのものは除き、自然石を組みあわせたものや、大型の石材を加工したものを「石造物」と総称し、日本列島の社会で、その製作が本格化する古墳時代から奈良時代にかけての、石造物の種類と用途、変遷、生産と流通、思想的意味や政治的意義などについて述べ、第二章以降の検討の基礎的知識としたい（補註1）。

一　古墳時代前・中期

(1)　弥生時代以前

石の利用はほぼ人類の歴史とともに始まった。列島でも旧石器時代や縄文時代には、石を打ち割ったり磨いたりして作った小型の道具類である「石器」が盛行したが、弥生時代に入り、本格的な水稲農耕文化の一要素として、鉄をはじめとする金属器文化が伝わると、多くは鉄器にとって代わられ、弥生中期後葉（紀元前一世紀）でもってほぼ消滅した。

一方、これらの時代にも、すでに石造物と呼べるような遺物や遺構もつくられていた。縄文時代には、時には長さ二メートルを超すような丁寧な作りの大型石棒が作られたし、自然石を組み合わせて、箱式石棺や、環状列石のような規模の大きいものも営まれた。また、弥生時代には、長崎県壱岐の原の辻遺跡で発見されたような港湾施設に葺石風の石垣が築かれ、弥生墳丘墓の一群には墳丘の斜面に貼石が施された。岡山県倉敷市楯築墳丘墓では、立石群や貼石とともに、自然石の表面に弧帯文を浮き彫りにした宗教的遺物である弧帯石も作られている。しかし、本格的に、石材を複雑に組みあわせて構造物を造ったり、工具を使って大型石材を加工しはじめるのは、古墳時代に入ってからのことである。

(2)　土と石の造形物

①　古墳とヤマト王権

古墳時代はおよそ三世紀中葉から六世紀後葉まで続いた。この時代には、九州から東北南部までの広い範囲にわたり、大王墳と目される巨大な前方後円墳を頂点に、前方後円墳、前方後方墳、円墳、方墳といった首長層の古墳が、一定の秩序を形成しながら、連綿と造りつづけられた。この秩序をもたらした、畿内を中心とした政治勢力を「ヤマト王権」と呼ぶが、古墳は、各地の首長層（前・中期。後期には古墳を造る階層は広がる）の単なる墓ではなく、この王権内における政治的身分秩序を、その形と規模とでもって表した、きわめて政治色の強い記念物であった〔都出一九八九、和田一九九四など〕。言ってみれば、古墳は、首長を代表と仰ぐ共同体（集団）の政治社会的地位を自他ともに確認するとともに、祖霊世界での地位をも確認するものとなっていた。したがって、人々は集団の存続・発展に必要不可欠なものとして古墳を造りつづけたが、その結果として、三五〇年ほどの間に、前方後円墳約四七〇〇基（帆立貝形古墳約五〇〇基を含む）、前方後方墳約五〇〇基、さらに円墳、方墳を加えれば、総数一〇万基を遙かに凌駕する数のものが築かれることになった。

②　古墳造り

古墳は、墳丘を土で築き（まれに積石塚がある）、内部の石や粘土の埋葬施設のなかに首長の遺体を納めた木棺や石棺を入れ、最後に葺石を施し埴輪を樹立して仕上げられた。まさに土と石の造形物であった（補註2）。この古墳造りには、高度な土木・測量技術や優れた労務管理能力が発揮されたが、道具は素朴な木製の鋤・鍬類に、作業は人海戦術に頼るものであった。したがって、古墳造りには、古墳が大きければ大きいほど、より多くの人々が動員され、参加することになったが、その点にこそ、古墳造りの本質の一端があった。古墳は完成した記念物としての意義が強調される場合が多いが、古墳の場での儀礼が基本的に一回きりであったことなどを思えば、墳丘を築き埋葬施設を営み首長を埋葬するという一連の行為と、その折々の儀礼そのものが優れて宗教的・政治的行事であったのであり、そこに共同体の構成員をはじめとする多くの関係者が参加することに、また多くの人々がその過程を見守ることに最大の意義があった。『日本書紀』崇神一〇年条の箸墓伝説に「この墓は、日《ひる》は人作り、夜は神作る。故《かれ》、大坂山の石を運びて造る。即ち山より墓に至るまでに、人民相踵《つ》ぎて、たごしにして（手渡しで）運ぶ」〔坂本ほか一九六七〕と記された、畏敬の念と作業風景は、あながち架空の物語とは言えない。

古墳時代は、わが国の歴史のなかで「石の文化」がもっとも花開いた時代の一つである。古墳以外にも、首長の居館を取りまく周濠の斜面にも葺石風の石垣が施され、庭園風の水辺の祭祀遺跡にも大小の自然石が配された。しかし、遺物・遺構の現状から判断するかぎり、大型石材を丁寧に加工する石工技術の対象は、古墳の埋葬施設関連のもののみに限られた。ここに古墳時代の政治的に編成された技術や工人の、一つの典型をみることができる。

(3) 竪穴式石槨

① 棺・槨・室

古墳に用いられた埋葬施設関連の遺物・遺構は、その形態や用途から、つぎのように分類される。

「棺」＝遺体を直接納める容器、またはそれに準じるもの。
「槨」＝棺を収納し、それを保護する施設、またはそれに準じるもの。
「室」＝独自の内部空間（玄室）をもつもの。普通外部からそこへ至る通路（羨道）がつく。内部空間は棺置き場、儀礼の場ほか、多様に利用される。

この視点からすれば、弥生時代は「棺の時代」（木棺、箱式石棺、大型甕棺などの直葬）、古墳時代前・中期は「竪穴系の槨の時代」（竪穴式石槨や粘土槨）、古墳時代後期は「室の時代」（横穴式石室や横穴）、飛鳥時代は「横口系の槨の時代」

（横口式石槨や石槨化した横穴式石室）と、それぞれの時期を特徴づけることができる〔和田一九八九〕。

②　石槨の築造法

古墳時代の最初に造られた石の構造物は竪穴式石槨である。墳丘の上部から墓坑（墓穴）を掘ってそのなかに槨を築く竪穴系の槨は、すでに弥生時代後期（一世紀〜二世紀前半）には出現し、瀬戸内中部を中心に比較的小型の木槨や石槨が造りはじめられていた（ただし、このころは墓坑のないものもある）。しかし、古墳時代前期（三世紀中葉〜四世紀中葉）に入ると、王権下で、より複雑な構造の長大な竪穴式石槨（内法長五〜八メートル・幅一メートル前後・高さ一・五メートル前後）が創出され、もっとも高位の埋葬施設として、畿内を中心に採用された（図12）。

その構築過程の一例を示すと、①前方後円墳の後円部頂上の平坦面に大きな深い墓坑を穿ち、②底部に排水もかねた礫を敷きつめ、断面U字形の粘土棺床を設け、割竹形木棺の身を安置し、石槨の下部を棺身の高さまで積んだところで、③遺体を納め、副葬品を配し、棺の蓋をしてから、④石槨の上部を積みあげ、天井石を架け、全体を粘土で覆い、⑤墓坑を埋めもどすというものであった。遺体は伸展葬で一体を納めるのが基本で、棺には割竹形木棺のほかに箱形木棺なども使われたが、用材には原則としてコウヤマキが用いられた。石槨の築造や、棺の製作にあたっては、形、材料、規模、埋納手順などに厳しい約束があったものと考えられる。

③　鎮魂・辟邪の装置

遺体を納めた木棺を石槨で囲い粘土で覆う、その入念で複雑な手続きは遺体を密封するという考えにもとづくものであった。さらに言えば、石槨は、中国における「竪穴系の槨の時代」である春秋・戦国時代に普及した魂魄の思想（人の死とは魂と魄の結合が解体されることで、肉体的要素である魄は地に帰って鬼魂となるのに対して、精神的要素である魂は天に昇って祖霊となる）〔黄二〇〇〇〕が伝わり、遺体（魄）を鎮め、邪悪なものが寄りつかないように、寄りついて暴れださないようにするための、鎮魂・辟邪の装置であったと推測される。遺体に朱を振りかけ、石槨の内面にベンガラを塗り、各所に魔除けの鉄製利器を埋めたのもそのためであった。

④　石槨の天井石

大型石材を加工した古墳時代最初の例は、この竪穴式石槨の天井石に認められる。多くは、前期前半の兵庫県神戸市西求女塚古墳や京都府木津川市椿井大塚山古墳例のように、石槨の密封度を高めるために、自然石を利用した天井石の合わせ目を直線的に加工した程度のものだが、石の種類によっては、すでに石材の全面を加工して、厚みのある長方形の板状に成形したものも出現した。たとえば、前期後半でも早い時期の奈良県桜井市メスリ山古墳例がそれで、花崗岩類の天井石七枚とともに、全面加工された一枚の竜山石が使われている。竜山石とは、兵庫県加古川下流右岸に産する流紋岩質凝灰岩やその仲間の考古学上の通称で、地元でも丁寧に加工した石材が前期後半の竪穴式石槨の天井石に用いられている（加古川市南大塚古墳・聖陵山古墳など）。メスリ山古墳例は、たった一つの例ではあるが、中・後期に多用されるようになる竜山石のごく初期の例であるばかりではなく、遠く大和にまで持ちはこばれた最初の確実な例ともなっている。この古墳が、王権誕生の地である奈良盆地南東部のオオヤマト古墳群に近接して築かれた、全長約二五〇メートルという大王墳級の巨大前方後円墳であることを思えば、竜山石の開発は、王権の主導によって始まった可能性すら想定される。

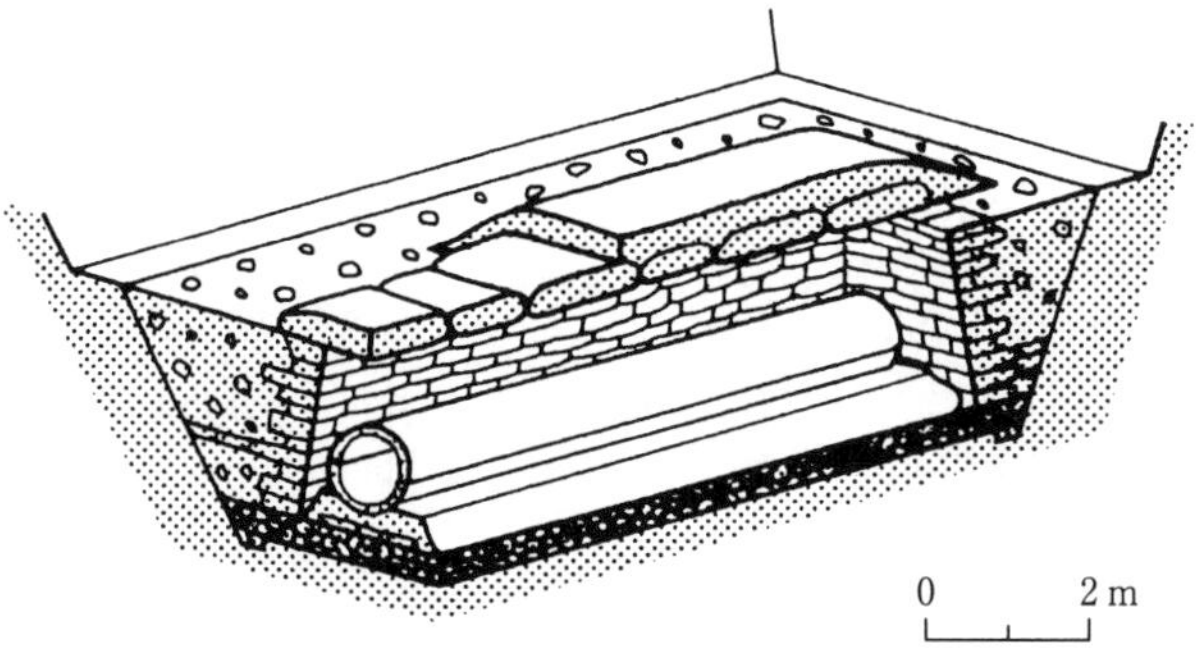

図12　竪穴式石槨

表3　古墳時代前期の竪穴式石槨壁材（板石）の産地と利用場所

	産　地	地　元	主要な搬出地
玄武岩・安山岩	奈良県と大阪府の境にある二上山の北西（芝山・春日山など）	大阪府柏原市玉手山古墳群やその周辺	奈良盆地南東部の天理・桜井市オオヤマト古墳群やその周辺
石英斑岩	大阪府と兵庫県の境を流れる猪名川上流	大阪府池田市周辺の古墳	淀川・木津川流域の一部の古墳
結晶片岩類	徳島県吉野川下流右岸（推定）	徳島市周辺の古墳	淀川両岸の一部の古墳
チャート	京都市西方（西山）	乙訓地域の古墳	（なし）

⑤　石槨の壁の板石

当時の石材を考える上で、もう一つ重要なことがある。それは、竪穴式石槨の壁石には、板状の自然石、あるいはそれを割ったものが用いられている点である。今、その使用状況をみると、表3のようである。

畿内の典型的な竪穴式石槨の壁石のほとんどは、これらの石材によってまかなわれた（奥田二〇〇二）。石槨の壁石一つをとっても、厳しい約束があり、身近にある石材なら何でも使うというわけにはいかなかったのである。そのため、地元に適当な板石がある場合は地元のものを、地元にそれがない場合は、他集団との関係のなかで、それを調達する必要があった。大和川の上流に位置するオオヤマト古墳群の石材が、いずれもその下流域にあたる河内産のものである点は、王権中枢を構成した両地域間の関係の深さを物語っている（補註3）。

なお、天井石の石材も、先に指摘したメスリ山古墳（花崗岩と竜山石）や西求女塚古墳（結晶片岩類と石英斑岩）、椿井大塚山古墳（安山岩）などのように、頻繁に持ちはこばれているが、壁の板石とは必ずしも対応しない。一つの石槨の板石が一種類の石材でない場合もある。一つの石槨全体の石材がどのような関係のなかで入手されたのか、その解明は集団関係の理解に直結するだけに、今後の大きな課題となっている。

⑥　石工技術の伝来

以上の状況から、大型石材を加工する石工技術は、日本列島の社会に、古墳時代初頭頃には伝わってきていたと考えられる。これを第一次波及の技術とする。均整のとれた巨大な前方後円墳に、それまでにない優れた土木・測量技術の伝来を推測するならば、石工技術もその一環として伝わってきた可能性が高い。ただ、そのもとになった地域については、朝鮮半島の高句麗などが指摘されたこともある（小林一九六五）が、高句麗では、中国の吉林省集安にある将軍塚（五世紀）に見られるような石工技術がどこまで遡りうるかが問題である（補註4）。

(4)　石棺の出現

①　石棺出現の条件

さて、古墳時代前期後半に入ると、大型の石棺が出現する。それは、石槨の天井石などといった部材とは異なり、この第一次波及の石工技術を最大限に駆使した最初の大型石造物であった。大きさは、本体部分で長さが一〜三メートルほどとさまざまだが、成人用として標準的な長さは二メートル余り、幅一メートル前後、高さ一メートル余りのもので、重さは五トン前後にもなる。

なぜ、こんな重量のある石の棺を作ったのであろう。石棺は世界各地で作られたが、列島のそれは古墳時代の社会のなかで独自に生みだされたと考えられる。条件は三つある。第一は荘厳で堅牢・不朽の棺が求められたことである。先に、当時の埋葬施設関係のものには遺体を密封する鎮魂・辟邪の性格が強いことを指摘したが、堅牢・不朽の石の棺・重い蓋石の石の棺はその要請にもっともかなったもので、丁重な埋葬例では、石棺はさらに竪穴式石槨のなかに納められた。第二は、棺の用い方である。今日の棺のように、遺体を納めて持ちはこぶのであれば（「持ちはこぶ棺」）、重量のある石棺はまったく不向きである。しかし、弥生時代や古墳時代の木棺や石棺は、埋葬する墓坑のなかに前もって棺を据えつけておき、そこに別に運んできた遺体を納めるという用いられ方をしていた（「据えつける棺」）〔和田一九九五〕。これならば重さ数トンの石棺でも可能であった。そして、第三としては、大きな石棺を作る高度な石工技術が伝わってきたことである。以上の条件が出揃った社会で、はじめて石棺は生みだされたのである。まさに石棺は時代の産物ということができる。

②　石棺の石材

石棺には、棺身を作るのに、一石を刳りぬいたものと、複数の部材を組み合わせたものがあり、前者を刳抜式石棺、後者を組合式石棺と呼んでいる。古墳時代前期後半には、四国の讃岐では刳抜式の割竹形石棺、九州の肥後や肥前、北陸の越前などでは刳抜式の舟形石棺、畿内や吉備では少数の不定形な組合式箱形石棺が作られた。名称は便宜的なもので、一般に、石棺の蓋と身を重ねた横断面が正円形に近く、両端が直線的に切り落とされた形のものを割竹形石棺、断面が扁平化し、各稜線が丸味をおび弧状になったものを舟形石棺と呼んでいる（図13）。ただ、そこには地域色も反映していて、割竹形石棺は讃岐の特色ともいえるもので、他地域のものはほとんどが舟形石棺である。

刳抜式石棺はいずれも地元に産する軟質の凝灰岩類を利用しており、讃岐中部では香川県高松市に産する鷲の山石（石英安山岩質凝灰岩）、讃岐東部では同県さぬき市の火山に産する火山石（非結晶質凝灰岩）、肥後では阿蘇灰石（阿蘇熔結凝灰岩）、肥前では松浦砂岩、越前では笏谷石（輝緑凝灰岩）が用いられ、たとえば大阪府柏原市安福寺の割竹形石棺（鷲ノ山石製）のように、一部は遠方へと持ちはこばれた〔間壁一九七四a〕。ただ、京都府与謝野町蛭子山古墳の舟形石棺のみは花崗岩製で、当時の石工技術のレベルを知る貴重な資料となっている。

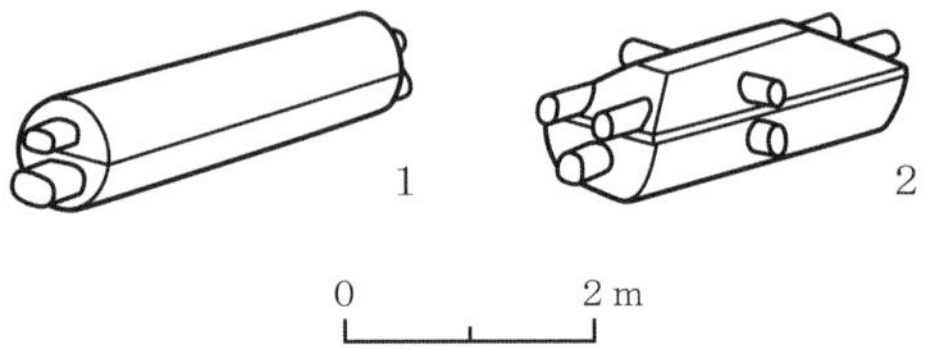

図13　割竹形石棺（1）と舟形石棺（2）

一方、後述の長持形石棺の祖形とも評価される不定形な箱形石棺の石材には、京都府向日市妙見山古墳例や奈良県天理市櫛山古墳例のように、花崗岩類が使われているが、大阪府柏原市松岳山古墳例では、底石と蓋石が花崗岩類で、長短の側石は鷲の山石である。花崗岩類の産地は特定しにくいが、ここでも一部の石材は確実に持ちはこばれている。

(5) 石棺の発達

① 長持形石棺の創出

前期の畿内の大型古墳では竪穴式石槨や粘土槨に木棺を納める型式が基本で、若干の組合式箱形石棺が作られたものの、刳抜式石棺はまったくといっていいほど作られず、僅かに他地域で作られたものが持ちこまれた程度であった。

しかし、畿内では中期（四世紀後葉～五世紀中葉）に入ると、新たに組合式の長持形石棺（図14）が出現し、盛行した。部材の組み方は、当時の一般的な組合式の石棺や木棺と同様に、底石の上に側石を、長側石が短側石を挟みこむように立て、蓋石を被せるというものであったが、蒲鉾形（時には平面三味線胴形。初期には格子状の浮彫突帯をもつ）の蓋石や、蓋石に応じて上端辺が弧状に仕上げられた短側石や、その内外面につく方形小突起などは、この石棺に独特のものである。しかし、最大の特徴は、畿内やその周辺のものは、いずれもが竜山石で作られていることであり、形態や組みあわせの技法は、最初期に位置づけられる大阪府藤井寺市津堂城山古墳例のようなものから、時期により階層によって変化していった。

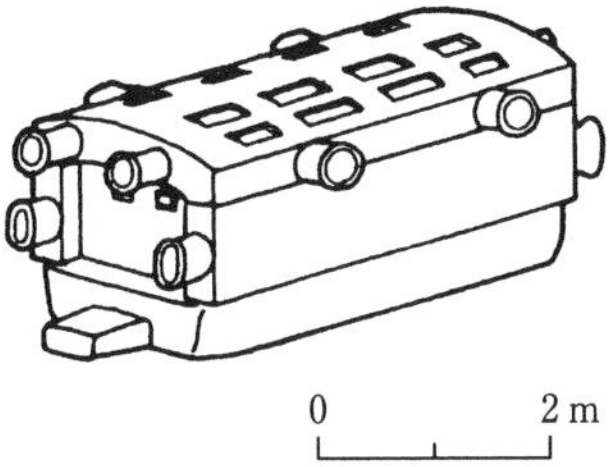

図14　長持形石棺

この石棺は、ほぼ中期の間中、大王墳をはじめとする畿内の有力首長層の古墳に用いられるもっとも格式の高い棺として盛行し、一部は但馬や吉備へと搬出され、より遠方の丹後や九州の筑後や関東の上野では、ごく少数のものが、地元の石で、派遣されたと推定される石工によって作られた。長持形石棺の利用は、王権中枢とそれにつながる限られた人々にのみ許されたのである（図30参照）。しかも、この石棺には規模や形態、埋葬法に階層差が認められ、最高位の棺は、大型で円柱状の突起が長短辺に各二個ずつ、合わせて八個つく型式のもので、竪穴式石槨のなかに納められた〔和田一九九六〕。

② 中期の王権と石棺

中期のヤマト王権は、大王を頂点とする畿内首長連合が、列島各地の地域首長連合を支配する体制（首長連合体制）をとっていたと推測される。古墳の秩序の変化からみると、この体制は古墳時代前期を通じて成長し、前期後半には九州から東北南部までの、後の律令国家の領域にほぼ相当する範囲にまで広がり、王権下に従属してくる首長層が急増した。そこで、中期に入ると、王権は体制の整備・充実をはかるために、これらの首長層を序列化し、編成しなおし、地域支配を強化したものと推測される〔和田二〇〇四〕。この体制は、首長連合体制の成熟期とでも呼べる安定したものであったが、長持形石棺は、この革新された王権を象徴する棺として作りだされ、畿内連合最高位の棺として用いられたのである。それとともに、この時期には、確実に竜山石の石切場は王権中枢のものとなった。

一方、舟形石棺は、政治的には王権中枢ともっとも距離のある地域で作られたと考えられる（図31参照）。九州の肥後や日向や豊後、出雲、丹後、越前、関東の一部などがその地域である。そこでは、各地域ごとに石切場があって、その周辺には同じ石材で作られた、型式的共通性もった石棺（時には型式的共通性が弱い場合もある）が分布しているのが基本である。石材と形態を共有する舟形石棺が、地域首長連合を構成する首長間で用いられたのである。

③ 石棺と同族関係

弥生時代以来、血縁関係や婚姻関係で結ばれた同族的集団の内部では、棺の素材や形態に一定の習慣的な約束があ

表4　古墳時代前・中期に畿内に持ちこまれた刳抜式石棺

	時　期	古墳名	所在地	石棺の種類	石　材	産　地
1	前期	(安福寺)	大阪府柏原市	割竹形石棺	鷲の山石	讃岐中部
2	前期	久米田貝吹山	大阪府岸和田市	割竹形石棺	火山石	讃岐東部
3	前期	八幡茶臼山	京都府八幡市	舟形石棺	阿蘇灰石	肥後南部
4	中期	唐櫃山	大阪府藤井寺市	舟形石棺	阿蘇灰石	肥後北部
5	中期	長持山1号棺	大阪府藤井寺市	舟形石棺	阿蘇灰石	肥後北部
6	中期か	(不退寺)	奈良市	舟形石棺	砂岩	肥前北部か

ったが、石棺のように、それが首長専用の棺となると、そこには政治的意味が強く含まれるようになり、約束も強まっていったものと考えられる。そう考えてよければ、同じ石材で作られた類似の形態の石棺群は、それを採用している首長層の同族的関係を反映している可能性が高いといえるだろう。したがって、畿内首長連合も、地域首長連合も、首長間の緊密な政治的結合の背景には、こうした同族的関係が大きな比重を占めていたものと推測するが、石棺はその物的証拠としての社会的機能を有していたのである。石棺は、古墳のなかに納められてしまえば見ることはできないが、その運搬の段階には、古墳づくりと同様、多くの人が石棺をのせた修羅を引き、多くの人がこれを見ることによって、被葬者が、その石棺を使うことの社会的認知を得たのである。

④　持ちはこばれた棺

こうした環境のなかで、一部の石棺は非常に遠方まで持ちはこばれた。古墳時代前・中期の畿内に持ちこまれた刳抜式石棺は表4の通りであるが、九州中西部の阿蘇灰石製石棺をはじめ、讃岐中部の鷲の山製石棺や讃岐東部の火山石製石棺などが持ちこまれている。石棺の被葬者がその製作地の一族、ないしはそれに近い関係の人物ではなかったかと推測するのは以上のような理由からである。重量物の水陸を越えての運搬には、技術面でも、人や物の調達面でも、さらには他集団の領域を通過するという政治面でも多大の困難が推測されるが、それらを克服してはじめて石棺は運ばれえたのであった。

二　古墳時代後期

(1)　古墳秩序の変化と変革期

①　古墳秩序の変化

ところが、後期（五世紀後葉〜六世紀後葉）に入ると、古墳の築造状況に大きな変化が現れた。中期に偉容を誇った大型前方後円墳やその古墳群、あるいはそれらに従属していた中小の古墳群が急速に衰退・消滅する一方で、新たな墓域に中小の前方後円墳が築かれだすとともに、これまでは首長の下にあって、弥生以来の伝統的な墓制（方形周溝墓や方形台状墓。一部に円形）を採用してきた共同体上層部の墓が一斉に円墳化しだすのである。群集墳と呼ばれる小型の円墳群が広汎に出現したのである。

この現象は、王権中枢が、より強力でより中央集権的な新しい体制の確立をめざし、新興勢力と結んで、各地に盤踞していた大首長層の地域支配を解体し、その下にあった広汎な民衆層を、直接、王権の支配の枠組みのなかに取りこもうとした結果と判断される。それは、列島における本格的な古代国家の形成に向けての第一歩と評価できるできごとであった。

この政策は、対外的には、当時の王権にとって、新しい富や価値を入手するうえできわめて重要な位置を占めていた朝鮮半島の加耶や百済が、高句麗の南下や新羅の拡張によって危機に瀕するようになった脅威に対処するものであった。また、対内的には、中期中葉以降、多くの人・もの・情報が列島社会に伝わり、ほとんどの文物が変化し、社会が一種の文明開化的状況を呈していたなかで、この新しい富や価値の分配をめぐって、大首長層とそれ以外の勢力が深刻な対立状況に陥ったことに対処する目的もあったかと考えられる。

しかし、大首長層の抵抗は激しく、社会の動揺は大王家そのものにまで及び、中期の間中、大王墳としての巨大な前方後円墳を築きつづけてきた百舌鳥古墳群は中期後葉（五世紀中葉）でもって消滅し、後期前葉（五世紀後葉）には古市古墳群も急速に衰退した。五世紀末から六世紀初頭ごろを中心に、王権は大きく動揺し混乱したのである。この状況が克服され、中央集権的体制づくりが本格的しだすのは、後期中葉後半（六世紀第2四半期）からのことである〔和田二〇〇四〕。

②　埋葬施設と棺の変化

ところで、この変革期には、古墳の埋葬施設関係のものにも大きな変化が起こった。前期以来の長大な竪穴式石槨や粘土槨が衰退し、中期を代表した長持形石棺が消滅する一方で、畿内でも新たに伝わった横穴式石室が定着し、内部に家形石棺という新型式の棺を配置する墓制が生みだされたのである。

(2)　阿蘇ピンク石製石棺

まず石棺では、阿蘇ピンク石製石棺が作りだされた。阿蘇石といえば、これまでは灰石が用いられたきたが、この時期には熊本県宇土市に産するピンク石（地元では馬門石《まかどいし》と呼ぶ）が開発され、刳抜式石棺が作られた〔渡辺ほか一九八九〕。最初は舟形石棺として作られ、竪穴式石槨のなかに納められたが、まもなく新来の横穴式石室に納められるようになると、石室の平らな床にあわせて棺の底が平面化するとともに、すべての稜線が直線化した。この形態が家形石棺である。

この石棺の最大の特徴は、その分布にあり、製品が地元に一例もないのに対し、舟形石棺は奈良県東部に四ないしは五例、大阪府の古市古墳群に二例、岡山県に一例、家形石棺は奈良県に二例（一例は後期後葉）、滋賀県に三例（一例は推定）も出土しているのである。石材産地は九州であるが、突起をはじめとする蓋の型式は畿内的で、使用地も畿内であることから判断すれば、この石棺は、畿内の意図のもとに九州で作られ、畿内まで持ちはこばれたと考えられる。竜山石を利用できない、奈良県東部を中心とする畿内の一部勢力が、石材を九州に求め、長持形石棺とは異なる独自の型式の舟形石棺・家形石棺を作りだした可能性が高い。この時期、畿内の一部勢力はそれだけ九州の有明海沿岸勢力と強いつながりをもったのである。しかし、王権が安定し、竜山石が再び利用されだし、新たに二上山白石の開発が始まると、阿蘇ピンク石製石棺は衰退する。ただ、この石棺の下で生まれた家形石棺の型式は、後の畿内的家形石棺の基本形となった。

(3)　横穴式石室

①　畿内的横穴式石室

横穴式石室は、遺体（棺）を納める玄室と、そこへ至る羨道をもつ埋葬施設で、石室と墳丘は同時に一体的に造られた。完備した羨道をもつものでは、そこから複数の遺体を次々と納める追葬が可能で、家族墓的性格を強くもっていた。

畿内では、すでに古墳時代中期後葉（五世紀中葉）にはごく少数の石室が伝わっていたが、おもには後期前葉（五世紀後葉）から造りだされた。初期には九州的な石室と、朝鮮半島の百済系の石室とがみられたが、少なくとも後期中葉後半（六世紀第2四半期）には、百済系の石室（畿内的横穴式石室・図15—1）が王権の正式な埋葬施設として採用され、首長墳のみならず、群集墳でも用いられるようになり、急速に普及した。古墳時代の石造物では、もっとも数多いもので、もっとも大きいものが存在する。

その結果、大王墳から山間・島嶼の群集墳にいたるまでの、埋葬施設のほとんどは横穴式石室（ないしは横穴系の横穴）となった。これまでの埋葬施設は多様なものの階層による使いわけが基本であったが、この時点ではじめて、高麗尺（一尺三五、六センチ）によって設計された、単一の埋葬施設の規模による階層区分という、より一元的で、統一的な墓制が成立したのである。後期古墳の墳形には前方後方墳や方墳といった方形原理のものが基本的になく、前方後円墳と円墳という円形原理のもののみとなるが、首長の前方後円墳もこの頃から段階的に円墳化した。その動向は、まさに、新しい中央集権的な体制の本格的なはじまりを示すものであった〔和田二〇〇四〕。

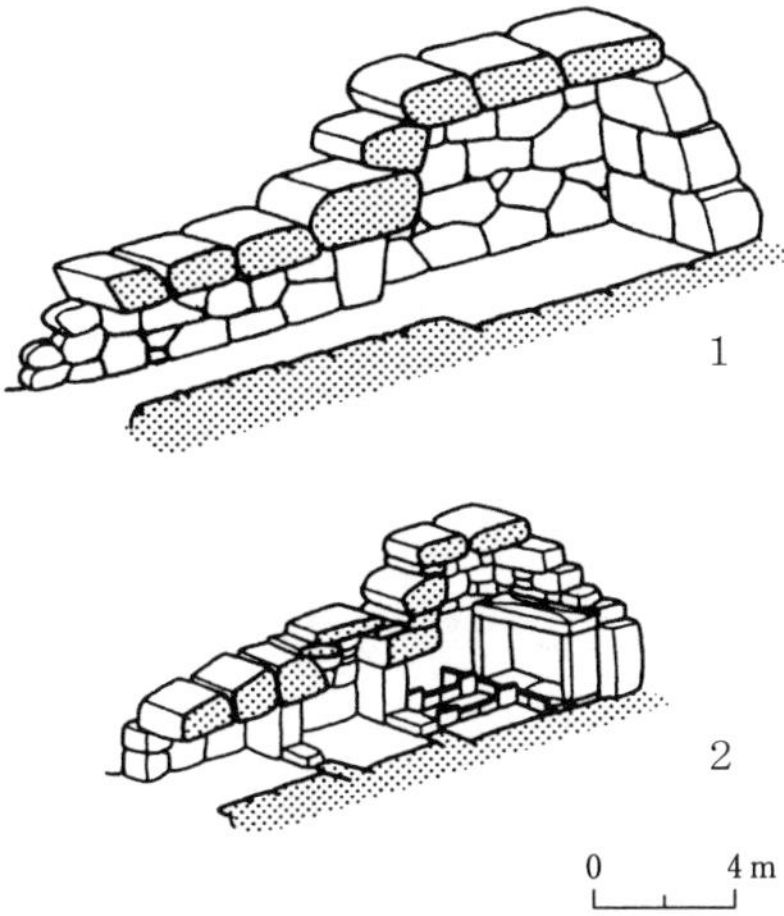

図15　横穴式石室（1 畿内的　2 九州的）

②　九州的横穴式石室

一方、九州では、独自の石組み構造をもつ横穴式石室（図15―2）が発達した。畿内よりも早く、中期前葉（四世紀後葉）より造りだされ、北九州型横穴式石室、竪穴系横口式石室、肥後型横穴式石室などと呼びわけられる多様な石室が、北部や中西部を中心に発達した。しかも、先述の王権の動揺期には、一時的に九州勢力の力が強大化し、九州的な石室は、畿内的な石室に先駆けて、急速に西日本に広がり各地に定着した〔柳沢一九九〇〕。しかし、後期中葉後半以降、王権が再び安定し力を発揮するようになると、九州的な石室の拡散は止まり、代わって畿内的な石室が、それらを押さえて広域に広がるようになった。

表5　畿内の家形石棺各種

型	種類	石材	分布の中心	時期
（三輪）	刳抜	阿蘇ピンク石	奈良・滋賀の一部	後期中葉・後葉
南大和	刳抜	二上山白石	奈良南部・大阪南東部	後期中葉〜飛鳥後半
播磨	刳抜・組合	竜山石	畿内各地	後期中葉〜飛鳥後半
（東大和）	組合	二上山白石	奈良東部	後期後半〜飛鳥前葉
葛城	組合	二上山白石	奈良西部	後期中葉〜飛鳥前葉
山畑	組合	白石・竜山石	大阪東部	後期中葉〜飛鳥前葉
（石川）	組合	二上山白石	大阪南東部	後期中葉〜飛鳥前葉
（西摂）	組合	神戸砂岩	兵庫東南・大阪北西部	後期後葉〜飛鳥前葉

その結果、各地の横穴式石室は、畿内的なものが多いとはいえ、この両系統の石室のいずれかの系譜を引く形態か、その折衷形、あるいは在地的変形として造られることになり、多様な地域色をみせることになった。そこに、王権の制度の枠内での、王権と地域の微妙な関係が反映しているものと考えられる。

③　石室の石材

この時期の横穴式石室の石材は、一部を打ち欠くようなことがあったとしても、基本的には地元の自然石が用いられ、一般に、時期を経るごとに大型化していった。なかには、結晶片岩類の板石や、丸味の強い川原石を積んで、顕著な地域色をみせる石室も造られた。ただ、自然石ではあっても、地元に適当な石材がない場合は、時には遠方から運ばれた。琵琶湖西岸に立地する滋賀県大津市春日山古墳群では、北に二キロほど離れた曼荼羅山古墳群の石室が花崗岩類で、その種の石材を入手することもできたにもかかわらず、石材には、遠く琵琶湖対岸の近江八幡市周辺で採れる湖東流紋岩が用いられている〔横田二〇〇四〕。

(4)　家形石棺

①　畿内的家形石棺と大王の棺

後期中葉前半（六世紀第1四半期）には、畿内的な横穴式石室の主要な棺として畿内的な家形石棺（図16―1）が生みだされ、畿内の各所で作られた。石材としては、先に述べた竜山石や阿蘇ピンク石のほかに、この時期に開発された二上山白石（二上山各ドンズルボー層の凝灰岩）が用いられた。それらの形態や石材や分布を検討すると、それぞれの要素には相互に強い関連性があり、それをもとに工人集団や、かれらを組織し、その石棺を利用した首長層を抽出することができる（表5）。ここでも特定の集団と特定の棺の関係は明確に指摘できるのである（このまとまりを「型」とする）〔和田一九七六〕。

なかでも有力な棺は、竜山石製の播磨型刳抜式石棺と、それと共通する突起型式をもった二上山白石製の南大和型刳抜式石棺（奈良盆地南部で製作開始）で、両者に共通の棺型式は、後期後葉には、偏在的にではあるが、吉備、因幡東部、濃尾、駿河ほか、九州東部から上野など一部関東にまで広がり、それぞれ在地の石材で製作された。畿内周辺ではあるが、兵庫県の六甲山西部に産する、神戸層群の凝灰質砂岩製のものも、その一つである〔橋詰一九九七〕。

後期後葉の大王墳である奈良県橿原市見瀬丸山古墳（墳長三一〇メートル余り）の巨大な横穴式石室に安置された二基の家形石棺や、飛鳥時代で最高位の切石積み横穴式石室（岩屋山型）に採用された家形石棺が、いずれも播磨型の刳抜式石棺であることなどから判断すれば、この時期も、大王をはじめとする王権中枢の棺は、伝統的な竜山石で作られたと考えられる。継体大王の墓とされる後期中葉の大阪府高槻市今城塚古墳からは竜山石、二上山白石、阿蘇ピンク石の石棺片が出土しているが、竜山石製のものが大王の棺であった可能性が高い。

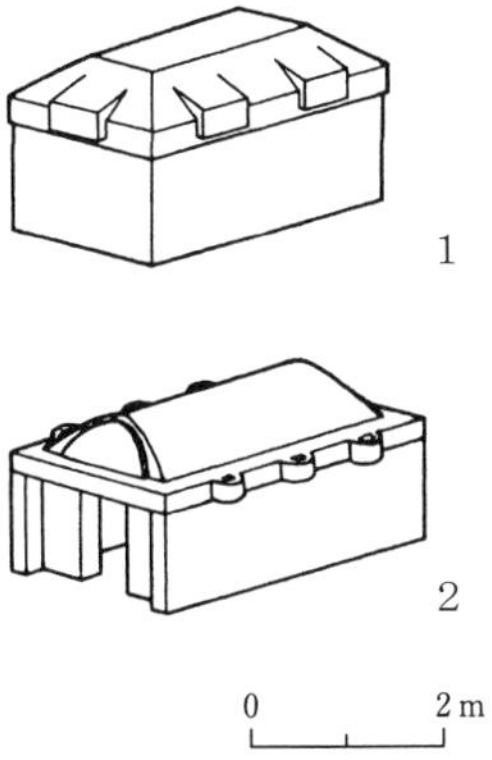

図16　家形石棺（1畿内的　2九州的）

②　「閉ざされた棺」と「開かれた棺」

畿内の家形石棺は、それまでの石棺と同様、遺体（魄）を密封する鎮魂・辟邪の「閉ざされた棺」として機能した。そして、これを納める畿内の横穴式石室には槨としての機能も引きつがれ、遺体は二重に密封された。したがって、石室空間は、生者が棺を安置し、儀礼を行う場としては機能しても、けっして死者の魂が自由に浮遊できる空間ではなかったと思われる。これまでとは異なる埋葬原理の横穴式石室が採用されても、前期以来の伝統はそれだけ強く残されたのである。

一方、九州では、同じ家形石棺という名がつけられてはいても、まったく系譜も性格も異なる家形石棺が作られた。いずれも組合式石棺で、中期中葉に出現してくる型式は、一方の短側石に横口が開けられた妻入り横口式石棺（図16—2）で、これを覆う程度の横穴式石室内に安置されたが、後期前葉ごろからは直接地中に埋められ、短い羨道が棺に直接付設されるようになった。石棺が石室化したのである（一部には、横口をもたず、墓坑内に直葬された例もある）。一方、九州の横穴式石室では、ごく一部で初期には密封用の石棺もみられたが、当初から、棺を用いず、板石で仕切られた屍床《ししょう》（屍を置く床）風の埋葬施設が発達した。このようななか、一部の地域では後期前葉になると横穴式石室の奥壁と並行に家形石棺が置かれるようになった（図15—2）が、石棺は一方の長側石に横口がつく平入り横口式家形石棺で、その蓋石は急速に板状のものとなり、横口部は仕切程度のものとなった（石屋形と総称）いずれの場合も棺と室の空間は一体化したのである。

したがって、九州の家形石棺は、石棺の石室化という意味でも、密封型の棺の不使用・屍床の発達という意味でも、「開かれた棺」と呼ぶことができる。そこでは、石室空間は死者のためにあり、死者の魂は石棺内に密封されることなく、石室空間を自由に浮遊することができたのである。九州の横穴式石室の壁面に幾何学的な文様や物語的な絵画が描かれる装飾古墳が発達するのも、こうした遺体の取り扱い方と深く関係している。横穴式石室はその石組みの差から九州的なものと畿内的なものに分けて語られるが、その差は単なる構造的な違いのみではなかったのである〔和田二〇〇三〕。なお、出雲の東西では、九州や畿内の影響を受けて、独特の横穴式石室（特徴のある石棺式石室は東部中心）

や平入り横口式家形石棺（東部は組合式で横穴に、西部は刳抜式石棺で石室に置かれた）が作られたことも付記しておこう〔和田一九八三〕。

三　飛鳥時代とそれ以後

(1)　新しい時代の到来

前方後円墳の築造は六世紀後葉でもって基本的に終了し、同時に、前方後円墳を頂点とする古墳の秩序も消滅した。それは、社会の紐帯として血縁的な同族原理が大きな比重を占めた段階から、曲がりなりにも法によって官僚機構が社会を統治する段階へと、時代が大きく変化したことを示すできごとであった。列島の社会もそこまで成長したのである。大王墳も、六世紀末には、はじめて中国風の方墳となり、七世紀中葉には新たに八角墳へと変化した。

この時、王権は、新しい国家をつくるべく、仏教文化をはじめとする中国・朝鮮の文化を積極的に取りいれたが、新しい石工技術（石工）も、寺院などを造営する技術や庭園を造成する技術の一環として伝わってきた。これを第二次波及の技術とする。その結果、石造物の内容は、古墳関係のもの以外に、仏教関係のもの、政治や祭祀の場を演出するものなど、多彩なものへと変化した。

(2)　多様な石材・多様な用途

①　石棺作りと新技術

しかし、前方後円墳の築造が終わっても、古墳は衰退に向かいだすものの、造られなくなったわけではない。竜山石製家形石棺は六世紀後葉から七世紀中葉にかけて盛んに作られ、西は周防から東は近江の北端まで、各地に持ちはこばれた。その数の多さと広がりからみて、それは同族関係によるというよりも、この棺が王権のなかで一定の制度として被葬者に下賜された可能性も考えられる。そして、七世紀には、その製作に第二次波及の新しい技術が取りいれられた。

②　花崗岩切石積み横穴式石室の出現

一方、横穴式石室では、花崗岩類の表面を丁寧に小叩きした切石積み横穴式石室が造られた。奈良県橿原市岩屋山古墳を指標とする「岩屋山型横穴式石室」（白石一九七三）がその代表例である。唐尺（一尺約三〇チセン）によって設計されたこの石室は、当時としてはもっとも格式の高い石室で、内部には、竜山石製刳抜式家形石棺が納められたと推定される。七世紀後半の同県桜井市文殊院西古墳の石室は、切石積み横穴式石室の、言い換えれば、当時の石工技術の一つの到達点を示すものということができる。

飛鳥時代の石材の最大の特徴は、多様な石材が多様に用いられたことにあるが、そのなかでも、もっとも硬質で美しい花崗岩類の利用は際だっていた。畿内で花崗岩類を加工した製品としては、第一次の技術で作った、後期中葉の奈良市野神古墳の竪穴式石槨（内部に阿蘇ピンク石製舟形石棺）の天井石以来のものである。新しい技術は、百済から伝わったものと推測されるが、それは本来、花崗岩類を主たる対象とする技術で、その伝来は花崗岩類の利用を促し、他の石材利用にも大きな影響を与えたのである。

③　横口式石槨

横口式石槨は、この時期に伝わった新しい葬制を代表するものである。羨道をもつ石槨の短側面に横口が設けられ、そこから棺が挿入された。棺には夾紵棺《きょうちょかん》や漆塗木棺などといった漆棺が用いられ、「持ちはこぶ棺」として機能した。

多くは奈良盆地南東部や大阪平野南東部などで造られたが、花崗岩類や二上山白石のほかに、前者では榛原石（室生火山岩、地元での自然石利用は六世紀から）、後者では寺山の石英安山岩などの加工材が用いられた。天理市平尾山付近に産する天理砂岩の加工材が、天理市峯塚古墳の墳丘の貼石に使われていることなどと合わせ、この時期には新しい石材の開発も進んだのである。

④　寺院の石造物

しかし、この時代をもっとも象徴するのは、新しい石造物の出現であった。その代表としては、まず寺院の建物の基礎に用いられた礎石、心礎、基壇化粧石、階段などをあげることができる。礎石としては、主要伽藍には花崗岩類、回廊などの付属建物には二上山白石や榛原石などといった石材による使いわけがみられ、最初の本格的な寺院として知られる六世紀末の奈良県明日香村の飛鳥寺では、他に緑泥片岩や大理石（奈良県吉野産の石灰岩）などが使われている。石灯籠の台石と推定される大理石を除く石材が、古墳時代から、あるいはこの時代に入ってから、いずれも地元では古墳関係の石材としても利用されている点が注目される。石工技術の対象が、古墳関係のものから、装飾性をもった建築用材や仏教関係の石造物へと変化する過渡期特有の現象といえる。なお、石灯籠としては、他に七世紀中葉の奈良県桜井市山田寺例（奈良春日石製）や、七世紀後半と推定される葛城市当麻寺例（二上山白石製）が知られている。

この時代には、竜山石は、地元の高砂市周辺を除くと、建築用材として使われることはほとんどなく、飛鳥大仏の台座や、山田寺金堂の礼拝石など特殊な部分に使われているのみである。石材産地が他よりは遠いということもあるが、この時期にはまだ、大王の、あるいは王権の石棺材としての性格が強く意識され、その使用が制限されていた可能性が高い。(補註5)

⑤　石仏と石塔

仏教関係の石造物としては、石仏や石塔も作られだした。すでに、『日本書紀』敏達一三（五八四）年条には百済から伝来の弥勒石仏のことが記されているが、実物資料は七世紀後半以降のもので、奈良県桜井市石位寺《いしいでら》三尊仏（砂岩類）や、同県葛城市石光寺出土の弥勒仏（二上山白石製）、兵庫県加西市古法華《ふるぼっけ》三尊仏・繁昌《はんじょう》五尊仏（竜山石製）、および若干の磨崖仏などである。多くは半肉彫りであるが、『当麻曼荼羅縁起絵巻』（鎌倉初期）にも描かれた石光寺例のみは一石丸彫りである。ただ、当時の仏像は金銅仏が中心で、石仏はわずかしか残されていない。

また、石塔としては、この時期唯一のものとして、滋賀県東近江市の石塔寺三重塔が知られている。花崗岩で造られた百済風のものだが、一〇世紀説もある〔西谷・鄭監修二〇〇〇〕。

⑥　特異な石造物

「石の都」と言う人がいるほど、飛鳥では多くの石が使われた。上記以外にも、王宮やその付属施設など、主要な施設には石敷きの広場や道、石組みの垣や溝などが作られ、苑池では堤防の護岸に石垣が、池底に石敷きが施された。多くは、川原石などの自然石や割石が用いられたが、『日本書紀』斉明二年に載る「石の山丘」にあたるとされる酒船石遺跡の石垣には天理砂岩の加工石が用いられている。また、要所には、花崗岩類を丁寧に加工した石造物が配された。導水施設関連では岡の酒船石、出水の酒船石、亀形石、須弥山石、石人石などが、用途が不明のものでは亀石、猿石、両面石、マラ石、文様石、各種立石などがあり、「飛鳥の石造物」と総称されることがある。ただ、この仲間として紹介されることの多い鬼の爼《まないた》・雪隠《せっちん》は横口式石槨であり、橿原市の益田岩船もその可能性が高い。導水施設の一部は韓国慶州市にある雁鴨池の石槽や鮑石亭にその源流が求められ、猿石は類例が韓国の益山市弥勒寺に存在することが指摘されている〔飛鳥資料館二〇〇〇〕。時期不祥のものがほとんどだが、多くは七世紀中葉前後のものと推定される。

(3) 奈良時代以降

奈良時代には、畿内周辺では基本的に古墳は造られなくなるとともに、特異な石造物も姿を消し、石造物は建築用材を除けば、ほとんどが仏教関係のものへと変化した。

寺院や宮殿の礎石や基壇化粧石には、前代とほぼ同様の石材の使いわけがみられたが、この時期には竜山石も利用されるようになり、平城京羅城門の礎石（大和郡山市の郡山城の石垣に再利用）や、平城宮のものを移したとされる京都府木津川市恭仁宮の大極殿の礎石などに使われた。

前代に出現した石仏・仏像基壇・石灯籠・石塔（層塔）などが作りつづけられたが、残存例は少ない。しかも、この種のものでは、花崗岩類は奈良市頭塔《ずとう》石仏群や興福寺五重塔前石灯籠基礎などに若干用いられただけで、大阪府太子町鹿谷寺《ろくたんじ》跡の十三重塔や岩屋石塔は二上山白石の岩盤を掘りぬいて造られているし、天平勝宝三年（七五一）銘のある明日香村龍福寺石塔や奈良市塔ノ森十三重塔などは、奈良市の春日奥山に産する春日石（熔結凝灰岩）を用いている〔奥田二〇〇二〕など、凝灰岩類の利用が多い。花崗岩の利用は、建築用材を除けば、急速に減少した。残存例が少ないのも、そのためであろう。（補註6）

このような傾向は平安時代に入っても続き、つぎに花崗岩類の石塔、宝塔、石仏などが新たに出現してくるのは平安時代後期（一〇～一二世紀）に入ってからのことである。この時期になると、新たに仏教関係の宝塔や多宝塔、五輪塔、笠塔婆、石鳥居などが作られだし、中世の石造物の開花を準備する段階に入るが、それでもなお、石材には凝灰岩が多く用いられていた〔川勝一九九八〕。

おわりに

石造物は、日常の必需品ではないにもかかわらず、その製作には特殊な技術を必要とし、運搬に多大の労働力を必要とした。そのためもあって、古代においては、石工とその技術は一部の支配者層に独占され、その政治的、宗教的要求からくる石造物の製作に奉仕することを要求された。それだけに、石造物には、それぞれの時代・時期の特色が敏感に色濃く反映した。したがって、石造物製作の画期は、多くが時代の画期と対応し、大きな画期には、朝鮮半島諸国など、海外からの直接的で大きな文化的影響があって、その下に石工技術が革新され、石造物の内容も変化していった。古代国家の形成が東アジア世界のなかで展開していったのと同様、石造物もまた、その世界の動向のなかで、列島的な特色をみせつつ展開したのである。


（補註1）　第一章は初出論文「石造物と石工」の前半にあたる。文章の性格上、個別遺跡の報告書などは省略した。

（補註2）　私は、古墳の墳丘の表面には、被葬者の魂が赴く他界が表現されたと考えている〔和田二〇一四〕。

（補註3）　畿内の竪穴式石槨の構造と使用板石石材との関係については〔奈良二〇一〇〕に詳しい分析がある。

（補註4）　中国吉林省集安市にある高句麗の王都・国内城（山城子山城と通溝城）に残る切石の構築が初築のものであれば、三、四世紀代に遡る可能性がある〔東・田中一九九五、川西二〇〇七〕。

（補註5）　七世紀後葉〜八世紀初頭の藤原宮の大極殿院関連遺跡で、竜山石が、二上山白石と使いわけられながら、建築材として使われていることを知った〔西口ほか二〇〇三、高田ほか二〇〇八〕。廣瀬覚氏ご教示。竜山石の建築材としての使用の最初である。

（補註6）　詳細な時期は未確定ながら、奈良時代前後を代表する凝灰岩製の石造物として、エンタシス状の円柱とパルメット文様で名高い鳥取県岡益の石堂を加えておきたい〔笠野ほか一九九九、坪井ほか二〇〇四〕。

第二章　古代の石工とその技術

はじめに

本章の目的は古代における石工技術を復元的に考察し、その技術水準を明らかにするとともに、それを駆使した石工たちの性格の一端をも窺おうとするものである。しかも、この作業は必然的に該当時期における石棺研究の意義を問うことになり、この作業における一定の成果をまって、はじめて石棺の示す具体的な諸事象を評価する根拠が得られるものと考える。したがって、本章は、先に発表した、畿内や出雲の家形石棺の検討〔和田一九七六・八三〕において、石棺の動きに認められた諸事象と当時の有力豪族層の政治的動向とを二重写しにしようとした解釈の方法についても、一定の拠りどころを与えるものと考える。

一　石工技術の復元

(1)　民俗、古記録にみえる石工技術

古墳時代は、わが国で最初に大型石材を加工し、利用しはじめた時期であり、数多くの遺物や遺構が各地に残され

ている。しかし、石工技術に関する研究はきわめて乏しく、まれに発見された良好な資料よりその技術体系の一端が窺い知られたことはあっても、それが体系的に考察されたことはほとんどなかった(1)。その理由はさまざまであるが、なによりも石棺をはじめとする大型石製遺物・遺構それ自体に対する関心が、長らく薄らいでいたことによる。

したがって、以下の話を進めるにあたっては、まず、民俗例より石工技術の体系を概観し、各作業工程における工具とその用法を知っておくことが便利かと考える。

① 民　俗

そこで、まず、調査報告の比較的詳しい新潟県佐渡相川の例〔宮本一九七三〕をとりあげ、作業工程と工具との関係を整理しよう(2)(図17)。

作業工程は石材を石切場から切りだす「山取り」の段階と、「荒作り」して一定の形にしたものを作業場(細工所)に運び、それぞれの用途にあわせて加工処理する「細工」の段階に分かれ、「細工」は「すみ引き」、「ふち取り」、「小造り」、「目つぶし」、「水とぎ」の五つに分かれる。

a「山取り」の段階における作業の中心は岩盤から石材を切りだすことにあり、所定の石材の各面に配される溝や、残る最後の一面を割りとるための「矢穴」を彫るために「切山タガネ」(2)、あるいは「ソコツキ(3)」(3)と「セット」(5)を用いる。その後は「矢穴」に「ヤ」(1)を「ゲンノウ」(4)で打ちこみ、石材が割れたところで割れ目に「ワケ(カナテコ)」をさしこんで開く。

b「細工」の段階では、まず、「荒作り」した石材に目的にあわせて定規とスミツボとで「すみ引き」し、その線にそって不要な外側の部分を「ソバヨセ」(6)と「セット」、あるいは「コヤスケ」(7)と呼ばれる柄付タガネでもって「ふち取り」し、石材を所定の形に整える。

c　これが終わると、つぎは石材の表面を平らに仕上げる「小造り」に入るが、これは「タガネ」か「ノミ（ソコツキ）」を「セット」で打って行う。江戸時代の古い石垣石や石塔などはこの段階で仕上りとなったものが多い。

d　仕上げをさらによくするためには、刃のある工具である「チョウナ」(10)、「タタキ」(11)、「ナラシ」(8)をこの順にそれぞれ刃の方向を直交させながら敲打して「目つぶし」を行う。ここでは製作物の用途や石材の性質（特に硬軟の質）に応じて道具の使い方も自在に変化する。たとえば、やわらかな石の場合は「チョウナ」を使うが、かたい石では「ビシャン」（9、カナズチ状の工具の先端の平らな敲打面に格子状の溝が彫られ、多くの小突起が作りだされている）で一気に仕上げていくといい、さらにかたい石では「ビシャン」の代りにカナズチで石の表面を平らにしてから「チョウナ」の工程に入るともいう。なお、「チョウナ」は軟質石材の場合は、福井県福井市笏谷石の民俗例のごとく敲打することも削ることもできる。

e　こうして一応の仕上げが終わると、最後は砥石で「水とぎ」の作業に入る。

以上の佐渡相川の例はけっして地方的なものでも、特殊なものでもない。たとえば、愛知県岡崎市の報告例〔磯貝一九七二〕では、石材採掘者の使う工具として「セット」、「コヤスケ」、「ノミ（タガネ）」、「ヤ」、「ゲンノウ」があり、細工を業とする石工の使用する道具として「セット」、「コヤスケ」、「ノミ（タガネ）」、「ビシャン」、「タタキ」、「コビラ」（「タタキ」の一種で刃幅が狭い。おもにミヤモノを作る彫刻専門の石工が使う）があることを伝えている。また、これら以外の例においても、作業工程が分業化されてはいるが、工具の種類や呼称は佐渡相川のそれときわめて類似している。作業工程と工具との関係はほぼ同様で、「細工」段階における工具の種類やその変容形態、あるいは呼称に若干の差をみるにすぎない。ただ、福井県の笏谷石を扱う石工や大分県臼杵市の阿蘇石を扱う石工〔浜田一九二五、後藤一九七八〕などの間では各種の「ツルハシ」が用いられており、後述の絵図や絵巻物に表された工具との関係が注目される。(4)

では、以上のような石工技術はどの程度古くまで遡れるのであろうか。この点での資料探査は必ずしも十分ではないが、二、三注目すべきものについて触れておこう。

まずは、絵図関係では寛政十一年（一七九九）出版の『日本山海名産図会』（千葉一九七〇）が詳しい。そこには讃州豊島石や摂州御影石などの石切場と細工所の絵図が載せられているが、（図17—14〜18）、先の佐渡相川の呼称でいえば、石切場では「タガネ」・「セット」(14)、「ヤ」・「ゲンノウ」（15、自然石で代用する例もあり）、「カナテコ」代りの丸太がみられ、細工所では定規、「タガネ」・「セット」（16・荒作り、17・仕上げ）、「チョウナ」(18)などが認められる。また、元禄三年（一六九〇）出版の『人倫訓蒙図彙』（遠藤一九七四）にも「ヤ」、「ゲンノウ」、「タガネ」、「セット」、および柄を両手にもって石の面を細かく敲打する「小型ツルハシ」が描かれている。

したがって、これだけでは特に細工段階の工具の種類については不明な点も少なくないが、少なくとも、佐渡相川ほかの民俗例に認められる作業工程と工具との関係の基本は、ほぼ江戸時代にはできあがっていたものと考えられる。

なお、これらより古い例では室町時代の『三十二番職人歌合絵巻』（森一九七九）の「石切」に、片頭の「セット」と「刃付タガネ」（ソバヨセ）でもって「ふち取り」風の作業をする石工が描かれている。

また、鎌倉時代初期の作と考えられている『当麻曼荼羅縁起絵巻』（名児耶一九七九）に載る、天智天皇の御宇、染寺の奇瑞の石に弥勒三尊を彫る場面が著名であるが、そこでは三人が「小型ツルハシ」(13)を持ち、一人が「タガネ」と片頭の「セット」(12)をもって作業を行っている。(5)

②　古　記　録

古代においては、工具についてはほとんど不明で、藤原実資の『小右記』長和五年（一〇一六）に粟田山の大石を破る工具として「鐵槌」と「鑽」などを用いた話が残されている程度である（川勝一九五七）。古くなるほど工具は原

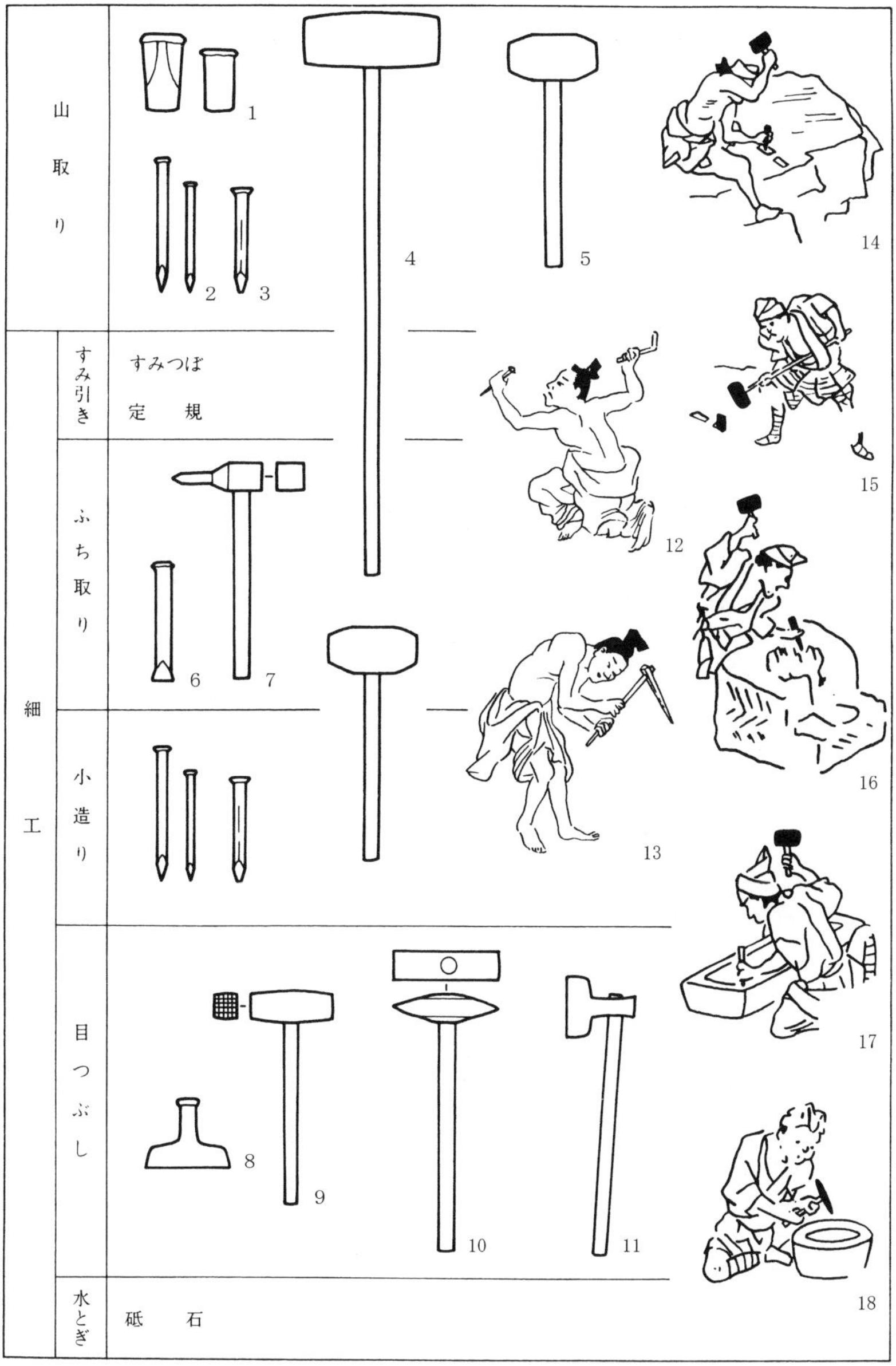

図17　石工の作業工程と工具

1～11新潟県佐渡相川　12・13『当麻曼荼羅縁起絵巻』　14～18『日本山海名産図会』

理的で単純なものとなり、数少ない種類の工具で多様な工程をこなしたのであろうか。

(2) 石工技法の検討

では、以上の点を予備知識として、つぎに具体的な資料の検討に入りたい（なお、最終的な作業工程と工具・技法、の名称については第三章のとおりとした）。ただ、その前に二、三の点について了解を得ておきたいと思う。

その一は石工技術と密接に関連する石材の硬軟の質についてであり、ここではそれを経験的に、やわらかい方から順に二上山流紋岩質含松脂石凝灰岩（二上山白石）・阿蘇熔結凝灰岩（阿蘇石）―二上山畑山輝質安山岩（補註1の理由により、以下、阿蘇ピンク石と変更する）(補註1)―福井県の輝緑凝灰岩（笏谷石）・香川県の石英安山岩質凝灰岩（鷲の山石）―兵庫県の流紋岩質凝灰岩（竜石山）(補註2)―花崗岩類と推測して話を進める。(6)

その二は作業工程、特に「細工」段階の区分の仕方である。なぜなら、作業の手順、工具の種類とその用法、製作物などの差から、古墳時代の作業工程に佐渡相川の呼称とその内容を直接用いることは適当でないと判断するからである。そのため、具体的には石棺の製作を想定しつつ、内部を刳りぬき、石棺の形がほぼできあがるまでの成形段階を「荒作り」、その後の整形や表面調整の段階を「仕上げ」と呼んで区別する。佐渡相川の例と比較すれば、「荒作り」が「ふち取り」と「小造り」に、「仕上げ」が「目つぶし」にほぼ相当するが、必ずしも一致はしない。したがって、全工程を「山取り」と「細工」とに分け、「細工」を「線引き（すみ引き）」、「荒作り」、「仕上げ」、「みがき（水とぎ）」に細分することになる。ただ、「線引き」に関してはほとんどわかっていないため、今回は省略する(7)（「線引き」に関しては本書一五三頁参照）。

つぎに、その三として以下で使う工具の名称とその内容について触れておこう（本書一四八頁に作業工程と工具名を再整理しているので、そちらを参照されたい）。なぜなら、現状では、出土品に明確な石工用の工具例がなく、他のものをこれにあてたとしても、なお工具の一部にすぎず、それでは以下を十分に語りえないからである(8)。また、機能分化した民俗例をそのまま用いては複雑すぎたり、用途が限定されすぎていたりで、遺物・遺構に残された工具痕との対比に不便だからである。そこで、工具類は以下のごとく再整理しておきたい。まず、「ヤ」、「ゲンノウ」、「セット」はそのまま用いる。「タガネ」、「ノミ」の類で先端が尖り、刃をもたないものは「タガネ」と呼び（後に「タガネ」は、すべて「ノミ」とした）、この仲間で木工用のノミのごとく先端に刃をもつものは、「ソバヨセ」をも含めて、「刃付タガネ」とする。柄付きで、柄に直交する刃をもつ工具は「チョウナ」と呼ぶ。この工具は敲打も削りも可能であるため、敲打の場合は柄に平行する刃をもった「タタキ」の機能をも果たしうる。痕跡では両者の区別は困難である。また、柄付きで先端の尖った工具は「小型ツルハシ」と呼ぶ。佐渡相川の「コヤスケ」は頭部をセットで敲打することもできる点を除けば、これと類似する。「小型ツルハシ」の敲打痕は粗い場合は「タガネ」のそれと、細かい場合は「ビシャン」のそれと区別が困難な時がある。古墳時代における「ビシャン」の存否は不明であるが(9)、一応残しておく。

① 山取りの技法

掘割技法　山取りの技法を考えるにあたっては、まず、兵庫県高砂市の石の宝殿を検討したい。なぜなら、奥行全長約七メートル、高さ六メートル近いこの遺構は「自然の岩山に加工して造り出した巨大な石造品」（西谷一九六八）（以下の引用も同文献）であり、いまだその製作の場を動いていないことは周知の事実だからである。

この遺構は「竜山」と呼ばれる独立丘陵の東斜面中腹の岩盤（竜山石）に「山頂側とその両側の三方から、幅二メートル前後の冂形の深い溝をうがち、その中に大石を掘り残し、整形を加えたもの」で（図18—1）、「石の基部は四方からえぐられ、周囲はかなり深い不整形の溝」となっている。また、基部のえぐりは「それほど整ったものでなく」、「えぐりのもっとも深い部分には、四面とも石に水平方向の亀裂があり、背面ではかなり深い孔となっている」のである(2)。

すなわち、石の宝殿の本体は完全に岩盤から掘りだされたものなのであり、残る最後の一面がいまだ岩盤をはなれない段階で、その表面の多くがやや粗い目に仕上げられたものなのである。しかも、その最後の面は四周からえぐられ、横方向の節理面にそって亀裂が入り、すでにほとんど岩盤から割りとられた段階にまでいたっている。

そこで、このような方法が当時の山取りの一技法を示すのではないか、との視点から類例を求めると、古代の石切場として名高い二上山の大阪府太子町鹿谷寺跡の二上山白石よりなる壁面に、小規模ではあるが、類似の痕跡を少なからず見いだすことができる(3)。それらは刃のある工具で掘りこまれた窪みの中央に、一辺三〇チセンから四〇チセン程の方形の僅かな突出部をもつものであるが、突出部の表面は粗いものの何ら刃跡が残されていないのである。すなわち、それは四周を刃のある工具で掘りこみ、中央に掘り残された石材の最後の面を打ち割って、立方体、あるいは直方体の石材を入手した痕跡なのである。

石の宝殿の場合は大規模な縦掘りで石を割りとる最後の段階、鹿谷寺跡のそれは小規模な横掘りの石を割りとった後の段階という差はあるものの、両者は基本的に同一の山取り技法によっているのである。したがって、以上のような、必要とする石材の四周を掘りこみ、最後の面を割りとる技法を「掘り割り技法」（以下「掘割技法」と記す。他の例も同様な表記をした）と呼んで、当時における山取りの一技法と認定したい(10)。島根県松江市春日山岩船古墳の石棺（山本一九六六）は、山頂に露出した凝灰岩の岩盤に刳りぬきの棺身を掘り残したものとして知られているが、棺の北側が直ちに急な崖となり、そこに墳丘を築くことの不可能さを思えば、この例もまた掘割技法の一例として加えることができるかもしれない。なお、掘割技法に用いられた工具はいつも刃のある工具とは限らず、後述のごとく石材の硬軟に

図18　各種の加工痕

1・2兵庫・石の宝殿　3大阪・鹿谷寺跡　4長崎・ホゲット　5奈良・益田岩船　6兵庫・姫路城内石棺　7大阪・観音塚古墳　8福井・新瑠古墳石棺

あわせた工具の使いわけにより、タガネとセットを用いる場合もあったものと考えられる。

では、ここで、掘割技法と呼ぶような山取りの技法は後代になんらかの形で残されているのであろうか。この問いに関しては、長崎県西彼杵半島において、平安時代末期から中世にかけて盛んに製作された滑石製石鍋の山取り技法を提示しておきたい〔下川一九七三、正林一九八〇〕。そこでは、①岩壁面への線引き（連続的に石材をとりだすための方眼割りつけも多い）、②掘りだし（図18―4、この段階で石材はすでに粗く所定の形態に整えられる）、③最後の面の割りとり、④内部の刳りぬきと口唇部・鍔の調整、⑤仕上げ加工の順で作業が進行すると考えられている。掘りだされる石材は大きさがせいぜい数十チセン程度であるが、その山取りの技法はまさに掘割技法そのものであるとともに、作業工程全体が古墳時代の石工技術を考えるうえで大いに役立つものということができる。

なお、最近、二上山から屯鶴峯にかけての地域において、奥田尚・増田一裕氏らの努力でいくつかの石切場跡が発見され〔奥田一九七九・八二〕、奈良県香芝市穴虫石切場跡のごとく発掘調査された遺跡もでてきている〔松田一九八二〕。そのなかでは大阪府太子町岩屋峠西方の石切場跡の観察から推測された「石棺切り出し模式図の一例」〔奥田一九七九〕が注目される。その技法は掘割技法と類似するものの、最終的に石材を岩盤から切りはなす場合も、割りとらずに、掘りきるものとして復原されており、そこに掘割技法との大きな相違がある。それはこの遺跡の「石棺状突出痕」の評価にも係わるところであるが[11]、その問題とは別に、石材を完全に掘りだす「掘出技法」とでもいうべき技法を予測することも可能であろう[12]。

自然石・「切石」・火砕技法　ところで、以上に述べた山取りの技法はいずれも竜山石以下の比較的軟質の石材において認められるものである。では、より硬度の高い花崗岩質の石材ではどうであろうか。結論的にいえば、今日までの観察では、古墳時代から奈良時代にかけて用いられた花崗岩質の石材は、いずれも自然の塊石、あるいはその崩壊したものを利用したと考えられる。そこで問題となるのは「切石横穴式石室」の「切石」の内容であるが、その意味するところは、けっして石を「切る」ことではなく、単に後述の敲打具で敲打して仕上げること、あるいは仕上げられた面そのものをさすにすぎないのである。(13) すなわち、当時においては花崗岩類を岩盤から割りとる技法も、それらの石塊を所定の線にそって大きく分割する技法も存在しなかったと推測されるのである。そして、この技術的限界が後述の「溝切技法」を生みだす結果になったものと考えられる。

『続日本紀』巻三十、宝亀元年（七七〇）の条に、花崗岩類かと推定される「飯盛山之石」でできた西大寺東塔の心礎を割るのに、柴を積んでこれを焼き、三十余斛の酒を注いでこれを破却した話が残されている。この「火砕技法」とでも呼ぶべき技法は、硬質の大石を粉砕するのに用いられる一技法で、後世の築城の折にも岩盤を整えるのにこれを焼いてツルハシで削ったといわれている。(14) この技法がすでに古墳時代に存在したと考えることも不可能ではないが、大型の石製品を作る素材を取りだすには不適当なものであっただろう。

矢穴技法の問題　したがって、民俗例にみられるような、目的の線にそって矢穴を穿ち、これにヤを打ちこんで大石を割りとる「矢穴技法」は当時に存在しなかった。(15) ただ、掘割技法の最後の段階で岩盤から石材を割りとる場合や、亀裂のある自然石の分割に「クサビ」を用いた可能性は十分予測できる。なぜなら、当時すでに木材の分割にはクサビが多用されていたと考えられるからである。

確かに矢穴技法とクサビの技法とは原理的に相似したものである。しかし、技法の完成度においては著しい差異があり、石材が軟質であることや自然の亀裂の存在することに多くの期待をかけるクサビの技法とは異なり、矢穴技法はクサビとしてのヤを打ちこむ矢穴にもっとも重要な意味があって、「矢穴さえ、直線にうまく彫れれば、割りとりは九分通りまで成功した」〔宮本一九七三〕といわれるほどである。したがって、矢穴彫りには、石の目を読むことはもちろん、①の矢の先端と矢穴の底との間に空間が残るように彫ること、②矢の先ではなく矢の肌（側面）で石を割るため、ヤの胴幅よりこころもち狭く、しかも矢の側面と矢穴の面が密着するように正しく長方形に彫ること、③深さをそろえて、底を平らに仕上げることなど熟練した高度な技術が要求されたのである〔宮本一九七三、田淵一九七五〕（矢穴に関しては本書一六六頁・補註3参照）。

②　細工の技法

〈粗作りの技法〉

タガネ技法　では、花崗岩などの硬質石材の粗作りはどのようにしてなされたのであろう。そこで、まず注目されるのは滋賀県栗東市の阿弥陀寺と正徳寺に所在する花崗岩製刳抜式家形石棺身〔丸山一九七一〕であり、兵庫県姫路城内の竜山石製刳抜式家形石棺身（旧広畑宅）〔増田一九七三〕などである。なぜなら、それらの外面は上端部のみが仕上げられ、残る部分は粗作りのままで放置された状態にあるのだが、そこには上から下へと幾条もの細くて粗い不整形の溝状の痕跡が残されているのである(16)（補註3）（図18—6）。そして、それはまさしくタガネの痕跡であり、やや斜に倒したタガネの先端をあげずに、少しずつずらしながらセットで連続的に敲打したものと考えられるのである。そこで、これを「タガネ連打法」と呼ぶことにする。

しかし、この方法はタガネによる粗作りの技法のなかでは後半の一部にあたり、石材の表面を平滑にするための下地作りとでもいうべき作業にあたると推測される。したがって、タガネによる粗作りの作業自体には、この連打法を行う前に突出した部分をはつり、内部を刳りぬくといった作業があり、その後には溝状の痕跡をつぶすといった作業があったものと考えられる。そこでこれらをまとめて「タガネ技法」（厳密には粗作りのタガネ技法）と呼ぶことにする。

ところで、タガネをセットで敲打する技法は、石工技術が機械化される以前においては、石工技術のなかでもっとも基本的で重要な技法であった。したがって、タガネとセットは、たとえ現在その使用を示す確例がほとんど発見されていないとしても、花崗岩や竜山石などの硬質石材では、粗作りの段階を中心に盛んに用いられたものと推測される(17)。つぎに述べる「溝切技法」も、また、タガネとセットで格子状の溝を彫ったと考えて、はじめて成りたつ技法なのである。

なお、先に掲げた三例の石棺は、同じ工具痕をとどめるだけではなく、棺身の上端が有段で、印籠蓋を受けるかたちに加工されているという顕著な特徴を共有している。七世紀頃におけるこのような例はきわめて珍しく、滋賀県に四例の集中をみるのが特色である(18)〔丸山一九七二〕（補註3参照）。

溝切技法　この技法は、かつて、坪井清足が奈良県橿原市の益田岩船について触れ、「ただその裾の部分には、縦横の細かい溝がきざまれており、これが亀石の下面に格子状にきざまれた溝ときわめて類似していることは、当時の巨大な花崗岩の表面仕上げの技法として興味深い」〔坪井一九六二〕と指摘したものである（図18―5）。

それは①花崗岩の表面に格子状の溝をきざみ(19)、②溝で囲まれた方形のブロックを打ち割り、③平滑に仕上げていく技法であり〔西谷一九七〇〕、巨石の下半の周囲に残る格子状の溝が①の段階、頂部の穴の底で格子状の溝痕を残す粗い面がほぼ②の段階(20)、南西側の、かすかに溝痕を残すものの、丁寧に仕上げられた斜面が③の段階にあたると推測される。

すなわち、それは、言ってみれば、山取りにおける掘割技法の小規模な作業の繰り返しなのであり、先に指摘した滑石製石鍋の方眼割りつけによる連続的な石材の採掘方法は、まさにこの技法の軟質石材への応用ともいうべきものなのである。そこで、この技法を「溝切技法」と呼び、山取りの掘割技法との密接に関連した粗作りの一技法と認めたい(21)。そして、それはまた、粗作りにおけるタガネ技法の特殊な一方法ともいうことができるのである。

チョウナ技法　では、よりやわらかな石材の場合はどうであったろう。その場合、笏谷石以下のかたさの石材を利用した石棺のほとんどが、刃のある工具の痕跡をとどめている事実に注目すべきである。しかも、それらは仕上りの精粗を問わない点よりみて、粗作りの段階で終わっているものから、丹念に仕上げられたものまでが存在するとみなすことができる。言い換えれば、軟質石材においては、粗作りから仕上げまでの工程が主として刃のある工具により行われたと推察できるのである。

では、刃のある工具とは何か。それにはチョウナと刃付タガネが考えられるが、石棺の表面に観察される、少なくとも最終段階の工具痕は、ほとんどすべてが「浅いサジ面をなす削り痕」であり。チョウナの痕跡なのである。そこで、この技法を「チョウナ技法」と名づけるが、この場合の粗作りと仕上げの差はチョウナの使い方にあり、激しく振りきるように削るものから丁寧な細かな削り、そして最後には細かな敲打にいたるまでの使い方の幅があるのである。したがって、チョウナ技法の場合は粗作りと仕上げとの差は相対的なものとなる(22)。

ただ、古墳の出土品に刃付タガネに類似する「ノミ」が多数あり、石棺の内部を刳りぬくのにも隅などでは刃付タガネの方がより有効と思える。しかも、隅では激しく打ちこまれたチョウナの痕跡と刃付タガネのそれとは区別が困難な場合が多い。したがって、明確な資料は提示できないが、粗作りの段階にセットで刃付タガネを打つ技法をも予測しておきたい。

〈仕上げの技法〉

敲打具技法・チョウナ技法　今日、石棺や石室の表面に残されている工具痕のほとんどはこの仕上げ段階のものである。ここで、それらを分類すると、細かな不整形の凹凸よりなるもの（図19―9・11・12）と、刃のある工具によって削られたもの（図18―8、図19―3〜8）、および類例は少ないものの、やはり刃のある工具によって敲打されたもの

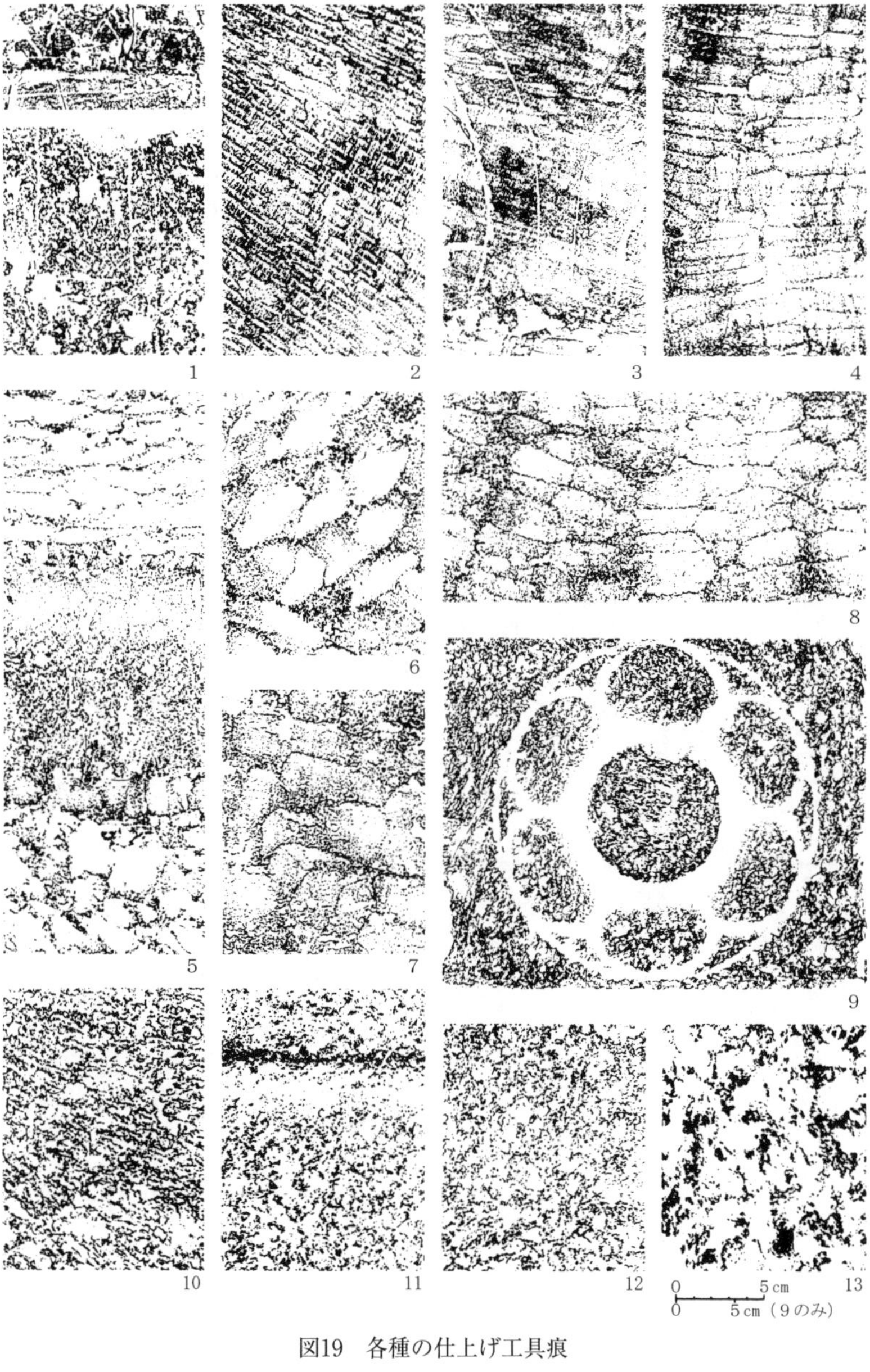

図19　各種の仕上げ工具痕

1御野山古墳　2龍ヶ岡古墳　3山頂古墳　4宝石山古墳　5泰遠寺山古墳（上より棺身内面、上端、外面）　6春日山古墳　7権現堂古墳1号棺　8東乗鞍古墳1号棺　9水泥古墳2号棺　10艸墓古墳　11西宮古墳・石棺側面外側　12同・石室壁面　13同・石棺底部外面　（1～6福井、7～13奈良）

（図18—7、図19—2・10）の三者に区分することができる。

そこで、それぞれの痕跡をa、b、cとすると、aは小型ツルハシによる細かで丁寧な敲打やビシャンによる敲打の痕跡と酷似する。しかし、それらの工具は両者とも古墳時代における存否は不明であり、両者とは異なる工具の可能性も残るため、ここではaの痕跡を残した工具を「敲打具」と呼ぶ。そして、この工具による仕上げの技法を「敲打具技法」とする。(23)つぎに、bの痕跡は、先にも指摘したとおり、チョウナによる削り痕である。ところが、チョウナは削ることとも敲打することとも可能な工具であり、痕跡のcはこのチョウナによる敲打痕と推測する。したがって、b・cより仕上げの「チョウナ技法」を設け、これには削りと敲打の二つの用法があったと理解する。

そこで、石棺や石室の石材と工具とその用法との対応関係を検討すると、二上山ピンク石以下の軟質石材はほとんどすべてがチョウナ削り技法で仕上げられ、もっとも硬質の花崗岩類はいずれも敲打具技法で仕上げられていることがわかる。中間に位置する石材では、より軟質の笏谷石ではチョウナ削り技法がほとんどで、より硬質の竜山石では敲打具技法が大部分を占め、鷲の山石では両者が何例か認められるのである。また、チョウナ敲打技法は、今のところ、笏谷石（図19—2）と竜山石（10）、および寺山石英安山岩（図18—7、硬度は前二つの中間程か）とに確認できる。(24)したがって、古墳時代における石材の硬軟による工具、あるいは用法の使いわけはその仕上げ技法にも端的に表れていることが判明する。しかも、この仕上げの技法は時間の流れのなかに再整理されることによって、より興味深い現象を示すことになる。

〈みがきの技法〉

では、最後に仕上げの最終段階にあたるみがきの技法について触れておこう。ただ、この技法の痕跡は石材の表面の僅かな風化で損われ、風化面との識別が困難な場合が多い。

そのなかでは福井県の坂井市牛ヶ島御野山古墳と福井市山頂古墳〔ともに斎藤一九六〇〕の二基の舟形石棺が好資料である。[25] ともに線刻文様をもつことが特徴であるが、その下地を整える意味からも、前者は敲打具技法かとも思える仕上げの上を丁寧にみがき（図19―1）、後者はチョウナ削り技法の上を粗くみがき（3）、それぞれ鋸歯文や並行線文、あるいは連弧文などを描いている。これらはともに石棺外面の例であるが、みがきは石棺内面の仕上げにもしばしば用いられたようで、時には蓋や身など部材の接合面にも施されている（5）。

他方、花崗岩などの硬質石材を水とぎし、石材の表面が光沢をもつまでになる、いわゆる「水みがき技法」は、現在まであまり知見になく、僅かに奈良県明日香村中尾山古墳の石槨（花崗岩と竜山石）の内面の例〔秋山一九七五〕など二、三を知るのみである。[26]

前者のみがきの技法とこの水磨き技法との関係は不明であるが、前者のなかには、たとえば山頂古墳例のごとく、何らかの工具を単にこすりつけた程度の「ならし技法」とでも呼ぶべきものも少なくなかったと思われる。

(3) 石工技術の変遷

① 技法の体系化

さて、以上のごとく古墳時代例を中心に、一部は奈良時代をも含む遺物や遺構より、当時の石工技術の痕跡を収集し、その性格を検討してきたのであるが、では、それらの諸技法はどのように組みあわされて一つの体系ある技術として機能していたのであろう。

この問に対しては、表6のごとく、花崗岩に対するA技法群、竜山石に対するB技法群、より軟質の石材に対するC技法群の三つの主要で、一般的な組みあわせを想定したい[27]（表6の〔 〕内には類例の少ない技法を、（ ）内には存在の予

表6　作業工程と技法

技法群＼工程	山取り	細工		
		粗作り	仕上げ	みがき
A	自然石の利用	(タガネ技法) 〔タガネ連打法〕 溝切技法	敲打具技法	みがき技法 〔水みがき技法〕
B	(自然石の利用) 〔掘割技法〕	(タガネ技法) 〔タガネ連打法〕 (刃付タガネ技法)	敲打具技法 〔チョウナ敲打技法〕	みがき技法 〔水みがき技法〕
C	自然石の利用 〔掘割技法〕 (掘出技法)	チョウナ削り技法 (刃付タガネ技法)	チョウナ削り技法	みがき技法 〔ならし技法〕

注　〔　〕は現状で類例の少ないもの，（　）内は予測されるもの．頭を一段さげたものは上記の技法に含まれる．

測される技法を示した。なお、C技法群からは、類例の少ない敲打具技法やチョウナ敲打技法をはずしているが、その理由は後述する。また、頭を一段さげたものは、その上の技法の一部をなすものと考えている)。しかし、それらはおもに、個々の資料に認められた各技法を石材の硬軟の性格にあわせて整理したものであり、石工技術の時間的変遷のなかでは、いくつかの説明が加えられなければならない。

②　石工技術の変遷

それでは、つぎに、石工技術の時期的変遷を検討することにしよう。ただし、その場合、各技法がそれぞれの時期に均等に発見されてはいない現状から、考察は仕上げ段階の技法を中心とし、他は多く類推せざるをえない。しかし、先に指摘したごとく、仕上げの技法は技術全体の性格をきわめて敏感に反映していると考えられるのであり、その痕跡はきわめて多くの資料に残されているのである。

そこで、仕上げの敲打具技法、チョウナ敲打技法、チョウナ削り技法の三者と、石棺・石槨・石室類、およびその石質との対応関係を検討し、それを時期的に整理すると表7（本書一五九頁表11参照）のごとくなる。(28) すなわち、結論的にいえば、古墳時代の仕上げ技法は三つの段階を経て変遷しているのであり、それにあわせて石工技

表7　畿内を中心とした石棺・石槨・石室類と仕上げ技法

時期＼技法	敲打具技法	チョウナ敲打技法	チョウナ削り技法
第1期	長持形石棺 （松岳山古墳—花崗岩・鷲の山石 宮山古墳・車塚古墳—竜山石） 舟形石棺 （蛭子山古墳—花崗岩 快天山古墳—鷲の山石） 竪穴式石槨天井石 （宮山古墳ほか—竜山石 野神古墳—花崗岩）	舟形石棺 （安福寺石棺—鷲の山石— 極めて細かい削り） 龍ケ岡古墳—笏谷石）	舟形石棺 （茶臼山古墳ほか—阿蘇石 唐臼山古墳ほか—鷲の山石 宝石山古墳ほか—笏谷石） 家形石棺 （九州刳抜式石棺群—阿蘇石 三輪型—二上山ピンク石）
第2期	家形石棺 （播磨型—竜山石）		家形石棺 （南大和型・葛城型他 東大和・石川右岸石棺群 —二上山白石 出雲の石棺群—荒島石ほか）
第3期	家形石棺 （播磨型—竜山石 近江の石棺群—花崗岩） 切石横穴式石室 （岩屋山古墳 西宮古墳ほか—花崗岩） 横口式石槨 （鬼の雪隠ほか—花崗岩） 塼槨式石室 （忍坂8号墳ほか—榛原石） 礎石類・飛鳥石造物群—花崗岩	家形石棺 （艸墓古墳—竜山石） 横口式石槨 （観音塚古墳—寺山石英安山岩）	家形石棺 （上記の畿内例—二上山白石） 横口式石槨 （石のカラト古墳 塚穴山古墳ほか—二上山白石）

注　家形石棺の「型」は本書92頁表5参照

術そのものも、以下のごとく、二つの流れ、三つの段階として把握できるのである。

第1期　まず、古墳時代前期後半（四世紀中葉）、わが国ではじめて、本格的に大型石材を加工しだした段階においては[29]、仕上げの技法に敲打具技法、チョウナ敲打技法、チョウナ削り技法の三者がすでに揃っていた。しかも、比較的軟質の石材である鷲の山石や笏谷石においても、仕上げには敲打具技法やチョウナ敲打技法が認められ[30]、工具の用法の基本が、民俗例同様、敲打することにあったことを示すとともに、この初期の石工技術そのものがかなり本格的なものであったことを推察させる。

そして、そのことは硬軟いずれの石材もが加工された事実によって裏付けられ、なかには京都府与謝野町蛭子山古墳例〔梅原一九三一・三二〕のごとく、花崗岩を刳りぬき、石枕を作りだした整美な舟形石棺までが製作されていたのである。その上、一部にはみがきの技法も認められる。

したがって、この段階には、一つの体系ある石工技術が、たぶん朝鮮半島よりもたらされたものと推測され〔小林一九六五〕、その技術を「第一次波及の技術」とする。

その具体的な内容はA・B・Cの各技法群を合わせたものに近いと考えられるが、水みがき技法のほかに、タガネ連打法や溝切技法といったタガネを駆使する粗作りの技法が認められない点が注目される。なぜなら、この点は第1・2期を通じて、刳抜式石棺を作る場合はほとんどが鷲の山石以下の軟質石材を用いているのに反し、花崗岩や竜山石などの硬質石材を用いる場合は蛭子山古墳例を除き、いずれもが板状の石材としてこれを利用している事実とも関連するかと考えられるからである[31]。すなわち、第1・2期においては、タガネを用いる技法は存在したとしても、第3期ほどに十分な展開をみせるまでには至っていなかったと推測できるのである。

ところで、この技術は急速に列島各地に普及し、それぞれの地域で在地の石材を用いておもに石棺が製作されはじめるのであるが、その時にはこの第一次波及の技術を構成していた諸技法は、それぞれの石材の硬軟の質に応じて取捨選択されることになった。その結果がA・B・Cの各技法群だということができるのである。そして、それ以降は、各技法群の消長はそれぞれが適応した石材の利用頻度と密接に結びついて変移していくことになるのである。（ただ、この段階ではA技法は、先述したこの時期にその存在が認められない3技法を除くと、山取り段階以外では、B技法とほとんどかわらなくなり、基本的には硬軟両方石材に対応した二つの技法群と理解することも可能である）。

そこで、つぎに、第1期における各技法群の消長を略述すると、まず、A技法群による花崗岩の処理例は大阪府柏原市松岳山古墳の組合式箱形石棺（長持形石棺の祖形）〔小林一九五七〕の蓋石や底石に始まるが、全国的にみてもこの期の類例は少なく、畿内でも五世紀後葉の奈良市野神古墳竪穴式石槨天井石（石室内に三輪型刳抜式石棺）〔小島一九六八〕を最後に姿を消す。一方、B技法による竜山石の加工例は長持形石棺を中心に五世紀代の畿内とその周辺地域で盛行するが、それもこの世紀の終わりには長持形石棺の衰退とともに減少し、つぎの第2期においては数少ない播磨型家形石棺のみが製作されるにすぎなくなる。

したがって、第一次波及の技術に由来するA・Bの技法群は第1期をもってその盛期を終え、第2期には一部の地域、特に、良好な軟質石材を入手しえない地域などにほそぼそと残存するにすぎなくなると推測されるのである。

他方、それらより軟質の石材を用いては、主として舟形石棺（割竹形石棺をも含む。以下同様）が製作されたが、その場合は、仕上げの敲打具技法やチョウナ敲打技法に代表されるような、A・B技法群と共通で硬質石材をも加工しうる技術は短時間で姿を消し、それ以降はチョウナ削り技法を主体とするC技法群が顕在化してくる。しかも、このチョウナ削り技法は、時期を追うにしたがって、その手法が粗雑となり、最後には粗作りのままで作業を終えるほどにまで退化していくという一般的傾向を示す。

たとえば、ここに、その典型的な例として、福井県福井市足羽山の笏谷石を用いた舟形石棺群〔斎藤一九六〇・七九・八二〕を紹介すると、石棺の製作が開始された四世紀中・後葉においては、削りの上を敲打具技法で仕上げたかと思える例（図18—1）や、少なくとも二回のチョウナ敲打技法を刃の方向を直交させつつ行っている例（2）が存在し、一部には、先述のごとく、外面にみがきの技法も認められる（1・3）。しかし、時期が下るにしたがい、削りの手法は丁寧なもの（4）から徐々に粗いもの（5）となり、ついに第2期には、仕上げされたとは思えないほどの粗雑で深い削りのままのものとなってしまうのである（図18—8・図19—6）。

こうした傾向は、地域によって遅速に差があったとしても、軟質石材におけるC技法群の基方的な変化の方向であったと考えられる。[32]そして、多くの地域では、舟形石棺の消滅とともに、この技法群もその存否を確認しがたくなるのである。[33]

第2期　したがって、六世紀初頭以後は、石材技術は全般的な停滞のなかにあり、少数の竜山石製の播磨型家形石棺や硬質石材を用いる組合式箱形石棺以外にはほとんど敲打具技法は認められず、仕上げはもっぱらチョウナ削り技法となる。すなわち、第2期では、第1次波及の技術のうち、軟質石材の加工に適応したC技法群のみが主体を占めることになるのである。

ところで、注目すべきことには、畿内ではこの第1期の終わりから第2期のはじめにかけての時期が、まさに石棺の動向の大きな変革期にあたるのである（和田一九七六）の第一、第二の画期にあたる）。すなわち、前時期に盛行した長持形石棺が衰退する一方で、奈良盆地の東部では阿蘇ピンク石を用いた三輪型刳抜式石棺の製作が始まり、続いて奈良、大阪の各地域で二上山白石を利用した各種の家形石棺の製作が開始されだすのである。しかし、それらもまたC技法群によって加工処理されたのである。[34]言い換えれば、この時期の石棺に認められる大きな変革は、けっして石工技術の新しい刺激に触発されたものではなかったのである。そして、また、それは、大型石材の利用範囲が石棺以外にまで急激に拡大し、石工たちの製作意欲がかきたてられたからでもなかったのである。そこに、この時期における石棺の変革を意義づける重要な視点が隠されている。

では、この時期の畿内の各石棺群の間にはどのような技法差が認められるのであろう。この点に関しては、仕上げのチョウナ削り技法に精粗の差がみられるという点を除けば、現状ではほとんど差異を認めがたい。ただ、この段階では製作量の少ない竜山石製の播磨型家形石棺に敲打具技法の仕上げが施されていることを指摘しうる程度である。[35]

なお、この時期の後半には、関東以西のいくつかの地域で「畿内的家形石棺」をまねて家形石棺を製作しはじめるが、その技法もまたC技法群であり、軟質石材のみを対象とした。

第3期　以上がだいたい六世紀の様子である。ところが六世紀末、ないしは七世紀初頭以後になると状況は一変し、奈良盆地の南部を中心に大型石材の利用範囲が急激に拡大し、花崗岩をも含む各種の石材が盛んに用いられるようになる。そして、そこには再び仕上げの3技法が姿を現すとともに、これまでになかった各種の技法が認められるようになるのである。

すなわち、この時期に顕著なもののおもな例を列挙すると、①花崗岩が石室、石槨、寺院などの大型建築物の礎石類、あるいは特殊な石造物群などの製作に多用される。②家形石棺では竜山石製の播磨型家形石棺が盛んに製作され、西日本の各地に持ち運ばれ、滋賀県や広島県では花崗岩で畿内的家形石棺を模倣した石棺が製作される〔丸山一九七一、広島府中一九六七、間壁一九七七〕。③畿内の周辺では、それまでほとんど利用されなかった石材の開発が始まり、寺山石英安山岩や榛原石（室生火山岩）などが石室、石槨、あるいは建築用材として用いられる〔水野・野上一九七二、菅谷一九七五a、間壁ほか一九七六〕、等々である。しかも、それらはいずれも敲打具技法やチョウナ敲打技法で仕上げられ、なかには、これまで確認されなかった、粗作り段階のタガネ連打法や溝切技法、みがき段階の水みがき技法を駆使する例も認められるのである。

すなわち、この時期においては硬軟の大型石材に対する需要が急激に高まったことに対応し、それを保証する石工技術の革新が逐行されたのであった。そして、その技術革新を担ったものは、すでに多くの人々が指摘しているごとく、新しく渡来してきた造寺関係の石工を中心とする一群の人々であったと推定されるのである[36]。そこで、この技術を「第二次波及の技術」とし、かれらを「新しい石工集団」と呼んで、第一次波及の技術に連なる在来の「古い石工集団」と区別することにしたい。

この第二次波及の技術と、これを遡ること二〇〇年余り前の第一次波及の技術との差異は十分明確にはしがたいが、少なくともタガネ連打法、溝切技法、水みがき技法などは新しい技術の所産と考えられ、粗作り段階におけるタガネ技法の顕著な発達を予測することができるのである。ここでは取りあつかわないが、新しい石工集団がさまざまな新しい意匠を保持し、加工した製品が用いられるべき寺院や庭園などの複合的な構築物に対しても広い知識を有していたことは、まず、間違いないことであろう。

ところで、この新しい石工集団とその技術は古い石工集団とその技術にさまざまなかたちで強い影響を与えたものと考えられるが、そのもっとも顕著な例は竜山石製の播磨型家形石棺の製作においてであった。なぜなら、この時期における播磨型石棺の急増には目を見張るものがあり、それは旧来の製作体制やその技術の上に成ったのではなく、新しい石工集団とその技術の直接的な導入があってはじめて可能になったと考えられるからである。播磨型に認められる寺院を思わせる形態の石棺や、石棺の突起に彫られた百済系の瓦当文様(37)（図19—9）といった仏教的意匠もこうした事情のもとに現れたと解されるのである。

他方、前時期に主体を占めた二上山白石についてみれば、この時期においても、石棺、石槨、建築用材として、その利用はけっして少なくはなかった。しかし、古墳との関係で石棺、石槨をみるかぎりでは、やはりチョウナ削り技法の仕上げが認められ、知見では、この石材に敲打具技法の仕上げが施された例は、七世紀も後葉ごろの大阪府太子町御嶺山古墳の寺山石英安山岩の切石よりなる石槨内に据えられた、格狭間をきざむ棺台〔梅原一九三七〕がほとんど唯一の例なのである。したがって、それらのチョウナ削り技法が新旧いずれの技法に属するかが不明ないまは、この石材の加工に、いつ、どのようなかたちで新しい技術が導入されたかについては不詳というほかはない。

ところで、この第3期初頭も、やはり畿内の家形石棺の動向のなかでは大きな変革期（〔和田一九七六〕の第三の画期）にあたり、畿内の他の組合式家形石棺群が衰退していく一方で、南大和型と播磨型とに共通の棺型式（これをもつものを「畿内的家形石棺」と呼ぶ）が全国的な規模での石棺形態の斉一化を実現していくのである。その現象は、具体的には播磨型が持ちはこばれることと、花崗岩や安山岩などの硬質石材を用いて畿内的家形石棺を模倣することの二つのかたちを中心に現れるが、それはいずれもこの第二次波及の技術を背景としてはじめて可能となったのである。その点で、同じ石棺の変革といえども、五世紀後葉から六世紀前葉にかけての変革とは大きく事情が異なる。

しかし、この第三の画期を引きおこしたもっとも主要な原因も、単純に第二次波及の技術とそれを駆使した石工集団の活躍にあったとのみすることはできないのである。なぜなら、かれらの製作したものは、依然として、その多くが特定支配者層のみが必要とし、また、それを享受しえたものだったからであり(38)、石工集団の活動は、かれら組織し支配した者の手に委ねられていたからである。したがって、石棺を中心とする遺物、遺構の理解にあたっては、そのあたりをより深く追及しなければならない。

二　石工集団の性格

そこで、つぎには、古墳時代の石工集団の性格に関するいくつかの点について検討を加えたい。その場合、まず問題となるのは、いかにして特定の石工たち（これを「石工集団」と呼ぶ）を把握するかであるが、石棺では形態、利用石材、部材の結合技法、分布などから分析を加え、各要素がそれぞれ有機的に結びついた石棺群を抽出する。そして、この石棺群を特定の石材を用いて、特定の形態に作られ、特定の場所で（あるいは特定の人々に）使用されたまとまりあるものと理解し、そのそれぞれに特定の石工集団と、かれらを支配しその石棺を利用した特定の支配者層を推定するという方法をとった〔和田一九七六〕。

その結果、畿内の家形石棺では阿蘇ピンク石を用いる三輪型刳抜式石棺、二上山白石を用いる南大和型刳抜式石棺・葛城型組合式石棺・山畑型組合式石棺（一部竜山石をも用いる）、竜山石を用いる播磨型刳抜・組合式石棺、および阿蘇石を用いる九州刳抜式石棺群、二上山白石を用いる東大和組合式石棺群・石川右岸組合式石棺群の五つの「型」と三つの「石棺群」のそれぞれに特定の石工集団の存在を想定することができた(39)。

そこで、その他の石棺に関しては、今回、この方法を援用し、特定の石材を用いる特定の形態の石棺で、特定の地域を中心に分布するものに、それぞれ特定の石工集団の存在を推測することにした。すなわち、竜山石製の長持形石棺や笏谷石製の舟形石棺などにそれぞれ特定の石工集団の存在を認めるわけである。

ところが、以上の方法は、石工集団の製作物のほとんどが石棺に限られた段階と、第3期に入り、大型石材の利用がきわめて多様化した段階とでは自ずとその有効性に差があり、しかも、後者の段階では石工の「組織」はより複雑で、より規模の大きいものと考えられ、一つの石工組織に以上のような方法で抽出された石工集団が複雑で組みこまれていた可能性をも考慮されなければならなくなる。第1・2期の石工集団と第3期のそれとは性格においても差違を示すが、以上のような意味からも両者を区別して検討することにしたい。

(1)　第1・2期

①　古墳の築造と石工集団

現在の知見では、第1・2期の石工たちが残した遺物や遺構はいずれも古墳との関係で製作されたものばかりである。したがって、この時期のかれらの性格を窺うにはどうしても古墳の築造とかれらとの関係が、まず、検討されなければならない。そこで注目されるのは以下の事実である。

a. 竜山石製の長持形石棺にあたっては、それを納める竪穴式石槨や前後に付設された小石槨の天井石にやはり竜山石を用いる例が存在する〔間壁一九七五〕（前者の例は奈良県御所市室宮山古墳〔秋山一九五九〕・葛城市屋敷山古墳〔菅谷一九七五b〕、後者の例は京都府城陽市久津川車塚古墳〔梅原一九二〇〕[40]）。

b. また、石棺はなくとも竪穴式石槨の天井石に加工した竜山石を用いる例がある〔間壁一九七五、神戸一九七五〕（奈良県広陵町巣山古墳〔上田一九二七〕、兵庫県加古川市南大塚古墳〔北山一九七八〕・聖陵山古墳〔直良一九二七〕[41]）。

c. 刳抜式石棺では、阿蘇ピンク石を用いた三輪型を納める竪穴式石槨天井石に加工した花崗岩を用いる例（奈良市野神古墳）があり、香川県火山産の石（白色の含松脂石凝灰岩）とされる石材を用いた例〔間壁一九七四b〕でも刳抜式石棺を納める竪穴式石槨の天井石に同石材の縄掛突起の作り出されたものが用いられているらしい（岡山県備前市鶴山丸山古墳〔梅原一九三八〕[42]）。

以上の例はいずれも、単なる石棺直葬例の場合とは異なり、埋葬施設という古墳のもっとも重要な施設の構築を特定の石工集団が全面的に担当したことを物語る好例と考えられるのである。すなわち、石工たちは単に石切場にあって石材を切りだし、石棺を製作し、それを送り出していたというのではない。半完成品の石棺や天井石とともに、はるばる古墳築造の場に至り、そこで最後の仕上げをするとともに[43]、石槨をも構築していたのである。言い換えれば、少なくとも加工された大型石材を用いる古墳の築造にあたっては、石工集団は埋葬施設の構築を担当するものとして、それぞれの古墳築造組織に深く関与していたのである。

したがって、巨大な墳丘を築き、荘厳な石の埋葬施設を営もうとする支配者層にとって、石工集団はなくてはならぬものであった。ところが、どの首長も自ら自由に石工たちを組織しえたわけではなかった。たとえば、長持形石棺を主とする竜山石の場合は、一集団と思われる石工たち[44]は大王、ないしは畿内の特定有力豪族の支配下にあったと推測されるが[45]、畿内、およびその周辺では、五世紀後葉の三輪型の出現をみるまでは、他に明確な石工集団の存在を認めることができないのである。それゆえ、長持形石棺を納めた古墳を築いたということは、竜山石の石工集団がその古墳の築造組織に深く係わっていたことを示すとともに、その古墳の築造自体がかれらを支配していた特定の者の承認を得ていたことを示すにほかならず、それ以外には大型石材を加工した石棺なり、石槨なりをほとんど採用することができなかったと推察されるのである。換言すれば、それは「下賜」という行為の石工（技術）的なあり方を示すものにほかならず、古墳の築造自体が政治的意味をもった段階において、同一集団によって製作された石棺を互いに用いているということは、それを納める古墳の被葬者、あるいはその後継者の間にきわめて緊密な政治的関係が成立していたと指摘できるのである。特定の石棺群の消長に特定権力の盛衰を二重写しにしようという試みの根拠の一端はここにある[46]。

ところで、以上の例はいずれも古墳時代の前期後半から中期（石工技術の第1期）にかけてのものであるが、大型古墳の築造と石工集団の関係は後期（第2期）においてもほぼ同様であったと考えられる。そこで、このような事情を背景として、つぎに石工集団の性格を考えてみよう。

②　石工集団の性格

その場合、時期こそ異なるが、笏谷石を用いる石工集団と南大和型の石工集団とを比較するのがおもしろい。そこで、それぞれの特徴をまとめると表8のごとくである。

すなわち、両者はともに良好な軟質石材をもちながらも、第1・2期で製作したものは、現在の知見では、石棺の

表8　石棺群の比較

要素＼石棺群	福井舟形石棺群	南大和型家形石棺
石　　材	軟質で良好な笏谷石	軟質で良好な二上山白石
時　　期	4世紀中葉より6世紀後半	6世紀前葉より7世紀
製 作 数	約15例＋α	約28＋α
形　　態	蓋の形態，突起の数などと二，三類似するものはあるが，全体的に不統一.	途々に定型化が進行し，畿内の家形石棺を代表する型式を生みだす.
周辺の状況	周辺では，ほとんど石棺の製作はなかった.	長持形石棺に対する棺型式として登場し畿内の各地域ではそれぞれ独自の形態の家形石棺が製作された.
技　　術	最初は第1次波及の高度な技術を保持していたが，急速に退化し，最後は粗いチョウナ削り技法となった.	最初からチョウナ削り技法を中心とする技術で製作が開始されたが，技術の退化はなく，仕上げは一貫して丁寧であった.

みであり、豊かな可能性を秘めた石工技術も多方面に発揮されることはなかった。しかも、その製作量はその期間に比して非常に少ない。したがって、笏谷石例では、第一次波及の高度な技術も急速に退化していった。ところが、南大和型にあっては、チョウナ削り技法による仕上げといえども、その手法は最後まで丁寧さを保ち、棺の形態は顕著に定型化を示すのである。そして、その原因は両者の特徴の差、すなわち、周囲からの刺激の有無と、棺の型式化にみられる石工集団の組織化の強弱にあると考えられるのである。なぜなら、笏谷石例の場合とは異なり、第2期の畿内は、先に述べたごとく、石棺群の分立とでもいうべき状況を呈し、各首長層にとっては石工集団への支配を強化し、独自の棺型式を保持することが重要な意義をもったと推察されるからである。

したがって、以上の例を考慮しつつ、第1・2期の石工集団の性格をまとめれば、以下のごとく言うことができるであろう。

古墳時代の第1・2期には石工技術という特殊な技能をもった小集団が存在し、それぞれ特定の首長層の支配下にあった。しかし、かれらは各方面に自由にその技術を発揮することはできず、首長層の意思のもと、ほとんど古墳の築造とその儀礼に関係する石棺や石槨のみを製作していた。ところが、それらに必要とした時間はかれらの生活のごく一部であり、かれらは基本的には農民であった。したがって、かれらの技術はたえず消失する危険にあったが、石工とその技術を必要とする首長層はかれらを組織し、技術の保持を強要するとともに、自ら定めた形態の棺を作らしめた。ただ、棺の形態に対する配慮の程度や集団の組織化の度合いにはそれぞれ若干の差異があり、それが技術や形態のあり方にも微妙な差となって現れることになった。南大和型と笏谷石例はこの差の両極を示すものと考えられる。したがって、この段階においては、基本的に、作業の場を異にしての石工集団間の分業は考えられず、かれらは石切場のある「山」と一体のものとして特定の石材と結びついて存在していたといえるだろう。(47)石材の違いを石工集団の差とする考え方はこのことを下地としている。

なお、第2期を中心とする石工集団にみられるように、C技法群で軟質石材を加工する場合はチョウナによる作業がほとんどである。そこで、もし、この工具に古墳出土の袋状鉄斧をあてることができるとすれば、それは木工具と共通のものとなり、(48)かれらには石工道具として独自の形態と機能をもつ工具すら存在しなかったことになる。

以上が第1・2期石工集団の基本的性格であったと推測する。すなわち、石工集団とその技術は、首長層の意思のもと、古墳の築造とその儀礼を完遂するためにのみ存在したといっても過言ではないのである。そして、それは、なによりも、古墳時代という特殊な社会における手工業者とその技術の性格の一面をもっとも典型的に示しているのである。(49)

(2) 第3期

① 寺院の造営と石工集団

ところが、第3期に入ると、先に指摘したごとく、石工をめぐる状況は一変し、仏教文化の伝来とそれに伴う新しい石工集団の渡来により、石材の利用は質、量ともに飛躍的な発展をみせる。そして、それ以降、石工集団の活躍の場は徐々に古墳の築造から寺院などの大型建築物の造営へと移り、後者がその後の石工集団の性格を強く規定することになる。確かに、古い石工集団も古墳の築造という大規模な協業を経験してきてはいたが、寺院などの造営は、それらとは異なる次元の分業と協業とを必要とする、高度に組織化された体制のもとに遂行された。

そこで、まず、注目したいのは、この時期の石工を語る場合にしばしば引きあいに出される奈良県明日香村の飛鳥寺の事例である。なぜなら、この日本最古の寺院跡の礎石には、南門、西門、中門などの「花崗岩の剥離しやすい石で表面に円形の浅い繰出しがある」ものと、講堂の「堅緻な花崗岩で造られ、せいの高い截頭円錐形の繰出しがある」もの、および「凝灰岩の角切石」(「切石」)の三種類があり〔奈文研一九五八〕、それぞれの堂塔でみごとに使いわけられているからである。そして、これをどう理解するかについては、丸山竜平が以下のごとき注目すべき見解を出している〔丸山一九七二〕。すなわち、以上の礎石のあり方と「花崗岩製礎石を使用する建物には、全く凝灰岩質石材がみうけられない事実」から、飛鳥寺の造営にあたっては、花崗岩を扱う石工集団と凝灰岩を扱う石工集団が相互に分業、協業の対等な関係にあって、別個に各々の作業分担を完遂し、互いに交わること(技術交流も含む)がなかった、というのである(50)。

果たしてそうであろうか。そこで各堂塔と利用石材との関係を整理してみると表9のごとくである。その結果、丸山の二つの論拠のうち後者については、ただちにそれが事実誤認であることがわかる。しかも、塔や中金堂でみられ

表9　飛鳥寺における石材の利用状況（〔奈文研1958〕より）

種類 堂塔	礎　　石	基　壇　化　粧	そ　の　他
塔	心礎—方孔，溝等の加工 のある花崗岩 礎石—不明	壇上積┌花崗岩地覆石（一部加工） └凝灰岩羽目石（加工）	階段—花崗岩（加工）と 凝灰岩（加工）
中金堂	不明	壇上積┌花崗岩地覆石（一部加工） └凝灰岩羽目石（加工）	本尊台座—花崗岩組合 （加工） 燈籠台石—大理石
東金堂	上成—不明 下成—小さな大半加工さ れない花崗岩	特殊二重基壇┌上成—玉石 └下成—玉石	
西金堂	不明（東金堂に同じか）	特殊二重基壇┌上成—不明 └下成—榛原石 緑泥片岩	
講堂	背の高い截頭円錐形の操 出しをもつ堅緻な花崗岩	花崗岩（一部加工）	
中門	円形の低い操出しをもつ 剥離しやすい花崗岩	正面—花崗岩自然石 背面—一種の二重基壇—凝灰岩 （加工）	
南門	円形の低い操出しをもつ 剥離しやすい花崗岩	（全体として中門に似る）	西門の礎石は南門のそれ に類似する．
回廊	凝灰岩（加工） （石英安山岩のものを含 む）	雨葛石┌外側—玉石 └内側—榛原石・緑泥片岩 （北側では凝灰岩）	

るごとく、基檀の構築にあたっては、花崗岩を地覆石に、凝灰岩を羽目石に用い、両者の特性を活かしつつ、みごとに使いわけているのである（類例は明日香村川原寺の塔基壇[51]〔奈文研一九六〇〕）。また、回廊の礎石に凝灰岩（二上山白石と推定される）の「切石」を用いる点については、鈴木嘉吉が他に法隆寺回廊・僧房、東大寺僧房などを示し、「建物としては、やや従属的で一定規格のものが多量に必要なばあい」に多く用いられたと明解に指摘している〔鈴木一九六二〕。すなわち、すでに飛鳥寺の造営の段階で、後の寺院にみられるごとく、石材はその本来の特性にあわせて、みごとに使いわけられていたのである。したがって、それぞれの

石材に対応した、複数の石工集団が存在し、何らかのかたちでこの飛鳥寺の造営に係わった可能性が高いとしても、ここでは、その石材の自在な使いわけから整備された造寺組織の存在を推測しておく方がより適切であろう。
では、造寺組織とはどのようなものであったのだろう。ここでは、福山敏男により明らかにされた、奈良時代の法華寺造金堂所の組織を概観してみよう[52]（福山一九四三）。この造金堂所は造東大寺司の請けおった工事の出張所ともいうべきものと考えられるが、その組織は以下のごとくである（カッコ内は人数）。

別当(1)—案主(2)—領(11)—司工
- 仏工(1)・画師(7)・漆工(3)
- 丹工(1)・鉄工(4)・木工(13)・石工(3)
  - 山作工
  - 真作工
  - 足庭作敷工
- 鋳物工(5)・瓦工(1)・轆轤工(1)他
- 雑使(2)・優婆夷(1)

「別当」、「案主」は事務を執り、「領」は雑工夫などの指揮監督にあたり（領の一人、奏稲持は天平宝字二年ごろ「大坂山作の領〈石山の領とも呼ぶ〉」であったことがみえ、この造営に際しても大坂山に石材の採取を監督したかもしれないという（福山一九四三））、司工までが造東大寺司に属していたと考えられる。そして、工事中に使役された日雇いの工夫としては、石工に「山作工」、「真作工」、「足庭作敷工」が多数いて、それぞれ「石山所」と「足庭」（造営現場）に働いていたのである。山作工の働く石山所は「春日山」と「大坂山」とにあり、前者では花崗岩と思われる礎石を出し、後者では二上山白石と推測される「大坂の白石」を基壇、敷石などの用材として山取りしていたのであり、足庭では足庭作敷工が白石を作り敷き、真作工が礎石類の仕上げを行っていたのである[53]。

すなわち、その組織はピラミッド型のすぐれて官僚制的なものであり、石工はその末端に他の仏工、鉄工、木工などとともに連なっていたのである。しかも、石工作業の分化は大いに進み石切場と造営現場とで、また、造営現場でもその担当に応じて、石工たちは明確に呼びわけられていたのである。しかし、恒常的な造寺組織のなかに正式に組みいれられていた者は石工のなかのごく一部であり、大多数は雇工として臨時的に造寺に加わっていたにすぎないのであり、その賃金も、対象とした石材の質を問わず、一律に日に一〇文と雇工のなかでは土工などとともに、最低のものだったのである。(補註4)

七世紀代における造寺組織の実体については詳らかでないが、工人の雇用、非雇用を別にすれば、たとえ以上のごとく統合、整備されたものでなくとも、それはすでにこの原型ともいうべき形をとっていたのであろう。

② 石工集団の性格

では、この第3期における石工集団はどのような状態にあったのであろう。この点をもう少し検討してみるために、造寺関係（以下、大型建築物の造営を代表して使う）以外で把握しうる、当時の畿内とその周辺の主だった石工集団を掲げてみよう。

まず、その一は、第2期以来、二上山白石を用いて家形石棺を製作してきた古い石工集団で、南大和型、葛城型、山畑型、東大和組合式石棺群、石川右岸組合式石棺群などのそれである。その二は新しい石工集団と考える、花崗岩を用い、切石横穴式石室や横口刳抜式石槨、あるいは特殊な石造物群などを製作した諸集団であり、(54)榛原石を用い主に磚槨式石室を製作した集団、寺山石英安山岩を用い主に横口式石槨を製作した集団である。そして、その三は古い石工集団に新しい石工集団が直接的に係わったと推察される竜山石の播磨型家形石棺の集団である。

すると、興味深いことに、新しいと推測される石工集団も、第2期のそれと同様に、特定の地域で、特定の石材を用いて、特定のものを製作していたのであり、しかも、花崗岩製の特殊な石造物を除けば[55]、その製作物のほとんどは古墳との関係で製作されていたことが判明する。すなわち、少なくともここに姿を現した第3期の石工集団は、言い換えれば、現在われわれが造寺関係以外で把握しうる石工集団の多くは、第2期のそれと同様に、特定の支配者の下に、特定の山、特定の石材と結びついて存在していた小集団と推察されるのである。

したがって、これを敷衍して考えるならば、造寺の場に、たとえごく少数の特殊な立場の石工がいたとしても、第3期の石工集団の性格は、基本的に、第1・2期のそれとあまり変わらなかったということができるであろう。そして、そこには、特定の支配者の下を離れ、山を離れた多数の雇工の姿は認められないのである。

では、この時期に起こった大きな変化はどこに求められるのであろうか。ここで、再び、飛鳥寺の事例に戻ってみよう。すると、この寺の造営には花崗岩と凝灰岩（二上山白石と推定できる）のほかに、榛原石、「石英安山岩」緑泥片岩、大理石（晶質石灰岩）など、量に多少の差異はあるものの、各種の石材が用いられているのである〔奈文研一九五八〕。したがって、上記の判断を基礎とし、造寺における多数の石工の必要性を考えあわせれば、そこには、少なくともそれぞれの石材に関連する石工を中心とした複数の石工集団の存在が予測されるのである[56]。主要な堂塔の礎石に花崗岩が最適であることを除けば、他はいずれも凝灰岩で代用しうるにもかかわらず、あえて各種の石材を用いている点もこの見解を支持するであろう。ところが、当時の造寺関係では、このように複数の石材を用いることは一般的なことであったと推測され、たとえば、榛原石は川原寺、紀寺、定林寺、和田廃寺や伝飛鳥板蓋宮跡、藤原宮などでも使用されているのである〔菅谷一九七五ａ〕。したがって、結論的にいえば、造寺にあたっては、各地域に分散的に存在していた複数の石工集団が徴発され、これを助ける農民などとともに、工事の手順に従って再編成されたものと推察される[57]。

すなわち、この時期の石工集団に起こった最大の変化は、大規模工事での複数の石工集団による分業と協業という労働組織上の変化として捉えることができるのである。そして、この労働編成のあり方は古墳の築造にも及ぼされ、その結果として、花崗岩切石横穴式石室のなかに竜山石製の家形石棺が納められ、複数の石材でもって石室や石槨が築かれることになったと推測されるのである。(58)

ただ、それぞれの場における石工集団編成の実体は複雑で、たとえば、使用されている石材の種類だけ、それぞれの石材に関連する集団が加わり、自ら拠ってたつ石材のみを加工したというほど単純なものではなかったと推測される。なぜなら、たとえば、少なくとも新しい石工集団は、たとえ寺山石英安山岩や榛原石を用いる集団であっても、かれらは花崗岩をも処理することができたのであり、事実その技量を発揮した可能性も高いからである。言い換えれば、この段階になって、石工集団は、その多くが在地ではそれぞれ特定の石材を用いながらも、特定の場においては複数の種類の石材をも加工する現象が新たに起こりつつあったと推測されるからである。そして、そのような場こそが、造寺や特定の古墳の築造といった、複数の石工集団による大規模な協業が予測される場だったのである。石材採掘者と加工者といった場を異にしての分業も、このような状況下において、はじめて出現してきた現象と考えられるのである。

したがって、大規模工事における複数の石工集団の分業と協業の関係は確かなものと推測されるものの、また、基本的には特定の石材は特定の石工集団と結びついていたと考えられるものの、以上のような新しい動きが造寺における石工集団編成の実体をきわめて捉え難いものにしているのである。そのため、ここでは、今回用いた方法的限界を超えて、より以上の推論を重ねることは避け、具体的な検討は他日を期したいと思う。

しかし、いずれにしても、この段階での大規模工事におけるかれらの作業の差は、あくまでその場かぎりの作業の分担であり、一時的な分業にしかすぎなかったのであって、基本的には、古墳時代特有の集団の性格を保持しつつも、新しい労働の形態を強いられたものと推測することができる。そして、その性格は第3期も後葉に入り、大陸的な様式をそなえた都城の建設が始まり、白鳳寺院が爆発的に造営されるなかで大きく変質し、奈良時代のそれへと至るものと予測される。そして、そのなかで、石工は専業化し、その技術はより広範に保持されることにはなるが、常勤専門工人に近い、恒常的な組織内に組みこまれた石工はごく僅かなものに限られたのであり、自立的な石工の出現は古代末期〔遠藤一九七四〕までまたなければならないのかもしれない。

おわりに

本章の目的は、第一に古墳時代の石工技術を包括的に把握することにあり、現状を総括するという意味では、ある程度所期の目的を達成することができたと思う。しかし、けっして多くはない資料によったがために、その空隙は少なくなく、それを埋める作業はこれからである。

つぎに、第二の目的は、技術の変遷と石棺それ自身の動向から、当時の石工集団の性格を窺い、かれらを組織した支配者層との関連を追及することにあった。それは、古代においては「政治は技術者の諸労働を政治的に編成するのみならず、技術そのものを政治編成する」〔三浦一九八二〕という一般的命題を古墳時代における石工を通じて検討する作業でもあった。結果的に「通説」をどこまで超え得たかは別として、できるだけ実証的にこれと取り組んだつもりである。ただ、第3期については、現状では十分議論を展開しえないため、資料の蓄積と方法論の検討をまって再び考察を加えたい。

註

（1）大型石製遺物・遺構の調査報告で工具痕について触れたものはけっして少なくはないが、多くは仕上げ段階のものである。注目すべきものとしては、尾崎喜左雄が群馬県を中心とする横穴式石室の用材を自然石、割石、削石、截石に区分し、水みがきの例をも加えて、その時期的変遷を考察したこと〔尾崎一九六六・七一〕、丸山竜平が滋賀県下の花崗岩製家形石棺に残されたタガネの痕跡に注目し、それらと飛鳥の花崗岩製遺物・遺構との関係を指摘したこと〔丸山一九七一〕、泉森皎が奈良県香芝市所在の石棺材を紹介する折に「小叩き」と「削り」の両者の存在を指摘したこと〔泉森一九七三〕、あるいは置田雅昭が矢穴技法について検討を加えたこと〔置田一九八二〕などを掲げることができる。また、最近では、二上山周辺で石棺の未製品〔増田一九八〇〕・石切場跡〔奥田一九七九・八一〕の発見があいつぎ、一部が発掘調査されたことが注目される〔松田一九八二〕。

なお、横穴の掘削工具では、橋口達也が福岡県の横穴例より石膏型をとり、「手斧形鉄器」（袋状鉄斧）による荒掘、U字形鍬先による荒仕上げを想定しているのが興味深い〔橋口一九七五〕。

また、全般については川勝政太郎の『日本石材工芸史』（一九五七）が参考になった。なお、〔鳥居一九七三〕には文献資料の収集がある。

（2）作業工程の各段階における細かな工具の使い分けや、「水とぎ」の後の文字や文様を彫る段階などは省略した。

（3）矢穴の仕上げ道具として用いられる「タガネ」の一種で、先端が少し平たくなって刃がついている。

（4）民俗例においても主たる対象とする石材の硬軟の差により工具やその用法に多少の差異がある。各種の「ツルハシ」を多用するのは軟質石材をおもに利用する石工たちである。

なお、兵庫県の竜山石や香川県の鷲の山石などを利用する石工の間で「刃ビシャン」と呼ばれる、「チョウナ」の刃先に凹凸を付けた敲打専用の工具が使われているのが注目される、特色ある列点状の痕跡を残し、大陸での使用も古くより認められる。石工技術の一つの流れを追うには好資料となるだろう。

（5）この場面に描かれている工具については、〔川勝一九五七〕をはじめ、しばしば誤って理解され、「チョウナ」風の工具があるとの指摘が多い。「ツルハシ」と「タガネ」であることを正確に指摘したものには〔渋沢一九六六〕がある。

（6）石材の同定は肉眼観察によったが、笏谷石以外の多くは間壁忠彦、間壁葭子らによりX線回析法や松脂岩の屈折率の分析などで同定がなされており〔間壁一九七四a・b、一九七五・七六など〕、おもな石材の略称方法も含めてそれを採用した。また、岩石学的な呼称については秋山（肥塚）隆保氏のご教示をえた。なお、畿内の石棺石材の分析には〔奥田一九七七・八二〕などもあるが、今回は参考にとどめた。

(7) 福岡県大牟田市古城山古墳の阿蘇石製組合式家形石棺では、「長側板の両端には切り込みを設ける際の割付線が一〜二本観察された」との報告がある〔佐田一九七二〕。検討を要する。

(8) 古墳からの出土品との対応では、「チョウナ」に袋状鉄斧の一部を、「刃付タガネ」に中実棒状のノミ状鉄器をあてることは可能であろう〔註22参照〕。「セット」と「タガネ」に類するものは、やや小型のものが出土しているが、いずれも鍛冶工具とされている（たとえば〔野上一九六八〕）。今回は両者の関係については深入りしないが、ここで想定する工具は、「ビシャン」以外は、充分ありえるものと思う。また、福岡県筑紫野市剣塚1号墳からは、「ヤ」に類する長さ約五センチの鉄器が出土しているが〔石山一九七八〕、「ヤ」であったとしても後世の石材収集時のもので、後述のごとく、古墳時代には「矢穴技法」の存在は考えられない。なお、「セット」、「チョウナ」は片頭・両頭を問わない。

(9) 〔尾崎一九七二〕では「ビシャン」をさすと思われる「びしゃ」という工具で叩いて削り目を消したとして、古墳時代におけるこの種の工具の存在を推測している。

(10) 石の宝殿の場合は、〔西谷一九六八〕で「岩盤の節理と考えてよいであろう」とされているように、石材の最後の面の割りとりに横方向の節理面をうまく利用している。地元の人々はこのことをさして「スワリ（横方向の節理面）にのっている」と表現しているが、この節理面はきわめて強く明確なもので、本体の約三〇チセン下を横に走り、後方の掘り残しの上面（今の歩道）をなし、さらに丘陵部へとのびている。「浮石」と呼ばれる由縁である。

石の宝殿が岩盤から掘りだされたものであることは広く知られているが、この技法が当時の一般的な山取りの一技法であったという認識はほとんどない。ただ、〔間壁一九七八〕においては石の宝殿との比較で、鹿谷廃寺や岩屋の岩盤から直接掘りだされた石塔〔川勝一九五七、大阪府一九七〇〕に注目し、石の宝殿がけっして特殊なものでないことを暗示している。なお、石の宝殿に対するこのような理解はその用途論とも深く係わるところであるが、今回は触れない。

(11) 「石棺状突出痕」が石材を掘りだしたあとの痕跡か、これから掘りだそうとして「寸法取り」し、割れ目に気づいて放棄したもの〔奥田一九七九〕かは、表面の風化が激しく速断はできない。しかし、この痕跡が高さ約六、七メートルの崖の最下部に位置することからすれば、これから掘りだそうとするには不適当で、上から順に掘りだしたとする奥田氏らの考え方（それは正しいと思う）にもあわない。突出部のまわりの溝状の部分を、必要とする石材の四周を掘りぬき最後に残った奥面の少し手前で割りとった結果の痕跡（鹿谷廃寺壁面の例も同じである）と考え、横掘りの掘割技法を想定するのが妥当かと思われる。註12参照。

(12) 「掘出技法」を予測したとしても、石材の四周を掘る手順は〔奥田一九七九〕のごとく最後に底部を掘ると考えるよりも、事前に底部を掘りぬき、そこにコロなどをかませて、最後に奥の面を掘りとるのが合理的であろう。

(13)〔尾崎一九七二〕では「凝灰岩などの軟かい石を切ったままで使用しているのと、面をかいたり、割ったり削ったりして、平らにして使用しているのと」を「ひっくるめて切石」と呼び、「この石材のうち面の各隅角を直角に整え」「面を削ったり、『びしゃ』で叩いて削り目を消したり、さらに磨いたり」した角材を「切石と区別して截石とよんでいる」。「切石」、「截石」ともにここでいう「切石」とは内容が異なる。

(14)北垣聡一郎氏のご教示による。なお、発掘調査では奈良県川原寺の西金堂において、礎石を抜く際に石を焼いて割ったと推測される木炭と花崗岩細片が発見されているが、近世のものであるという〔奈文研一九六〇〕。

(15)奈良県天理市ウテビ山2号墳の調査で矢穴痕と線引きの朱線を残す花崗岩片を発見した置田雅昭は、矢穴技法について再検討を行っているが〔置田一九八二〕、そこで「十三世紀中葉における技術的革新は、矢の利用にあると考えたいが、今のところその使用例を近世以前にさかのぼらせる直接的な資料はない」と述べている。同感というほかはない。なお、〔河上一九八〇〕では奈良県室生村向坊古墳の横穴式石室の用材（室生火山岩）に「矢痕」が残され、高度な石割り技術がうかがえると指摘しているが、〔置田一九八二〕に適切な批判がある。その痕跡は少なくともここでいう「矢穴技法」の矢穴痕ではなく、意図して彫られた穴とも思えない。室生火山岩特有の板状節理を利用して打ちこまれたクサビ痕の可能性はあるが、他と比べて技術レベルの高いものとは考えられない。

(16)丸山竜平は「烏帽子タガネ」様工具の痕跡としている。「烏帽子タガネ」は「平タガネ」（刃付タガネ）に比して刃の幅が狭く、厚いものをさす。なお、大津市里町の花崗岩製刳抜式石棺身にもタガネ状の痕跡が残されているという〔丸山一九七一〕。

(17)奈良県平群町西宮古墳〔梅原一九三五〕の竜山石製刳抜式家形石棺の底部外面（図19—13）や、明日香村中尾山古墳〔秋山一九七五〕の石槨の花崗岩製底石内面などの工具痕は、若干の差はあるものの、やはりタガネ技法による粗作りの痕跡かと考えられる。

(18)畿内の家形石棺では印籠蓋の技法をとるものは五世紀後葉から六世紀前半にかけての古式のものに限られる〔和田一九七六〕。なお、兵庫県では高砂市阿弥陀地蔵院裏庭の刳抜式石棺身がやはり印籠蓋を受ける型式をとっている〔栗山一九三五〕。

(19)〔西谷一九七〇〕では、「まず縦の溝をいれた後、横方向の溝を刻んだようである。それは縦の溝が上下にとおっているのに対し、横の溝が一線をなさないことから明白である。また縦の溝の断面は半円形をなし、横の溝が四分の一円形にちかいのは、溝の方向によるノミのいれ方の違いにもとづくのであろう。」という興味深い指摘がある。ただ、横溝については、いくつもの箇所で、上のブロック側を斜めに掘り、下のブロック側を垂直に近く掘っているが（図18—5）、これはブロックを割りとる折に上からたたきやすくする工夫と考えられる。

(20)〔西谷一九七〇〕には孔の内部には一六のブロックに区切られたこと、工作はそれらを剥離した段階で終わり、それ以上の整形をしていないことの指摘がある。

(21) 益田岩船の例からみれば、この溝切技法は単に石材の表面の粗作りばかりでなく、石材の内部を刳りぬく技法としても用いられたことがわかる。溝切技法の例は本文中の二例のほかには奈良県斑鳩町竜田御坊山三号墳〔泉森一九七七〕の花崗岩製刳抜横口式石槨があり、大阪府柏原市平尾山西峯古墳の同様な石槨にも認められるという〔吉岡一九七九〕。

なお、ほぼ同時期の、ともにタガネを用いて花崗岩を処理する粗作りの技法に溝切技法とタガネ連打法の両者が認められることは興味深い。剥ぎとろうとする石片の大小による技法の使い分けと考えるのが妥当であろう。

(22) チョウナによる粗作りについては、橋口達也が横穴の掘削工具の復元から粗掘りに「手斧形鉄器」を推定したことも参考になる〔橋口一九七五〕。なお、奈良県香芝市で発見された軟質の石棺未製品には「先の突った丸ノミ状器具」の痕跡が観察できるという〔増田一九八〇〕。その工具はタガネにあたるかと思われるが、もしそうであったとしても、後の石工技術の変遷で述べるごとく、阿蘇ピンク石製の三輪型刳抜式石棺を製作した石工たちは五世紀後葉においてもなお花崗岩をも処理しうるタガネ技法が存在したためであって、価値はあるが特殊な事例と考える。

(23) 石材の表面を敲打して平滑に仕上げるという技法は二万年前から一万五〇〇〇年前といわれる大分県豊後大野市岩戸遺跡出土のコケシ形石偶（結晶片岩）〔芹沢一九七四〕にまで遡る（佐原眞氏ご教示）。弥生時代には比較的大型の石製品が出現するが、大阪府茨木市東奈良遺跡出土の第一・四号流水文銅鐸鎔笵や銅鐸鎔笵破片六・七では外面の整形に敲打具技法がみられる〔藤沢一九七六〕。また、岡山県倉敷市楯築遺跡の亀石〔近藤一九八〇b〕にもこの技法が施されているかと思われる。なお、これらにはみがきの技法も認められるし、東奈良遺跡の第二号流水文銅鐸鎔笵には刃のある工具の痕跡も残されている〔藤沢一九七六〕。それらの評価は註29参照。

(24) 奈良県桜井市艸墓古墳〔梅原一九三五〕の竜山石製刳抜式家形石棺（播磨型、図19—10）や大阪府羽曳野市観音塚古墳〔梅原一九三五〕の寺山石英安山岩製横口式石槨などの痕跡は佐渡相川の「タタキ」風の工具による可能性も残る。

(25) 中司照世氏のご教示を得た。

(26) 花崗岩類においても光沢をもつまでにはいたらないみがきもある。なお、水みがきの報告のあるものには奈良県斑鳩町竜田御坊山三号墳の花崗岩製横口式石槨〔泉森一九七七〕、高取町高取城の用材で石室などの転用材（花崗岩か）と考えられている例〔河上一九七六〕、群馬県前橋市蛇穴山古墳の安山岩製横穴式石室〔尾崎一九六六〕などがある。

(27) A・B・Cのそれぞれは当時の石工技術全体を構成する多くの技法の部分的な組みあわせであることから「技法群」とした。

(28) 表7に用いられている家形石棺の「三輪型」、「南大和型」などの内容については本書九二頁表5参照。〔和田一九七六〕に詳しい。

(29) 愛知県犬山市東之宮古墳の竪穴式石槨には岐阜県可児市から運ばれたと推定されている凝灰岩製の天井石が用いられており、「内面はタガネで水平にけずられ、側面はさらに平滑に研磨」されているという〔杉崎一九七四〕。小林行雄が四世紀の後葉よりさかのぼらない〔小林一九六五〕とされた石棺例より若干古く遡る例であろう。大型石材の利用は、石棺に先だち、竪穴式石槨天井石に始まった可能性もある（〔間壁一九七五〕にも同様な指摘がある）。なお、註23のごとく、やや大型の石材の利用は弥生時代にも認められるが、銅鐸鎔范例は他の技術の一部として包括されているものであり、楯築遺跡の亀石例は類例のないものであることからすれば、やはり、その本格的な利用は古墳時代に入ってからのこととしなければならない。

(30) 阿蘇石製の石棺では、最も古い一つと考えられる熊本県宇土市向野田古墳の舟形石棺では、棺蓋外面に削り跡があり、その裏面には磨きがかかるという〔富樫一九七八〕。京都府八幡市茶臼山古墳の舟形石棺〔梅原一九一六〕にもチョウナ削り痕がある。阿蘇石製の石棺類には、いまだ、敲打痕は認めていない。

(31) このことは、当時の刳抜式と組合式との差を、けっして、石材の性質や技術の問題としてのみ、かたづけてしまおうとするものではない。両者の差には重要な政治的意味があったものと考えている〔和田一九七六〕。

(32) 香川県の鷲の山石例の場合は、仕上げに敲打具技法が認められ、チョウナ削り技法も丁寧であるが、それは石棺群の時期が「四世紀後半から五世紀初に位置づけ得るもの」〔藤田一九七六〕といわれているように、製作を終える時期が早かったことによる。

(33) 横穴式石室などの用材に加工した凝灰岩質石材を用いる場合などは残存していく。

(34) 奈良市野神古墳の三輪型石棺を納める竪穴式石槨天井石が加工された花崗岩であることからみて、三輪型にはA技法が残されていたとみてよい（註22参照）。

(35) 播磨型家形石棺のなかでも、奈良県御所市新宮山古墳二号棺例〔天沼一九一三〕などはチョウナ削り技法で仕上げられている。しかし、この例は同じ竜山石といっても淡黄色でやや砂質のやわらかい石材であり、加古川右岸では高室付近に類例が認められる。使用例は少ない。なお、天理市荒蒔石棺は通有の竜山石例であるが、この例にも刃のある工具痕が認められる〔置田一九七九〕。山畑型の一部（竜山石製）を除き、きわめて特殊な例である。

(36) 丸山竜平は滋賀県下の石棺の分析より、凝灰岩から花崗岩への材質への転換が六世紀初め前後に起こり、花崗岩製石棺は組合式から刳抜式へと変化したとし、花崗岩製組合式石棺の出現に新しい石工集団の渡来を想定している。また、「石舞台古墳のような巨石をもちいた石室の構築こそは、飛鳥寺の造営にあたって指導者として渡来した石工の技術によって、はじめてつくりえたものではなかろうか」〔坪井一九六一、八九頁〕とした坪井清足の考え方を批判的に採用し、新しい石工集団の渡来を巨石横穴式石室に求めて、それを奈良県橿原市の見瀬丸山古墳〔小島一九六五〕の示す六世紀の七〇～八〇年代と推測し、前の見解と合わせて、六世紀後葉における新しい石工集団の渡来を予測した〔丸山一九七一〕。

しかし、この見解には二つの問題がある。その一つは、花崗岩製組合式石棺を製作したものが、系譜的に花崗岩製刳抜式石棺の石工集団に続くかどうかであり、他は巨石横穴式石室の築造が新しい石工集団の渡来を示すかどうかである。第一の点では、花崗岩製組合式石棺は身の石材の組み方（長持形石棺と同じ）などからみて、家形石棺ではなく（蓋の発見例なし）、いわゆる「組合式箱形石棺」とみられる（類例は三重県亀山市釣鐘山古墳などにもある〔小田一九七五〕）。また、その分布は坂田郡一例、野洲郡一例、守山市一例、高島郡一例、大津市一例ときわめて散漫で、後の花崗岩刳抜式石棺の集中箇所のある分布とはまったく異質である。したがって、それらは第一次波及の技術の流れをくむ技術で、分散的に製作された組合式箱形石棺と考えられ、新来の石工集団の出現は花崗岩製刳抜式石棺にこそ求められるべきであろう。また、巨石横穴式石室と新しい石工技術との関係であるが、石室用材の巨石化は漸次的なものであり、しかも用材は基本的に自然石である。したがってそこには石材運搬技術の着実な進歩は求めえても、新しい石工技術の出現を求めることは無理であろう。

なお、第3期における新しい石工技術をもった工人の渡来の仕方については、たとえば『日本書紀』推古天皇二〇年の条にみえる「須弥山の形及び呉橋」を作ったという「路子工」「名は芝耆摩呂」のごとく〔坂本一九六七〕、より個別的なものもあったであろうことを考慮しておきたい。

(37) 蓮華文が彫られている奈良県御所市水泥古墳〔網干一九六一〕二号棺の石材については、間壁氏は竜山石としつつも、やや問題があり将来の検討を要するとしている〔間壁一九七六〕。ここでは、家形石棺の形態、技法が播磨型そのものであることから、播磨型に加えている。

(38) 和田萃は、飛鳥川東岸に所在する弥勒石は、その設置が七世紀前半ごろまで遡らせうる「木葉堰に使用された大石の一部分であり、それが後に東岸に引きあげられ、手を加えて石像とされて、現在に至ったもの」と推測し〔和田一九七三〕、石工技術が灌漑施設などの建設に活用されたことを示唆した。実体は不明であるが、それらの施設に加工した大型石材が用いられたとすれば、主に第3期以後のことであろう。二上山白石が水にもっとも弱いことも考慮されなければならない。なお、註36に引用した「呉橋」については「中国風の石橋であろうか」〔坂本一九六七〕とされているが、不明である。

(39) 「型」とするには内容の不十分なものを「石棺群」とした。東大和のそれは三輪型と、石川右岸のそれは南大和型との密接な関係が予想される。なお、九州刳抜式石棺群と三輪型の一部は舟形石棺とすべきだと考えるが、ここでは通説どおり家形石棺に含めた。

(40)　大阪府藤井寺市津堂城山古墳の長持形石棺は凝灰岩製といわれているが〔大道一九一二〕、それを納めた竪穴式石槨の天井石の一つとされる八幡神社入口の碑石〔藤井一九八二〕は加工された竜山石である。なお、〔間壁一九七五〕には阿蘇石と阿蘇ピンク石製の刳抜式石棺を出土した大阪府藤井寺市長持山古墳の竪穴式石槨天井石に竜山石が用いられていた可能性が指摘されているが、もし、そうだとしても、特殊な例でもあり、今回はあえて取り扱わない。

(41)　聖陵山・南大塚古墳については北山惇氏のご教示をえた。なお、奈良県広陵町新木山古墳の墳頂にも、竪穴式石槨天井石かと思える竜山石が露出している。

(42)　鶴山丸山古墳では石棺材だけが火山産の石と同定されている。凝灰色といわれる天井石には縄掛突起が作りだされているが、同様な天井石をもつ香川県さぬき市けぼ山古墳例〔六車一九六五〕もまた火山産の石である〔間壁一九七四b〕。なお、京都府八幡市茶臼山古墳の阿蘇石製舟形石棺例でも、その竪穴式石槨天井石は凝灰岩製であったという〔梅原一九一六〕。

(43)　二上山白石製の南大和型家形石棺を納める滋賀県高島市鴨稲荷山古墳では、横穴式石室の壁のなかに石棺の残材である石片がまじり、石材をその場で加工したものと推測されている〔浜田一九二三〕。なお、この例では、棺身の場合、内部を刳りぬいて運ぶと、その重量はそうでない場合の約三分の二ですむ。

(44)　竜山石の石工集団はさらに小集団に分かれる可能性がある。

(45)　間壁忠彦・間壁葭子は長持形石棺を「葛城の棺」として、葛城氏との関係で捉えている〔間壁一九七五〕。

(46)　なお、石棺が持ちはこばれた事実の背景には、必ず運搬ルートの確保という問題があり、その視点からみると、各地に点在する石棺も互いに連続する線、あるいは面としての広がりを示すことになる。

(47)　〔川勝一九六〇〕にも「古代にあっては伝統の技術と伝統の材料は固く結ばれていた」との指摘がある。ただ、複数の石工集団が相近い石切場によっていたような場合は、石材採掘権というような政治的関係から、自らの石切場をもたない集団もいた可能性がある。なお、石棺石材とは異なる加工石材を石槨天井石に用いる例もあるが、類例は少なく、異なる石工集団による協業とは考えられない。

(48)　刃付タガネや横穴掘りに使われたU字形鍬先を考慮しても同様である。

(49)　田辺昭三は、須恵器生産における第一次の地方窯の成立を、同様な視点から捉え、「最初は地方首長による古墳築造に伴い、新たな葬祭儀礼の導入を契機として、陶邑窯からの工人の移動によって開始されたものであろう」〔田辺一九八一〕としている。ともに葬送儀礼を媒介とした「下賜」の一つの型を示すものと理解できる。

(50)　二種類の花崗岩製礎石に対しては、「きわめて熟練した石工人とさほど熟練していない石工人の二者があった可能性がある」として、後者は「徴発を受けた一般農民であったかもしれない」と指摘している〔丸山一九七一〕。なお、飛鳥寺の石工技術の評価では、川勝政太郎が、礎石の加工も「素朴」であることなどから、「飛鳥時代に仏教建築がはじまったといっても、その石造工作は、いわゆる大陸的な大きい規模で行われたものではないようである」と述べているのが注目される〔川勝一九六〇〕。

(51) 川原寺では、西金堂と中門の基壇の地覆石には玉石が用いられている〔奈文研一九六〇〕。二上山白石が耐水性に欠けることを思えば、地覆石には花崗岩や玉石がふさわしい。

(52) 福山敏男によれば、「工事は（恐らく）造東大寺司が行ったが、その経費は前記の施納者より受けたものを以て充てた」〔福山一九四三〕とされている。また、工事は天平宝字三年（七五九）から同四年にかけて行われたと推測されている。なお、文書は完備したものではない。

(53) このほかに、足庭では多くの仕丁、雇夫、雇女などが働いており、作業を助けたものと思われる。

(54) 花崗岩を扱った集団は、極論すれば、一集団であったかもしれないが、ここでは方法論的に、複数の集団としか捉ええない。

(55) 欽明天皇陵古墳の付近で発見された猿石は墳墓に関係ある遺物とされているが、多くは用途不明である。ただ、須弥山・道祖神などはその構造や出土地点の調査結果〔石田一九三六〕などから、庭園の構築物の一部とも考えられている。〔坪井一九六二〕

(56) 坪井清足は飛鳥寺の花崗岩切石に百済工人の存在をみ、凝灰岩の「切石」にかれらの指導下に働く在来の技術者を考え、榛原石の板状割石と同石材を用いる磚槨式石室との関連を指摘している〔坪井一九五八〕。なお、緑泥片岩や大理石に関しては、当時に特定の石工集団の存在を認めることはできないが、前者は紀の川・吉野川流域を中心に後期古墳の石材としても用いられており、それに関連する人々を想定することもできる。大理石については、後代も時々の利用はあるが、この石材を主たる対象とする石工の存在は考え難く、花崗岩を処理した石工集団の仕事かとも考えられる。飛鳥寺の報告中の「石英安山岩」が寺山のそれをさすかどうかは不明である。

(57) 石工の徴発がどの程度の範囲にまで及んだかは不明であるが、少なくとも播磨や近江の石工集団はしばしば徴発を受けたものと推定される。それを超える地域からの徴発があったとしても、かれらは基本的に第2期以来の古い石工集団であり、多くは一般農民と大差なかったであろう。それらの地域に新しい石工技術が及ぶのは各地での造寺に伴ってのことと推察される。

(58) たとえば、奈良県明日香村中尾山古墳の横口式石槨は天井石と底石が花崗岩、側石が竜山石であり〔秋山一九七五、間壁一九七六〕、牽牛子塚古墳では横口式石槨が二上山白石、外部閉塞石が寺山石英安山岩であり〔間壁一九七六、網干一九七七〕、大阪府富田林市お亀石古墳では横口式家形石棺の本体が二上山白色、閉塞石が寺山石英安山岩で〔高橋一九一三、間壁一九七六〕、寺山石英安山岩は羨道部側壁においても花崗岩とともに使用されている。

（補註1）　この石材については最初は二上山ピンク石としていたが、後に阿蘇熔結凝灰岩の通称・阿蘇ピンク石（地元名・馬門石）と判明した〔高木・渡辺一九九〇〕。

（補註2）　竜山石の詳しい岩石学的検討については〔先山二〇〇五〕に詳しい。

（補註3）　滋賀県下の金勝山周辺の花崗岩製剤抜式石造物については中世の手水槽との指摘がある〔兼康一九八五〕ため、古墳時代の検討対象からは除外することにする。

（補註4）　〔吉田一九九七〕には、土工などともに、最低の賃金で雇工として臨時的に造寺に加わっていた石工の嘆きが記されている。

第三章　古代の石工技術の再整理

はじめに

古墳が造られた三世紀中葉から七世紀にかけての時期は、列島の社会に大型石材を本格的に処理する技術がはじめて定着し、花開いた時期である。ここではその石工技術の具体的な内容を検討するが、手順としては、まず最初に、民俗資料によって石工技術の概要を紹介し、つぎに個々の遺物・遺構にみられるさまざまな技法をそれとの関係で検討する。そして、それらの技法を編年的に整理して、二系統の体系的な技術として復元し、最後に石工集団やその製作物の性格についても若干触れることにする。(1)

一　石工技術の概要

まず、石工技術の体系を概観し、作業工程と工具、およびその用法について一定の理解を得るために民俗資料を検討すると、新潟県佐渡相川の例〔宮本一九七三〕は図17〔本書一〇五頁〕のごとく整理できる。

作業工程は、作業場によって明確に区別され、石切場で石材を切りだし、一定の形に粗造りする「山取り」段階と、それを細工所に運び、製品として加工処理する「細工」段階に分かれ、「山取り」段階は「山取り」と「荒作り」の二つの小段階に、「細工」段階は「すみ引き」・「ふち取り」・「小造り」・「目つぶし」・「水とぎ」の五つの小段階に区別される。

① 「山取り」段階の作業の中心は岩盤から石材を切りだすことにあり、溝や「矢穴」を彫るために「切山タガネ（図1―2）や「ソコツキ（3）」と呼ぶ先き尖りのノミと「セット（5）」を用いる。そして、「矢穴」に「ヤ（1）」を「ゲンノウ（4）」で打ちこみ、割れたところで、「ワケ（カナテコ）」をさしこんで切りはなす。

② 切りだされた石材は「荒作り」され、細工所に運ばれるが、この作業には、つぎに述べる「ソバヨセ」と「セット」、あるいは「コヤスケ」が用いられると推定される。

③ 「細工」段階では、まず、「荒作り」した石材に目的に合わせて「定規」と「スミツボ」とで「すみ引き」し、それにそって不要な部分を「ソバヨセ（6）」と呼ぶ刃付ノミと「セット」、あるいは「コヤスケ（7）」で「ふち取り」し、石材を所定の形に整える。

④ これが終わると、つぎには石材の表面を平らに仕上げる「小造り」に入るが、これは「タガネ」か「ノミ（ソコツキ）」を「セット」で打って行う。石垣石や石塔などには、この段階で仕上がりとなるものが多い。仕上げをさらによくするためには、刃のある工具である「チョウナ（10）、「タタキ（11）」、「ナラシ（8）」をこの順にそれぞれ刃の方向を直角に交差させながら敲打して「目つぶし」を行う。軟らかい石の場合は「チョウナ」を使うが、硬い石の場合は「ビシャン（9）」（カナヅチ状工具の先端の敲打面に格子状の溝が彫られ、多くの小突起が作りだされているもの）で一気に仕上げるという。

⑤ こうして一応の仕上げが終わると、最後は砥石で「水とぎ」する。

現在に残る石工技術は、対象とする石材の硬軟によって差異があり、集団によっても道具の形態や呼称などに若干の違いがある。

そこで、いま一つ、花崗岩のそれに似た安山岩系の石工技術と阿蘇熔結凝灰岩系の石工技術の両者がみられる大分県国東半島の例〔段上一九八三・四八〕を紹介すると、表10のごとくである。作業工程は両者とも相川の例と基本的に同様であるが、技術は、安山岩系のそれが相川例と類似するのに対し、凝灰岩系のものは「山取り」段階の溝や矢穴を掘るのに大小の「ツルハシ」を、「細工」段階に大小の「ヨキ」（一種のタテ斧）を多用する点に大きな差異がある。軟質石材における「山取り」での「ツルハシ」の多用は福井市の笏谷石の民俗例でもみられるが、そこでも「細工」に一種のヨコ斧ともいうべき「チョウナ」が盛んに用いられている。軟質石材の「細工」段階には刃のある工具の多用が目立つ。

表10　大分県国東半島の作業工程と工具（〔段上1983・84〕より作成）

作業工程		阿蘇熔結凝灰岩	安山岩
山取り	山取り	ツルハシ	
		大ヨキ	
		小ツルハシ	
		ソコザラエ	ヤマノミ・ソコウチ
		ヤ	ヤ
		ツチ	セットウ
		ゲンノウ	ゲンノウ
		カナテコ	カナテコ
	荒取り	大ヨキ	ハツリ 平ノミ・セットウ
細工		定規・スミ	定規・スミサシ
		中・小ヨキ	コヤスケ
			セットウ
		マルノミ	彫刻ノミ・平ノミ
		スミキリ	小ヨキ・ニアシ
		ナラシ	ビシャン
（みがき）		砥石	砥石

注　基本的でない工具は省略した．大小のヨキは一種の「タテ斧」，コヤスケ・ニアシは一種の「ヨコ斧」，ハツリは先尖りのカナズチ，ソコザラエ・ヤマノミ・ソコウチ・彫刻ノミは一種の「ノミ」，マルノミ・スミキリ・平ノミは一種の「刃付ノミ」である．ハツリが相川の「コヤスケ」に，コヤスケが「チョウナ」に相当する．

以上によって、硬軟の石材を用いる石工技術の概要はつかみえたと思う。今回は触れないが、江戸時代中期の『日本山海名産図会』〔千葉一九七〇〕や鎌倉時代前期の『当麻曼荼羅縁起絵巻』〔名児耶一九七九〕などの古記録の例もこの範囲で理解することができるだろう。

二　遺物・遺構に残された諸技法

では、つぎに具体的な資料の検討に入るが、それに先だち、二、三の点について整理をしておきたい。

その第一は、石工技術と密接に関連する石材の硬軟についてである。ここではそれを、経験的に、二上山流紋岩質含松脂石凝炭岩（二上山白石）・阿蘇熔結凝灰岩（阿蘇石）―福井県輝緑凝灰岩（笏谷石）・香川県石英安山岩質凝灰岩（鷲の山石）―流紋岩質凝灰岩（竜山石）―花崗岩類の順でより硬質になるものと推定する。竜山石は凝灰岩とはいっても硬質で、硬軟両方の性格をもつ。

第二は作業工程の区分についてである。現状では、古墳時代の製作物について民俗例の作業工程をそのまま採用するのは不適当と判断し、具体的には石棺の製作過程を想定しつつ、石材の切りだしを「山取り」、石棺内部を刳りぬき、棺の形がほぼできあがるまでの成形段階を「粗作り」、その後の表面調整の段階を「仕上げ」と呼んで区分する。相川の例と比べれば「山取り」段階の「荒造り」から「細工」段階の「ふち取り」程度までがほぼ「粗作り」に相当し、以後、「みがき」（「水とぎ」を変更）までが「仕上げ」となる。

第三は、工具の名称についてである。出土品に明確な石工用の工具がない状況で(2)、機能分化した民俗例の呼称をそのまま用いることはできないため、ここでは本文で用いる工具の呼称をつぎのように整理する。

「ヤ」、「セット」、「ゲンノウ」はそのまま用いる。「タガネ」、「ノミ」の類では、「切山タガネ」、「ソコツキ」、「ヤマノミ」、「ソコウチ」、「彫刻ノミ」のように工具の先端が尖ったものを「ノミ」（「タガネ」を変更）とし、「ソバヨセ」・「平ノミ」・「マルノミ」のように先端に刃をもつものを「刃付ノミ」(「刃付タガネ」を変更)とする。

柄付きのものでは「コヤスケ」(相川)、「ハツリ」、「小型ツルハシ」などのように先端の尖ったものを「柄付ノミ」(「小型ツルハシ」を変更)とし、先端に刃をもつものでは、柄に直交する刃をもつ「チョウナ」、「コヤスケ」(国東)などを「チョウナ(ヨコ斧)」、柄と並行する刃をもつ「タタキ」、「大小のヨキ」、「ニアシ」などを「ヨキ(タテ斧)」(「タタキ」を変更)とする。「チョウナ」や「ヨキ」は削ることも叩くこともできるが(ただし、「タタキ」や「ニアシ」は叩き専用)、削り痕では両者の区別はできても、敲打痕ではその識別が困難な場合がある。また、「柄付ノミ」の敲打痕は「ノミ」との区別が難しい。

(1) 山取りの技法

① 掘割技法

この技法は、必要とする石材の四周を大きく掘りとったあと、岩盤につながる最後の一面を割りとる技法で、縦掘りと横掘りの二者がある。縦掘りでは、大型石材を対象とした兵庫県高砂市石の宝殿(図18—1、竜山石、七世紀)を指摘できるが、それは、大規模な掘削の後に製作物(石槨と推定)を粗仕上げし、横方向の節理面を利用して最後の一面(2)を割りとる段階で放棄されたものと理解される。横掘りでは、大阪府太子町岩屋峠西方で発見された二上山白石の石棺石材のものかと推測される山取り痕(奥田・増田一九七九)がそれにあたると推定されるが、付近の鹿谷寺跡の壁面には小規模な横掘りの後に断面方形の石材が割りとられた痕跡(3、時期不詳)がいくつも残されている。

ところで、この掘割技法との関係で注目されるのは、長崎県西彼杵半島において、平安時代末期から中世にかけて盛んに製作された滑石製石鍋の山取り技法である(下川一九七四、正林・下川一九八〇)。そこでは、①岩壁面への割りつけ（連続的に石材を取りだすための方眼割りつけもある）、②横方向の掘りだし（4、この段階で石材はすでに粗く所定の形に整えられている）、③最後の面の割りとり、④内部の刳りぬきと口唇部・鍔の調整、⑤研磨などの仕上げ、の順で作業が進行したと考えられている。掘りだされる石材の大きさはせいぜい数十㌢であるが、その山取り技法は、鹿谷寺跡のそれと類似し、まさに、掘割技法そのものといえるのである。

　したがって、現状では類例はけっして多くはないが、掘割技法は古墳時代、ないしは飛鳥時代において竜山石より軟質の石材の山取り技法として成立し、古代・中世へと存続したものと推測する。[補註1]なお、軟質の大型石材の場合は岩盤に接する最後の一面も掘りとる「掘出技法」の存在も推測することが可能であろう。[補註2]

②　自然石の利用

　では、花崗岩類のような硬質石材の場合はどうであろうか。結論的にいえば、知見では古墳時代から奈良時代にかけて用いられた花崗岩類の石材はいずれも自然の塊石、ないしはその自然崩壊したものを利用したと考えられる。したがって、当時においては花崗岩類を岩盤から切りだす技法も、それらの石塊を所定の線にそって大きく割りとる方法も存在しなかったものと推測する。そして、この技術的限界が後述の粗作り段階の「溝切技法」を生みだす結果になったものと考えられるが、その技法は山取りの「掘割技法」と密接に関連しているのである。

　なお、大型石材を割りとる技法との関係で検討しておくべきものが二つある。

　一つは「火砕技法」とでも呼ぶべき技法で、『続日本紀』宝亀元年（七七〇）の条に、花崗岩類かと推定される「飯森山之石」でできた西大寺東塔の心礎を割るのに、柴を積んでこれを焼き、三十余斛の酒を注いでこれを粉砕した話が残されている。この技法は、ここでは、後世の築城の折などには岩盤を整えるのに用いられた技法であることからすれば、大型石材の粗作り段階での使用も考えられるが、現状では例がない。

他は、民俗例にみられるような、目的の線にそって矢穴を穿ち、これに矢を打ちこんで大石を割りとる「矢穴技法」の問題である。本稿では当時にはこのような技法は存在しないとの考えに立って話を進めている。ただ、「掘割技法」の最終段階や亀裂のある自然石の割りとりに、木工技術にみられるような、「クサビ」が用いられた可能性は十分ある。しかし、両者には原理的には相似たものではあっても技法の完成度においては著しい差異を示すものであり、厳密に区別する必要があるだろう。(補註3)

(2) 粗作りの技法

① 線　引　き

山取りされた石材を粗作りするのに先だって行われる「線引き」については、従来は、それかと推定される線刻例が若干知られていた程度であった。しかし、群馬県吉岡村（現吉岡町）南下A・E号墳の横穴式石室において、はじめてその本格的な例が発見された〔松本・桜場・右島一九八〇・八一〕。そこでは、四壁を構成する角閃石安山岩の加工石材の表面に、赤色顔料によって縦横に引かれた多数の「朱線」が認められ、石材との関係では、石材の上下・左右の端面にそって引かれたもの、石材の切組部分の面にそい、その延長に引かれたもの、石材の端面とは関係なく引かれたもの、の三種が存在する。報告者により石室構築過程との関係をも含めた詳細な検討がなされ、ここでいう「線引き」の機能をもつものと、石室構築の際の作業基準となるもののあることが指摘されている。両古墳の石室の設計尺が唐尺であるとの考察とともに注目される。

② ノミ叩き技法

セットでノミを叩いて石材の表面を整えたり、その内部を刳りぬいたりする「ノミ叩き技法」（「タガネ技法」を変更）

は、機械化以前の硬質石材を中心とする石工技術のなかではもっとも基本的で重要な技法であった。しかし、現状においては、粗作り段階のこの技法を実証しうる例はきわめて少なく、奈良県平群町西宮古墳の家形石棺（竜山石、七世紀）底部外面の敲打痕（図19―13）などがそれと推測できる程度である。しかし、後述のごとく、粗作り段階に「ノミ連打法」や「溝切技法」が確認され、仕上げ段階に「ノミ小叩き技法」が多用されていることから判断すれば、それらの技法の基礎をなす「ノミ叩き技法」は花崗岩や竜山石などの硬質石材の粗造り段階に盛んに用いられていたものと推測される。

「ノミ連打法」（「タガネ連打法」を変更）は、この「ノミ叩き技法」の一種で、やや斜めに倒したノミの先端を上げずに少しずつずらしながらセットで連打していく技法で、「ノミ叩き技法」のなかでも工具の使用により習熟した技法ということができるものである。その場合、工具痕は不整形な窪みが溝状に連続する独特なものになるが、兵庫県姫路市姫路城内の家形石棺（図18―6、竜山石、七世紀）や群馬県総社市山王廃寺塔心柱根巻石（七世紀）〔津金澤一九八三〕などにそれが残されている。ただ、この技法はノミによる粗作り段階の作業のなかでは後半にあたるもので、石材の表面を平滑にするための下地作りともいうべき作業に伴うものである。ノミによる粗作り作業自体には、この連打法を行う前に、石材を所定の形に整えたり（西宮例）、内部を刳りぬく作業があるのであり、粗作り段階の「ノミ叩き技法」はその全体をさすものとしておきたい。

③　溝切技法

奈良県橿原市の益田岩船（花崗岩、七世紀、石槨と推定）に残された格子状の溝（図18―5）に代表されるもので、硬質石材から比較的大きなブロックを剥離したり、内部を刳りぬくのに用いられる技法である。その手順は、①石材の処理面に格子状の溝を刻み、②溝に囲まれた方形のブロックを打ちわり、③最後は後述の「ノミ小叩き技法」で平滑に仕上げるものと推定される〔西谷一九七〇〕。現在、岩船の下半に残る格子状の溝が①の段階、上面の穴の底で格子状の溝の痕跡を残す粗い面が②の段階、南西側の、かすかに溝の痕跡を残すものの平滑に仕上げられた斜面が③の段階にあたるものと思われる。

ところで、この技法は、先述の山取り段階における「掘割技法」の小規模な作業の繰り返しに類似するもので、滑石製石鍋の方眼割りつけによる連続的な石材の採掘方法に酷似している。硬質石材では溝に囲まれたブロックが割りとるべき不要の部分であるのに対し、軟質石材ではそれが切りだすべき必要石材という差はあるものの、両者は一つの技法の二つの側面ということができる。また、この「溝切技法」は硬質石材に溝を彫ることをまず第一の前提とする技法であるが、そこでは、ノミとセットを用いる「ノミ叩き技法」が駆使されたと推定される。その意味では、「溝切技法」は「ノミ叩き技法」に技術基盤を置く一技法ともいえるのである。

④　チョウナ削り技法

この技法はチョウナによる削りをさす。軟質石材に特徴的な技法で、刎谷石や鷲の山石以下の軟質石材を用いた石棺の多くが、この技法によって粗作りされたと推定される。より硬質の竜山石では、生駒山西麓の組合式家形石棺（山畑型）の一部などにそれが認められる程度である。工具の痕跡はチョウナの刃による削り痕であるが、石棺などに見られる削りの精粗には著しい差があり、粗作り段階で終わっているもの（図19—6）から丹念に仕上げられたもの（4）までが存在する。言い換えれば、軟質石材では粗作りから仕上げまでが「チョウナ削り技法」で行われたと推測され、その場合の両段階の差はチョウナの使い方による相対的なものと考えられる。チョウナが強く深く削ることも、細かく浅く削ることも、あるいは細かく敲打することもできる工具だからである。ただ、粗作り段階の「チョウナ削り技法」は強い削りが主体で、敲打することはない。この工具の刃先には丸みをもつものも、直線的なものも存在する。

なお、刃をもつ工具としては、他に刃付ノミやヨキがある。刃付ノミは石棺の内部を刳りぬき、特に隅を加工するのに有効な工具で、隅では激しく打ちこまれたチョウナ痕と刃付ノミ痕とは区別がつきにくい場合が多い。したがって、明確な資料は提示できないが、粗作り段階における「刃付ノミ削り技法」の存在も推測しておきたい。ただ、ヨキについては仕上げ段階を含め、現状では、その使用は不明というほかない。

⑤　工具としての自然石

石材を処理する工具はいつも道具として完成したものばかりであったわけではない。『日本山海名産図会』の御影石の山取りにおいて、ヤの打ちこみに、ゲンノウとともに、一抱えもある石が使われているように（ただし、この場合は使いやすいように加工されているようだ）、石材の加工にはけっこう自然の石が使用されたものと推測される。大分県中津市勘助野地遺跡の出土品はそのことを示す珍しい例であるが、その一号方形周溝墓の溝内から主体部の箱式石棺に使われた安山岩片とともに円礫を利用した敲石・磨石や砥石が検出されている〔村上一九八八〕。安山岩製の箱式石棺が同県北部に普遍的な棺であるだけに〔清水・高橋一九八二〕、板状石材の端部や接合面の粗作りから仕上げ段階の工具として注目される。

(3)　仕上げの技法

今日、石棺や石室の表面に観察される石工の技法のほとんどは仕上げ段階のものである。そこでそれらを分類すると、細かな不整形の凹凸よりなるａ類、刃のある工具によって削られたｂ類、刃のある工具によって敲打されたｃ類の三つに大別される（図19、本書一一五頁）。

① ノミ小叩き技法

まず、a類は先端がとがった工具による細かな叩きの痕跡（9・11・12）であり、具体的な工具としてはノミや柄付ノミが想定される。そこで、これを「ノミ小叩き技法」（「敲打具技法」を変更）とする。ビシャンに類似した工具の使用も推測されるが、細かな凹凸が敲打の単位を示す例を確認できず、現状ではその使用について否定的である。この技法の対象となった石材は、一時期のものを除けば、おもに花崗岩や竜山石などの硬質石材である。

② チョウナ削り技法

b類の、刃のある工具による削り痕（3・4・7・8など）はチョウナによるものと考えられ、これを「チョウナ削り技法」とする。ほとんどの削り痕は、削りの方向に向かって浅い匙面をなし、削りの後に工具がなめらかに浮くように用いられたことを示している。粗作り段階と同様、この段階でも刃付ノミやヨキによる削りも否定できないが、その工具痕からみて仕上げ段階での刃付ノミやヨキの使用はあまりなかったものと推測される。この技法の対象となった石材は軟質石材で、比較的硬質の竜山石では、仕上げ段階にはこの技法はほとんど認められない。

③ チョウナ叩き技法

ところで、先述のごとくチョウナは削ることも叩くこともできる工具であり、刃のある工具による敲打の痕跡であるc類（図18―7、図19―2・10）はそれによるものと考え、これを「チョウナ叩き技法」（「チョウナ敲打技法」を変更）とする。ただ、刃あるもので叩くこともできる工具としては他にヨキがあり、その使用も推測できるが、現状では両者を工具痕から区別することができない。後述の第一次波及の技術に伴うc類が軟質石材に認められ、第二次波及のそれに伴うc類が比較的硬質石材にみられることからすれば、前者がチョウナによる叩きであったとしても、後者はヨキに含めている佐渡相川の「タタキ」のような叩き専門の刃のある工具によった可能性もある。

④　みがき技法

仕上げの最終段階で石材の表面を平滑にし、研磨する「みがき技法」には少なくとも二つのものが考えられる。一つは砥石以外の工具をこすりつけ、叩きや削りの工具痕を消す「ならし技法」で、民俗例では国東の軟質石材を対象とした「ナラシ」の技法にあたる。他は砥石を用いて研磨する「水みがき技法」である。ただ、石棺などの風化の具合もあって、両者の区分は難しく、前者と推定する例には福井市山頂古墳舟形石棺例（図18―3）などがあるにすぎない。「みがき技法」は石棺内部や他の部材との接合面（5）に施される場合が多いが、硬質石材において石材の表面が光沢をもつまでになった「水みがき技法」の確例は奈良県明日香村中尾山古墳の石槨例を知るのみである。

三　二系統の石工技術

では、このような石工の諸技法はどのように組み合わさって一つの体系的な技術を構成し、変遷したのであろうか。ここでは、それを製作物の編年と使用石材と仕上げ段階の技法を基準としながら（表11）、若干の推測をまじえて、復元的に述べたい。

(1)　第一次波及の技術

本格的に大型石材を加工する技術は、古墳時代の前後に二次にわたって朝鮮半島より伝わったと考えられる。

その第一次のものは古墳時代前期のもので、これまで、その波及時期は、本格的な石棺の製作が始まる前期後半に求められてきた〔小林一九六五〕。しかし、京都府木津川市椿井大塚山古墳の竪穴式石槨天井石（安山岩）において、他

表11　仕上げ技法の時期的変遷（家形石棺の類型は表5参照）

		ノミ小叩き技法	チョウナ叩き技法	チョウナ削り技法
古墳時代	前・中期	**石工技術の第1次波及** 長持形石棺 松岳山古墳―花崗岩・鷲の山石 宮山・車塚古墳ほか―竜山石 舟形石棺 蛭子山古墳―花崗岩 快天山古墳―鷲の山石 （御野山古墳―笏谷石） 竪穴式石槨天井石 宮山古墳―竜山石	舟形石棺 沖出古墳―砂岩 龍ケ岡古墳―笏谷石 （安福寺―鷲の山石―ごく細かい削り）	舟形石棺 八幡茶臼山古墳ほか―阿蘇石 唐臼山古墳ほか―鷲の山石 宝石山古墳ほか―笏谷石 三輪型ほか―阿蘇石
	後期	竪穴式石槨天井石 野神古墳―花崗岩 家形石棺　播磨型―竜山石		畿内の家形石棺―二上山白石 出雲の家形石棺―荒島石ほか
飛鳥時代		**石工技術の第2次波及** 家形石棺 播磨型―竜山石 切石横穴式石室 岩屋山・西宮古墳―花崗岩 塼槨式横穴式石室・横口式石槨 忍坂8号墳ほか―榛原石 横口式石槨 鬼の爼ほか―花崗岩 御嶺山古墳棺台―二上山白石 礎石類・飛鳥石造物群―花崗岩	家形石棺 艸墓古墳―竜山石 宝塔山古墳―輝石安山岩 横口式石槨 観音塚古墳―寺山石英安山岩	畿内の家形石棺 南大和型他―二上山白石 横口式石槨 塚穴山・石のカラト古墳他―二上山白石

の天井石との接合面が直線的に処理され、「みがき技法」までが施されている事実が端的に示すごとく、その時期は少なくとも古墳時代前期初頭にまでは遡るものと考えられる。巨大でしかも規格性のある前方後円墳の築造開始に際して、中国・朝鮮からの土木技術の影響を推測するならば、その技術の一環として石工技術が伝来してきた可能性が高い。

この第一次波及の技術の内容は表12のようであったと推測する。花崗岩の利用例は少ないが、硬質石材に対応する技法は竪穴式石槨天井石への利用に始まる竜山石（兵庫県加古川市南大塚古墳・聖陵山古墳）の製作物に比較的よく残されており、仕上げはいずれも「ノミ小叩き技法」を示す。他方、軟質石材では、初期のものには「ノミ小叩き技法」や「チョウナ叩き技法」が施されているのが特徴で、仕上げが「ノミ小叩き技法」の例は粗作り段階も「ノミ叩き技法」

表12　第１・２次波及技術の主要な技法

作業工程		山　取　り	粗　作　り	仕　上　げ
系　統	石　質			
第１次波及の技術	硬　質	自然石	（ノミ叩き技法）	ノミ小叩き技法
	軟　質	自然石 （掘割技法）	チョウナ削り技法 （刃付ノミ削り技法）	ノミ小叩き技法 チョウナ叩き・削り技法
第２次波及の技術	硬　質	自然石	ノミ叩き技法 ノミ連打技法 溝切技法	ノミ小叩き技法 チョウナ叩き技法
	軟　質	掘割技法	チョウナ削り技法 （刃付ノミ削り技法）	ノミ小叩き技法 チョウナ叩き・削り技法

で行われた可能性も残されている。

いずれにしても、第一次波及の技術は石材の硬軟を問わずに処理しえた一つの体系をなす石工技術であったと推測される。表12では石材の硬軟によって技法を書きわけているが、それは、この技術が波及してきた段階での石材の硬軟による技法の使いわけであって、石材の硬軟に対応した別々の技術が別々の集団によって担われていたことを示すわけではない。ほとんどすべてが軟質石材で作られた舟形石棺（割竹形石棺を含む）においても、その初期には硬質石材をも加工しうる「ノミ小叩き技法」や「チョウナ叩き技法」が認められ、京都府与謝野町蛭子山古墳の舟形石棺では花崗岩をも処理していることがそれを示している。しかし、第一次波及の技術が全国各地に定着し、それぞれ特定の石材でもって石棺などを製作しだした段階においては、その利用石材の質に応じて急速に変質していったのである。

(2)　第一次波及の技術の変質

第一次波及の技術によって製作されたものは、ほとんどすべてが古墳に関連するものであった。それも、多くは石棺のみに限られ、それ以外では、竜山石などで竪穴式石槨天井石が、阿蘇石で石人・石馬が作られた程度である。しかも、利用石材のほとんどが軟質石材であったことが、古墳時代の石工技術とそれを駆使する石工集団の性格を大きく決定した。

特に、軟質石材を用いた舟形石棺では急速に技術が退化し、前期のうちに「ノミ小叩き技法」や「チョウナ叩き技法」といった硬質石材をも処理しうる技法がみられなくなり、「チョウナ削り技法」も石棺外面を中心に細かな削りから粗い削りへと変化し、最後には外面を粗作りで終えるものまでが出現するようになるのである。製作量が少なく、石棺形態の型式化が弱いものほど、一般的には退化の速度が速かったと考えられる。

ただ、竜山石を用いる石工集団のみでは、第一次の硬質石材を処理する技術が良好に保持され、盛んに竪穴式石槨天井石や長持形石棺が製作された。凝灰岩とはいっても竜山石が花崗岩につぐ硬さを有していたからだけではなく、長持形石棺が当時の大王をはじめとする王権中枢の有力首長層にのみ用いられた特別な型式の棺であったことが、それを可能としたものと考えられる。型式の安定した棺ほど、その形態のもつ政治的・社会的意義が大きく、それだけに、それを実現する技術の安定した保持が望まれたものと考えられるのである。

ところで、古墳時代後期に入ると、畿内では軟質の二上山白石を用いて各地でそれぞれ固有の形態をもつ家形石棺の製作が始まるが、そこではチョウナの多用がめだち、仕上げはほとんどすべてが「チョウナ削り技法」で行われている。竜山石では長持形石棺の製作が終わり、伝統の技法で家形石棺が作られるが、この段階での製作量はいまだ少ない。横穴式石室が普及し、花崗岩等の大型石材が多用されだしたとしても、それらはほとんど加工されることはなかった。畿内においては、第一次波及の技術で処理された花崗岩製品は、後期中葉前半の奈良県奈良市野神古墳竪穴式石槨天井石でもって終わっていたのである。

第二次の石工技術が波及してきた段階における畿内の状況は以上のようであった。大型石材の利用が活発化し、型式化の進む家形石棺が盛んに製作されていたとはいっても、第一次波及の石工技術は大きく変質し、特に硬質石材の加工には向かないものとなっていったのである。

(3)　第二次波及の技術

ところが、古墳時代後期末、ないしは飛鳥時代初頭以降になると状況は一変し、奈良盆地南部を中心に大型石材の利用範囲が急速に拡大し、花崗岩を中心に各種の石材が盛んに用いられるようになる。

ここにその顕著な例を列挙すると、①花崗岩が横穴式石室、横口式石槨、寺院等の大型建造物の礎石類、あるいは特殊な石造物などの製作に多用された。②家形石棺では竜山石製のものが盛行し、西日本の各地に持ちはこばれるとともに、滋賀県や広島県では花崗岩製のものが作られた。③畿内周辺ではそれまでほとんど利用されなかった石材の開発が始まり、寺山石英安山岩や室生火山岩（榛原石）などが、石室、石槨、あるいは建築用材として使われた、等々である。そして、それらの表面にはしばらく姿を消していた技法が復活し、他方ではまったく新たな技法が出現してくるのである。

すなわち、この時期においては、新しく伝来した文化のもとに、硬軟の石材に対する需要が急激に高まり、それを保証する石工技術の革新が遂行されたのである。そして、この技術の革新を担ったのが、すでに指摘されているごとく〔坪井一九六二〕、この時期に新しく渡来してきた造寺、造宮、造園などに係わる石工集団であったと推察されるのである。そこで、この時期に新しく伝わった石工技術を第二次波及の技術と呼ぶ。

この第二次波及の石工技術の内容は表12のように推測される。花崗岩の多用によって特徴づけられる硬質石材においては、粗作りに「ノミ連打技法」や「溝切技法」がはじめて出現し、仕上げには「ノミ小叩き技法」や「チョウナ叩き技法」が多用されているのである。この時期を特徴づける「切石横穴式石室」の「切石」とは、実は「ノミ小叩き技法」による仕上げのことをさす。寺山石英安山岩や榛原石の開発もこの新しい技術によるものと推測される。

他方、軟質石材では、山取りに「掘割技法」が確認できる以外は第一次のものと大差ないものと考えられる。しかし、けっして多い例ではないが、軟質石材では長く姿を消していた「ノミ小叩き技法」や「チョウナ叩き技法」が再び認められる点が注目される。

すなわち、第二次波及の技術は「ノミ叩き技法」に基礎を置く硬質石材の加工において、第一次波及の技術よりは大きな進歩が認められるのである。しかし、両者における何よりも大きな差異はその技術の背景をなす文化にあるのであって、第二次波及の技術には、製作物が用いられるべき寺院や庭園などの複雑な構築物に対しての広い知識や、それを飾る新しい意匠といったものまでが含まれていたものと推察される。「尺」の問題もそのなかの一つであるが、この時期に横穴式石室の設計尺が高麗尺から唐尺へと大きく変化することを考えれば、第二次波及の技術のなかに唐尺が含まれていた可能性が高い。南下A・E号墳の横穴式石室も唐尺で設計されたと推定されているが、そこには「朱線」も伴っているのである(3)。

なお、この段階には、少なくとも第一次波及の古い技術で軟質石材を用いて伝統的な石棺を作る石工集団と、第二次波及の新しい技術で硬質石材を用いて新出の礎石等を作る石工集団とが並存することになるが、新しい石工集団は古い石工集団に人的にも技術的にも直接・間接の影響を与えた。この時期さかんに作られた竜山石製の播磨型家形石棺にみる蓮華文(図18―9)や二上山白石に見る「ノミ小叩き技法」(大阪府太子町御嶺山古墳の格狭間が刻まれた棺台など)がそれを暗示している。

おわりに

以上で石工技術についての検討を終えるが、石工技術の問題はこれにとどまるわけではない。技術を駆使した石工集団や製作物の性格が技術のあり方に大きな影響を与えていたからである。

古墳時代の石工集団は、第一次波及の体系的な石工技術を保有する小集団として、各地の特定の首長層の下に組織され、その意図のもとに古墳に係わる製作物、特に石棺を製作した。その作業形態はいわば「山つきの石工」とでも呼ぶべきもので、かれらは特定の石切場・特定の石材と結びつき、石切場で石棺を粗作りし、供給先まで運搬したのち、現地で仕上げを行ったものと推測される。しかし、その製作量は決して多くはなく、かれらは基本的には農民で、必要に応じてのみその技術を駆使したものと考えられる。したがって、その技術は外からの拘束がないかぎり、たえず退化・消滅の危険にあった。特にチョウナの技法が発達した軟質石材の集団にはその傾向が顕著で、なかには石工独自の工具がすでに失われ、木工具や土木開墾具と共通の工具を用いた集団も現れたかと推測される。

ところで、このようなかたちで製作された石棺は首長層のみが用いることのできた棺であり、特定の石工集団が製作した石棺はかれらを組織した首長とその同族的、ないしは政治関係者にのみ用いられたのである。多くの場合、その分布範囲は旧郡を二、三合わせた程度であるが、なかには長持形石棺や一部の阿蘇石製舟形石棺のように、この範囲を大きく超えて遠方にまで持ちはこばれたり、石工が派遣される場合があったのである。

言ってみれば、石棺の製作とその配布は首長層のきわめて政治的な行為に裏打ちされていたのであり、石棺の社会的・政治的意義がとりもなおさず石工集団そのものの存在意義だったのである。その意味では、古墳時代の石工技術とそれを保持した石工集団は、政治的に編成された技術と集団の典型ということができるだろう。

飛鳥時代にはいり、石工集団には第一次波及の古い技術をもつ集団と第二次波及の新しい技術をもつ集団が並存することになり、寺院造営のような大規模な作業場においてそれまでにはなかった分業と協業を経験することになる。石材の硬軟にわかれての分業形態が現れるのは少なくともこの時期以降のことであろう。そして、奈良時代の造寺組織のなかの石工の形態に近づくのは、七世紀も後半に入ってからのことと推察される。

註

(1) 本章は第二部第二章の論文を下敷きにしている。したがって、具体例や細部の問題についてはそちらを参照していただければ幸いである。今回、工具名や技法名を一部変更したが、その場合は、新名の後ろのカッコ内に旧名を記し、「ノミ」(「タガネ」)を変更)などと表記した。石工技術の研究史は省略したが、〔川勝一九五七〕や〔尾崎一九六六〕に始まるこの分野の研究の蓄積はいまだ少ない。主要なものはできるだけ本文で触れるか、参考文献に掲げることにするが、〔津金澤一九八三〕は群馬県の飛鳥時代のものについて、〔花田一九八八〕は横穴を掘削する技法について詳しい。また、石棺などの石材の材質については〔間壁一九七四a〕や奥田〔一九八五〕などの一連の研究、および〔高木・渡辺一九九〇〕を参考にした。

(2) 古墳出土遺物との対応では、木工具と類似し、チョウナに袋状鉄斧を、ノミや刃付ノミに中実棒状や袋状のノミ状鉄器をあてることは可能である。ノミとセットは、これに類する小型のものも出土しているが、すべて鍛冶工具とされている。石工専用の明確な工具がほとんど存在しないとすれば、それがこの時期の石工技術の性格を端的に示すことになるが、特に軟質石材を用いチョウナ技法が卓越する集団では専用の工具がなかった可能性も十分考えられる。

(3) 最近、奈良県葛城市の石光寺において白鳳期の寺院跡とともに二上山白石製の石仏が発見され、『当麻曼荼羅縁起絵巻』の弥勒石仏の説話を実証するとともに、この時期の石工のもつ技術や知識の幅を示す重要な資料を提供した。また、同寺の礎石の上面に柱のあたりを示す「朱線」が見られることも注目される。河上邦彦氏ご教示。

(補註1) 鹿谷寺跡と同様の「方眼割付の掘割技法」の跡は同じ二上山西側の大阪府太子町楠木石切場跡遺跡でも発見された〔井上・山本編一九九八〕。六世紀~九世紀前半、一二世紀後半~一四世紀ごろのものとされている。

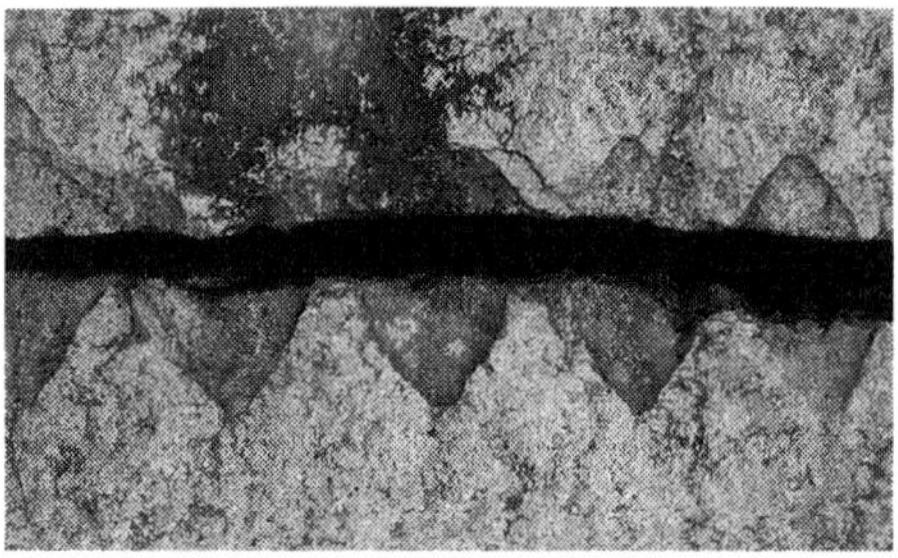
図20　韓国・感恩寺基礎石の矢穴痕

（補註2）　中国・南京市の郊外に残る明の永楽帝の陽山碑林（一五世紀）は、岩盤から巨大な石材（三万トン以上という）を掘出技法で採取する最後の段階近くで放棄されたものと考えられる。

（補註3）　矢穴について

後世、石材を岩盤から切りだしたり、石材を大きく割りとるために用いられる「矢穴技法」の確実な古代例は発見されていないし、第一章のような状況から判断しても、その存在には否定的である。現在もっとも遡る矢穴痕跡は、鎌倉時代の、いずれも花崗岩製の、弘長二年（一二六二）銘のある京都府木津川市所在阿弥陀笠石仏や、弘長三年銘のある奈良県高取町観音院宝篋印塔、正和五年（一三一六）銘のある兵庫県加古川市報恩寺五輪塔などに認められる縦断面が幅広舌形のものである〔森岡・藤川二〇〇八〕。ただ、韓国の七世紀前半の益山市弥勒寺跡（百済）や、七世紀後半の慶州市感恩寺跡・四天王寺跡（統一新羅）などの石材に、縦断面が三角形や舌形の連続する矢穴痕が残る点は注目に値する（図20）。今後、花崗岩製品が盛んに作られた韓国の石切技術を本格的に研究する必要がある（第二部第一章使用論文より。一部追加）。

第三部　弥生・古墳時代の金属器の生産と流通

第一章　非鉄金属器の生産と流通

はじめに

日本列島での非鉄金属器の生産は、渡来工人による青銅器の製作に始まるが、それはたえず、中国や朝鮮より流入する金属器文化の強い影響下にあった。特に生産の基礎をなす原料と技術は、後者に多少の独自な工夫がみられたとしても、原則的には、新来のものを摂取することによってのみ質的転換をとげえた時代が長く続き、時々によって種類を変えた製作物も多くが舶載品の模倣に出発したのである。

しかし、そのようにして作りだされたものも、それが列島社会の要求に応じたものであったがために、すみやかに独自の社会的位置を獲得したが、非鉄金属器のほとんどは祭器や儀器、あるいは儀礼的装束といった当時の政治・社会・宗教的活動と密接に関連したものであり、その位置は列島社会の変質にしたがい敏感に変動し、その影響は製作物の種類や形態から生産・流通の体制にまで及んだ。

いま、個々の製作物の性格そのものが厳しく問いなおされているなかにあって、これらの諸要素の関連を解きあかし、時代を追ってその実体を体系づけることは容易なことではない。ここでは、それらの生産と流通に関連する基本的問題を取りあげ、これまでの諸成果を整理・検討しつつ、一定の脈絡のもとにこれを概説していきたい。

一　弥生時代

(1)　金属器前夜

現在、列島最古の青銅器とされているものは山形県飽海郡遊佐町三崎山A遺跡出土の中国殷中期の青銅刀子で、縄文時代後期末から晩期初頭の土器に伴うものと考えられている〔川崎一九八二〕。喜田貞吉以来、亀ヶ岡文化を構成する石刀や飾り大刀形木製品などに、大陸の金属器文化の影響が指摘されてきたが〔喜田一九二六、芹沢一九六〇など〕、北回りルートによりもたらされた若干の金属器が、東北地方から北海道南部にかけての縄文社会に金属器模倣の習慣を生みだした可能性は高い。まさに列島の金属器文化前夜の姿である。

(2)　青銅器の伝来

ところで、弥生時代に入ると青銅器を主要な構成要素とする中国・朝鮮の文化が、濃淡・強弱をもちつつも、陸続と列島社会に押しよせてきた。ここではそれを継起する五つの波として大きく捉える。

第一波は、縄文時代晩期末から弥生時代Ⅰ期初頭にかけて九州北部に伝来した列島最初の稲作文化に伴うもので、現状では福岡市今川遺跡出土の銅鏃と銅鑿（ともに遼寧式銅剣の再加工品）が唯一の例である。第二波はⅠ期末に始まる朝鮮半島南部の青銅器の流入で、細形銅剣・銅矛・銅戈、多鈕細文鏡などを主要な構成要素とする。第三波はⅢ期後半以後の中国前漢代の文物の流入で、前漢鏡を中心に金銅製四葉蔕形飾金具、ガラス璧などが伴う。第四波はⅣ期に始まる中国製品の流入で、前漢末から後漢にかけての鏡、貨幣等が伴う。第五波は終末期に想定される三角縁神獣鏡

を中心とする中国三国時代の文物の流入である。(1)

第一・二波は朝鮮製の、第三波以後は中国製の青銅器の流入が主体をなす。第一波に伴う青銅器は僅かなもので、むしろこの段階では青銅器の代用品としての磨製石剣、石鏃の発達が著しい。青銅器自体が列島の社会に重要な意義をもつようになるのは第二波以後のことである。(2)第四波に少なくとも二つの段階が指摘されているように、(3)各波もさらなる段階わけが検討されなければならないが、ここではそれは配慮の範囲にとどめておく。

弥生時代の船載青銅器はほとんどが九州北部を中心に分布し、畿内では、第二波に伴う多鈕細文鏡や第三波に伴う清白鏡片などを除けば、第四波と関連すると考えられる漢代の文物がⅣ期からⅤ期初頭以後に僅かにめだちはじめる程度である。ただ、たとえ少数のものとはいえ、第一波を除く各波がいずれも畿内に及んでいる事実は銅鐸原料や土型鋳造技法の採用などの問題と関連して重要である。

なお、第一・二波には、すでに木工具、鏃などの小型鉄製利器が伴い、第三波以後には大型の鉄製武器が伴う。列島での鉄器生産は、九州ではⅠ期末に小型利器の鍛造が始まり、Ⅲ期には武器が加わり、Ⅴ期後半には農具のある程度の普及をみた。瀬戸内海以東でもⅣ期には木工具の生産が開始され、利器の鉄器化は古墳時代に向かって急速に進行した〔橋口一九八三、川越一九七四〕。したがって、列島の青銅器は、その初期から「鉄器時代の青銅器」(4)としての位置を与えられていたのである。実用の利器としてのそれは、初期の船載青銅武器を除けば、おもにⅣ期からⅤ期にかけて製作された鋤先、一部の鏃、釣針などの小型利器がみられるのみで、それら利器の金属器化の段階での一時的な産物にすぎなかったのである。

(3)　青銅器生産の開始

列島における青銅器生産の開始時期をめぐっては二つの立場が存在する。一つは青銅武器の型式学的分析と甕棺編年とを基礎に、その時期が確実にはⅢ期後半にあるとするものであり(5)、他は銅鐸の型式学的分析と文様論に立脚し、銅鐸の生産開始はⅠ期末に遡るとするもので〔佐原一九六〇・七九〕、列島での青銅器生産を統一的に理解しようとする上では相互に受けいれ難いものとなっていた(6)。

しかしながら、最近にいたり、銅鐸では京都府向日市鶏冠井《かいで》遺跡で菱環鈕式、ないしは外縁付鈕式の石型が検出され、銅鐸の生産開始年代が少なくともⅡ期までは遡ることが明らかになる〔春成一九八四〕とともに、青銅武器では佐賀県神埼市姉遺跡で細形銅矛の石型、佐賀市惣座遺跡で細形銅剣と細形銅矛の型をあわせもつ石型が発見され、九州北部における青銅武器の生産開始が、これまでの想定よりも一段階は古く、Ⅲ期前葉の須玖Ⅰ式段階にまで遡ることが確実となり〔小田一九八四〕、従来舶載品とされてきた細形のもののなかにも仿製品の存在する事実が判明したことで、その上限はさらに上がる可能性もでてきた。

したがって、列島での青銅器生産は青銅器伝来第二波の朝鮮半島南部の青銅器文化流入後、まもなく九州北部、畿内とも、さほど大きな時間差なく開始されたものと思われる。そこで、ここではそれを前提に、各青銅器の製作を中心とした時期をつぎのように概括しておきたい(7)。銅鐸では菱環鈕式がⅠ期末ないしはⅡ期、外縁付鈕式がⅡ期からⅢ期、扁平鈕式がⅢ期からⅣ期、突線鈕Ⅰ式がⅣ期末、突線鈕Ⅱ式以後がⅤ期以降とする。青銅武器では、剣、矛、戈により多少の前後はあるが、特殊な例を除き、細形のものがⅠ期末からⅢ期、中細形がⅢ期、中広形がⅢ期からⅣ期、広形がⅤ期を中心とする。ただ、中国・四国地方に分布する銅剣については、山陰を中心とする中細形の新しいものはⅢ期からⅣ期、瀬戸内海中部を中心とする平形銅剣はⅣ期からⅤ期、大阪湾型銅戈はⅢ期からⅣ期とする。

古墳出土鏡タイプ鉛（華中以南産）		日本産鉛
	〔華南の鉛〕	
・方格規矩鏡(3) ・内行花文鏡(2) ・浮彫式獣帯鏡(4) ・夔凰鏡(1) ・画像鏡(2) ・画文帯神獣鏡(3) ・盤竜鏡ほか(3) ・三角縁神獣鏡(13) （仿製２例含む） ・古墳仿製鏡(12)	・線彫式獣帯鏡(1) ・方格規矩鏡(1) ・内行花文鏡(5) ・浮彫式獣帯鏡(4) ・夔凰鏡(1) ・画像鏡(4) ・画文帯神獣鏡(1) ・環状乳神獣鏡(3) ・対置式神獣鏡(1) ・四獣鏡他(4) ・三角縁神獣鏡(2) ・古墳仿製鏡(2)	・平安時代和鏡
・古墳銅鏃(5)		・武蔵国分寺付近出土銅造仏 ・太安萬侶墓誌 ・万年通宝・神功開宝他 〔・薬師寺金堂本尊台座 ・正倉院ガラス小玉〕

表13　青銅器類の鉛同位体比法による分析結果

	朝鮮系遺物タイプ鉛	前漢鏡タイプ鉛（中国西北部産）	
武器	・細形銅剣(1) ・細形銅戈(1) ・銅矛(剣？)先(1)	・細形銅剣(1) ・銅剣把頭(1) ・中細形銅戈(2) ・中広形銅矛(1)	・銅鋤(1) 〔規格・漢タイプ鉛〕
銅鐸	・菱環鈕式(1) ・外縁付鈕式(1) ・銅鐸舌(2)	・外縁付鈕式(11) ・扁平鈕式(17) ・突線鈕Ⅰ式(4) ・突線鈕Ⅱ式(1)	・突線鈕Ⅱ式（近畿１） ・突線鈕Ⅲ式（近畿３・三遠９） ・突線鈕Ⅳ式（近畿３） ・突線鈕Ⅴ式（近畿２） ・小銅鐸(2)
鏡	・多鈕細文鏡(3) ・弥生仿製鏡(1)	・草葉文鏡(1) ・星雲文鏡(1) ・重圏文鏡(1) ・連弧文鏡(7) ・弥生仿製鏡(1)	・線彫式獣帯鏡(1) ・方格規矩鏡(6) ・内行花文鏡(3) ・弥生小型仿製鏡(16)
その他		〔・古墳銅鏃(2)〕	・銅鍑

注　前漢鏡のなかに朝鮮系遺物タイプ鉛を含む若干例のあることが報じられている.

(4)　原料と製作技術

東アジアの青銅は銅、錫、鉛を主成分とする合金であるが、弥生時代の列島で製作されたと考えられる青銅器の総重量は一〇《トン》以内、体積にして一立方《メートル》程度と概算されている〔佐原一九七九〕。ただ、その原料については船載青銅器の鋳潰し説から銅の列島産説まで諸説が提出されており、自然科学の分野からの取りくみも著しい。

そこで、ここではそのなかから、近年めざましい成果をあげつつある鉛同位体比法を用いた分析の成果[8]を紹介すると（表13）、弥生時代の仿製青銅器の鉛には、列島産の鉛は用いられておらず、朝鮮半島に産地が推定できる「朝鮮系遺物タイプ」、中国西北部産の「前漢鏡タイプ」、および後者に属する「規格・漢タイプ」の三者があり、この順に用いられた。そこで、これを青銅原料全体に敷衍すると、銅鐸では、「朝鮮系遺物タイプ」の鉛を含む銅鐸は朝鮮系青銅器の改鋳、「前漢鏡タイプ」のそれはおもに前漢代の中国系青銅製品の改鋳（中国産の銅や鉛の素材を調合した可能性も残す）、「規格・漢タイプ」のそれは中国産地金によってそれぞれ製作された可能性が高いという〔馬淵・平尾一九八二〕。

鉛同位体比法の有効性は何よりもその成果が考古学的知見とよく一致する点にあり、弥生時代の青銅原料を三種、三段階として捉えた意義は非常に大きい。この三つの段階はそれぞれ青銅器伝来の第二〜四波に対応するものと考えられるが、そのことは、原料の入手が、随時に多様なルートで行われたのではなく、限られた機会とルートによったことを暗示するとともに、それぞれが確実に畿内に及んでいたことをも示すにほかならない。

ただ、鉛同位体比法は鉛についてのみその由来を語りうるものであり、鉛素材の由来を青銅の由来におきかえる方法は、青銅の主要成分比の差異や亜鉛・砒素などの微量元素の問題をも含めて、より深く追求される必要があるだろう。それとともに、考古学の側には輸入原料の姿から青銅器の編年にいたるまでの多くの問題が投げかえされることとなった。

いずれにしても、弥生時代の青銅原料のすべてが輸入品であることを認めるならば、それは青銅器生産に決定的な規定力となって働いたにちがいない。工人に原料を入手する独自の手立てがないかぎり、青銅器生産は広域にわたる物資の流通機構に依拠してのみ存続しえたのである。

ところで、弥生時代における青銅器の鋳造は多くが原型を用いない惣型技法によったと考えられている〔香取一九五六、近藤一九七四〕。これは雌型を彫った二枚の外型を重ねあわせ、間隙に溶銅を流しこむ方法で、内部に空間をもつ銅鐸や銅矛には土製の中型が用いられた。

外型には石型と土型の二種があり、列島の場合は、前者が中国東北部から朝鮮半島にかけての鋳造技術の系譜を引く古い技法、後者は中国において殷以後鋳型の主流をなした土型の系譜を引く新しい技法と整理できる(9)。ところが、土型の採用においては、九州北部と畿内とでは顕著な差異が認められ、九州では一貫して石型の伝統が強い(10)のに対し、畿内やその周辺では、扁平鈕式のある段階以後の銅鐸(11)〔小林一九六二、佐原一九七九〕、大阪湾型銅戈、平形銅剣〔近藤一九七〇〕、ガラス勾玉などがいずれも土型で作られたのである。この差異が何に由来するかは、その渡来ルートとともに十分明らかでないが、この段階の畿内が新来の技術にすみやかに対応した点は注目に値する。

石型と土型とを比較した場合、銅鐸では石型に同笵鐸がみられるのに対し、土型の使用が想定される新しい銅鐸には同笵鐸が認められない。この一見不利にみえる条件を克服し、土型が銅鐸鋳造の主流となった原因には、「規型」の利用〔香取一九五六〕などによる鋳型成形の簡易化と、石型では制限された大型化の希望、薄い器壁の欲求などに土型の技法が十分対応しえたことが推測される。

土型が石型とは異なる技術の体系をその背後にもっていたとするならば、その実体の解明も多くは今後の課題であるが、土型の特性を活かした原型を用いての鋳型作りの再検討(12)とともに、系譜関係の明らかでない大阪湾型銅戈の鉄鋳かけ、楽浪系（円環型）銅釧の連鋳石型、あるいは連鋳銅鏃など、いずれも畿内とその周辺のⅣ期頃に散見する特殊な技法も、土型の技術体系の中で捉えなおしてみる必要があるだろう。

なお、銅鐸の石型に利用された石材は、神戸層群中の凝灰岩質砂岩や和泉砂岩などで、いずれも推定される鋳造工房からは遠く離れた地域より搬入されたものである。このことも銅鐸の生産が広域にわたる流通機構の上に成りたっていることを示す一つである。

(5) 青銅器の生産と流通――銅鐸を中心に

列島に青銅器の生産が定着すると、鐸、剣、矛、戈、鏡、釧、巴形銅器、鋤先、鏃、釣針など各種のものが青銅で製作されるようになったが、質量ともにこの時代の青銅器の生産を代表したものは、いうまでもなく、畿内とその周辺では銅鐸であり、九州北部では剣、矛、戈の青銅武器であった。しかも、それらは他とは異なり、甕棺などに副葬された青銅武器の中細形段階以前の古い一群を除けば、他はほとんどが埋納遺跡より出土するもので、集団祭祀に用いられた祭器と考えられるものなのである。(13) 換言すれば、弥生時代の青銅器生産は集団祭祀の遂行に不可欠な祭器の生産を中心としたことにその性格を規定する第一の特色があるのである。

ところが、同じく祭器といってもその性格はたえず一様ではなかった。そこでまず、形態の変化よりこれを追うと、銅鐸では本体を吊す鈕に全体の変化が集約されている点から、型式としては菱環鈕式・外縁付鈕式・扁平鈕式・突線鈕式（Ⅰ～Ⅴ式）と捉えられているが〔佐原一九六〇〕（図21）、その変化は実用的な小型品から非実用的な大型品へと向かう過程であり、画期は突線鈕Ⅰ式からⅡ式への変化に求められ、Ⅰ式以前のものを「聞く銅鐸」、Ⅱ式以後を「見る銅鐸」と二大別できるのである〔田中一九七〇〕。言いなおせば、銅鐸は、祭祀の場に吊るされ音を発することに意

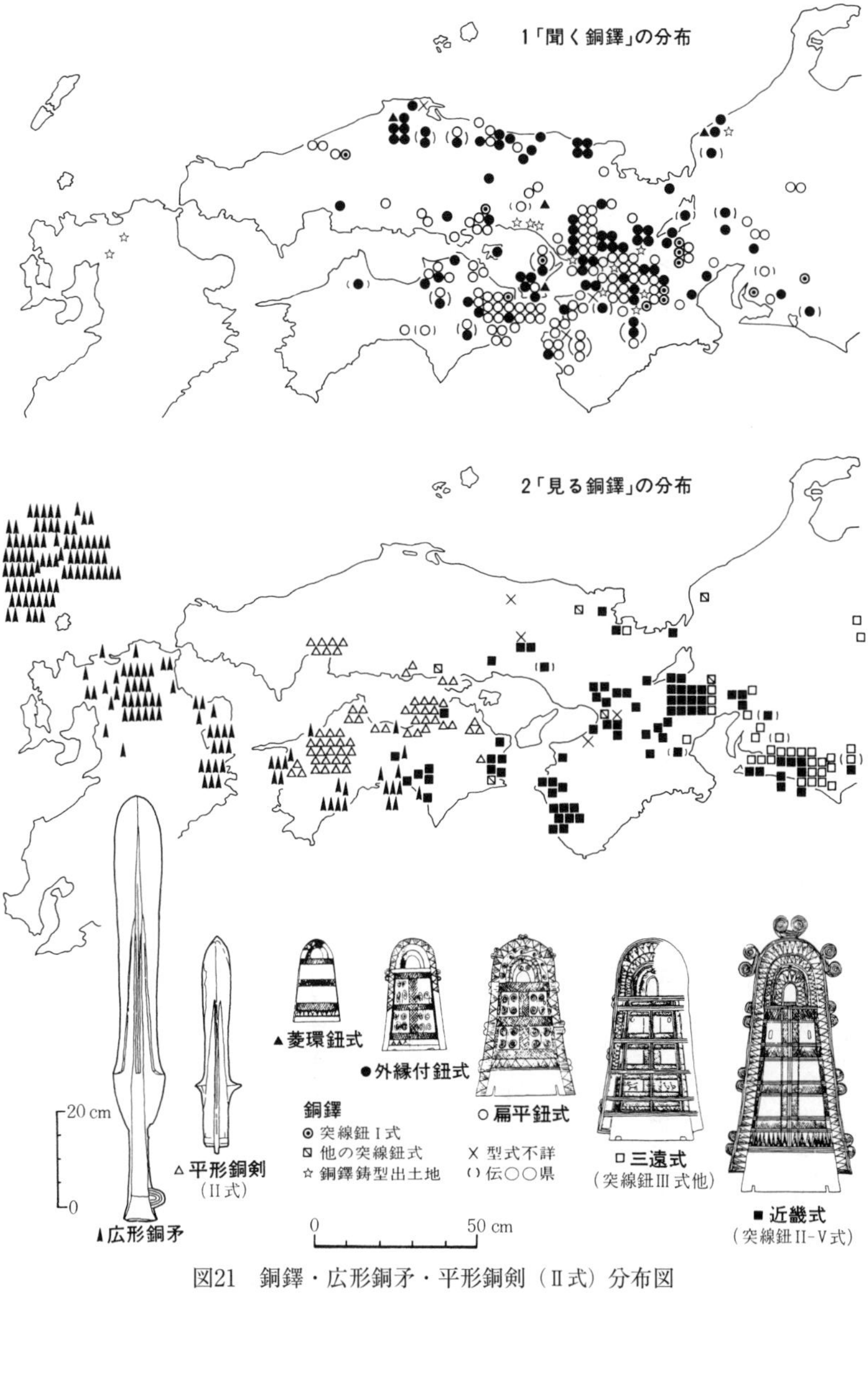

図21　銅鐸・広形銅矛・平形銅剣（II式）分布図

義が認められた前者の段階から、その機能が消失し大型の形骸化したものとなっても、それが祭祀の場にあることに意義が認められた後者の段階へと変質したのである。他方、同様な変化は青銅武器にもみられ、大型化、扁平化の過程は細形から中細形、中広形、および広形（矛と戈）と平形（剣）として捉えられ、着柄され打ちふられるといった祭祀の場での本来の機能は、中広形段階で失われていったのである〔近藤一九七四a、岩永一九八〇〕。

すなわち、祭器の変化に祭祀そのものの変質をみてとるならば、銅鐸では「見る銅鐸」の段階、青銅武器では中広形の後半から広形や平形の段階には、集団祭祀そのものがその本来の姿から大きく変質しつつあったことを知るのであり、そのことが、祭器を中心とした青銅器の生産と流通にも大きな影響を与えたと推測することができるのである。

そこで、問題を銅鐸に絞り、その生産と流通を検討すると、それらもまた、祭器の変化に応じ、前後二期に明確に区分することができる。

まず、最古の菱環鈕式銅鐸は、青銅器伝来第二波に伴う朝鮮半島南部からの工人の移住により、朝鮮系の青銅原料と技術（石型）とで製作されたが[14]、製作数は現在判明しているもので僅か六例である。しかし、外縁付鈕式銅鐸の段階になると、中国製青銅原料がもたらされ、製作は本格化し、製作量が飛躍的に増加するとともに（全体の約二五パーセント）[15]、分布は畿内を中心に西は出雲、讃岐から東は越前、三河に及んだ（図21）。同笵鐸や鋳型の分布状況などからすれば、この段階の銅鐸は主に畿内やその周辺で製作され、遠近に持ちはこばれたものと思われる〔佐原一九六〇〕。

ただ、近年、九州北部から銅鐸鋳型が出土し、佐賀県鳥栖市安永田遺跡例は外縁付鈕式段階に並行する邪視文銅鐸（福田型）で、類例が銅鐸分布圏の西端をなす中国地方中部に分布していることが明らかとなった〔佐原一九八二〕。それらの評価はいまだ定まっていないが、畿内にみられる少数の銅剣や銅戈の鋳型や銅鐸分布圏西部における銅鐸と青銅武器の共伴現象と同様、このような現象がみられるところに「聞く銅鐸」段階の畿内と九州北部を中心とした地域間相互の関係の特色が窺われるものと思われる[16]。

扁平鈕式銅鐸の生産は外縁付鈕式段階の延長上にあって最盛期を迎え、現在判明している四〇〇例余りの銅鐸の約三五パーセントを生みだした。分布範囲は畿内から瀬戸内海東部に中心を置きつつ、前段階の広がりを東西にやや押し広げた程度であるが、前段階のものとは微妙に地域をずらしながらその空白を埋めている。

ところで、外縁付鈕式の段階では、銅鐸は個々の個性が強く、群としてのまとまりをみせなかったが、文様を中心に定型化の進んだ扁平鈕式の段階では、同一工房で製作されたと考えられるものを中心に銅鐸群が顕在化してくる。現状では袈裟襷文銅鐸に六群、流水文銅鐸に二群が指摘されており、製作地は畿内を中心に瀬戸内海東部、および東海西部等に推定されている〔佐原一九六四〕。そして、このことを裏付けるかのごとく、播磨、摂津、河内、大和、山城の地域より、外縁付鈕式と扁平鈕式銅鐸の石型が出土しているのである。しかも、ごく最近では、福井県坂井市加戸下屋敷遺跡からも石型未製品が発見され[17]、少なくとも銅鐸の製作地はその分布圏内の広範囲にわたることが推測できることになった。

では、この段階での銅鐸工房、あるいは銅鐸工人はどのようなものであったのだろう。結論的にいえば、かれらは限られた人数の熟練した専門工人であった。そして、かれらの作ったもののほとんどが集団祭祀の祭器たる銅鐸であったことや、青銅原料や鋳型原材などの入手には当時の物資流通機構によらざるを得なかったことを思いあわせれば、基本的には、工人は自由な独立した工人集団ではありえず、この機構の中核をなす畿内、およびその周辺における有力な勢力のもとで特定の大集落に拠点的な工房を置きつつ、その首長の統轄下に、時には各地に派遣されたものと考えられるのである〔都出一九八四〕。そして、瀬戸内、東海、北陸等の工房は工人が一時的にとどまる「周辺的工房」であったとしても、あるいは工人が長期滞在する「中心的工房」〔佐原一九八一b〕であったとしても、それらはいずれも畿内の勢力と密接な関係を保っていたものと思われる。

物資や技術者の流通を統御する機構の存在が推測される状況下にあって、銅鐸を送りだす側と受けとる側との間に力の傾斜をみてとることができるならば、一組の同笵鐸、あるいは一つの銅鐸群などで示される集団の「まとまり」は、特定の大集落を核とする有力共同体とそれと結ぶ各地の中・小共同体と捉えることができるが[19]、同笵鐸や銅鐸群がいくつもよりあつまり、祭祀を共通のものとする銅鐸分布圏を形成していることは、これらの「まとまり」が結集する広範囲の連合体が、たとえ分布圏のすべてを覆うものではなかったにしても、すでにこの段階には畿内を中心に形成されつつあった事実を示すことにほかならない[20]。そうしたなかにあって、銅鐸は、集団祭祀の場での祭器としての役割を果たすとともに、この連合体の機構を維持・拡大するのに不可欠なものとして機能していたものと思われる。

ところが、突線鈕Ⅰ式の段階を経て、「見る銅鐸」の段階に入ると、銅鐸群の併合がみられ、近畿式銅鐸（突線鈕Ⅱ～Ⅴ式に相当）と三遠式銅鐸（同Ⅲ式中心）とに統合されていき、ついには後者も前者に吸収される〔佐原一九七九〕。銅鐸の形骸化、すなわち銅鐸祭祀の変質と工人の統合とは同一現象の表裏をなしていたのである。しかも、この段階の青銅原料にはいずれも同一鉱山の鉛と推定されている「規格・漢タイプ」の鉛を含むものが用いられ、その畿内への流入には特定勢力による一元的な入手も考えられるのである。

このような状況下にあって、銅鐸の流通も前段階とは大きく質を異にするが、その様相は特に分布に著しい。「見る銅鐸」の分布は西は備中、土佐から東は信州・遠江に及ぶが、前段階の銅鐸分布の周縁にあたる土佐東部、紀伊南部、近江、尾張、三河、遠江西部にこの段階の銅鐸の七割近くが集中するのであり（図21）、その状態は前段階の周辺に向かって同心円的に密度を淡くする自然発生的ともいえる分布状態とは大きく異なり、青銅武器との共伴例も認められなくなる。すなわち、この段階では、銅鐸は畿内中枢部より東海道と南海道を中心とした周辺部の共同体に集中的に配布されたと考えられ、そこには強い政治的意図が感じられるのである[21]。

すなわち、弥生時代のⅢ期からⅣ期にかけての軍事的緊張を経て〔田辺・佐原一九六六〕、Ⅴ期に入ると連合体は畿内中枢を頂点とする機構の整備にのりだし、そのもとに銅鐸工人をなかば独占的に組織するとともに、連合体としての意志を明確に打ちだし、特定地域への銅鐸の集中的な配布を行ったと思われるのである。たぶん、その背景には連合体をとりまく他地方との新たな緊張関係が醸されつつあったのであろう。

青銅武器を奉ずる九州北部では、中細形段階以後に銅剣が、広形段階以後に銅戈がそれぞれ激減するが、銅矛は、この地方最高の祭器として、福岡平野を中心とする勢力によりなかば独占的に生産され、広形段階では対馬や四国西南部に多量に配布された〔下條一九八二〕（図21）。他方、瀬戸内海域では四国北半を中心に平形銅剣がその新しい段階で分布を伊予から阿波に広げ、銅鐸分布圏の東方には縄文時代以来の強い伝統をもつ地域が広がっていたのである[22]〔近藤一九八五〕。弥生時代の青銅器のあり方はこれら諸地方それぞれの歴史的性格と深く結びついていたのであるが、Ⅴ期以後における「見る銅鐸」の偏在的なあり方は地域性の顕在化としてこれら他地方との関係のなかで捉えるべきものであろう〔補註1〕。

(6) 銅鐸から鏡へ

畿内を中心とする弥生社会はⅣ期までの段階に連合体としての体裁を整え、Ⅴ期には畿内中枢を核とするある程度の権力機構を形成し、外に対して連合体としての意志を明示するまでに成長した。この間にあって、銅鐸の生産と流通は、あくまでも共同体を対象としつつ、この連合体を維持・拡大するのに不可欠なものとして機能した。

一方、広範囲にわたる連合体の生成・発展は共同体間の交通を飛躍的に増大せしめたが、そのなかにあって首長の役割はそれまで以上に重大なものとなり、その地位は急速に上昇したものと思われる。「聞く銅鐸」から「見る銅鐸」への変化に示される集団祭祀の変質、すなわち共同体の変質の主要な原因の一つには、このような首長の成長を指摘することができる。そして、首長の成長は、祭祀の場における司祭者としての首長個人の役割をも急速に重大なものとし、共同体的諸要素を祭祀の周辺に押しやる結果をもたらしたが、銅鐸もその一要素として形骸化していったものと推測される。

そして、祭祀のなかにそれまでになく重要な役割を演ずることになった首長が、新たな思想的背景のもとに、自らの霊威と権力の証として身につけたものこそが、青銅器伝来第四波のなかで畿内にもたらされた方格規矩鏡や内行花文鏡などの中国鏡にほかならなかった。弥生・古墳時代を通じ、個人の墓に副葬されることを基本とした鏡は、きわめて個人に帰属する性格の強いものであり、けっして共同体の祭器として銅鐸にとってかわる性格のものではなく、祭祀における鏡の比重の増大は首長権の伸長と不可分に結びついていたものと考えられるからである。したがって、弥生時代Ⅴ期以後における共同体と首長の矛盾した関係が銅鐸と鏡をともに祭祀の場に共存せしめることになったと思われる。「見る銅鐸」の段階、あるいは一部はそれ以前から、けっして多くはない中国鏡が有力な首長を対象に流通し、首長権の継承は鏡を伝世せしめることになったと推測する(23)。

ところで、畿内を中核とする連合体は、終末期にいたって、はじめて明確に連合体の外に向かって行動を開始する。すなわち、それが三角縁神獣鏡の配布であり、銅鐸分布圏を基盤に西は日向から東は上野にまで及んだのである〔小林一九五七〕。鏡の配布は共同体を対象とした銅鐸とは異なり、連合体に帰属する首長に対しその地位と地域支配の権益を保障するものであったと考えられるが(24)、まもなく、祭祀の中心は首長霊を祀り、その霊力を引きつぐための祭式としての古墳祭祀として完成され(補註2)〔近藤一九八三〕、首長権は一層の確立をみるとともに連合体は首長連合政権として新たな段階を画したのである。

以上、「聞く銅鐸」の集団祭祀から古墳祭祀（古墳の儀礼）にいたるまでの各段階は、銅鐸の変質、鏡の役割の重大化の各段階として捉えられるのであり、それは首長の成長段階、および畿内を中心とする連合体の生成・発展の段階とも一致するものと考えられる。銅鐸は古墳祭祀（古墳の儀礼）の確立によってその社会的意義を完全に喪失し、地中深く埋納され、(25) 代わって古墳時代前Ⅰ・Ⅱ期には鏡が青銅器の生産と流通の中心となったのである。

(7)　ガラス製品の生産

なお、高熱による鉱物の化学的変化を利用し、鋳型をも用いる点で青銅器の生産と密接に関連するガラス製品の生産に触れると、弥生時代のガラス製品には勾玉・管玉、丸玉、小玉、粟玉のほかに、少数の璧、塞杆状品、釧などがある。小玉・丸玉にはⅡ期からⅠ期末にまで遡る可能性のある例もみられるが、中国製のガラス璧などとともにガラス原料がもたらされ、(26) 列島でもガラス製品が生産されるようになるのはⅢ期後半の青銅器伝来第三波以後のことと考えられる。

ところで、ガラスはその成分より鉛ガラスとアルカリ石灰ガラスに大別され、前者はバリウムの有無によって、後者はアルカリ成分の中心がカリウムかナトリウムかによって細分されている。その中で、列島の初期のガラス製品を特徴づけるものはバリウムを含む鉛ガラスで、中国では戦国時代から前漢代に著しい。銅によって着色された半透明緑青色を呈するものが多く、璧、塞杆状品、勾玉、管玉、丸玉などが主にⅢ期の九州北部に分布する〔山崎一九七七、小林一九七八〕。ただ、バリウムを含まない鉛ガラスもやや遅れて若干例が存在する。

鉛ガラスの製作技法としては鋳型を用いた技法が璧、塞杆状品、勾玉などに認められ、福岡市弥永原遺跡と福岡県春日市赤井手遺跡では勾玉の鋳型が出土し、前者の一例からは鉛とバリウムが検出されている[27]〔山崎一九七七〕。鋳型としては、他に大阪府茨木市東奈良遺跡出土の土型があり、勾玉原型を六ヵ所に型押しした片面型とされているが〔田代ほか一九七五〕、原料が鉛ガラスであったかどうかは不明である。なお、鉛ガラスの管玉には鋳型の使用が推測されている例もあるが、管玉や丸玉の多くは心棒にガラスを巻きつける技法によったものと思われる。

他方、アルカリ石灰ガラスの製品はV期以後に類例を増すが、すべてが勾玉・管玉、丸玉、小玉、粟玉の類で、製作技法にはおもに引延し、あるいは吹ガラスの技法が認められる[28]。成分分析された例は少ないが、すべてアルカリ成分としてカリウムを多く含むガラスである。色調は銅の発色による青色系統のもののほかに、コバルト発色の紺青色のものがすでにあり、少量ではあるが不透明の赤色、および黄色のものも存在する。後三者の管玉はいずれも小型細身の管玉で、表面に孔と並行する無数の条線が走る特色をもつが、類例は朝鮮半島の楽浪・石巌里二〇〇号墳において方格規矩鏡二面や「始建国天鳳元年」（西暦一四年）と推定される銘をもつ漆器と共伴しており、中国では広州漢墓の前漢後期の「琉璃珠」のなかに認められる。

弥生時代の玉類は、勾玉を除けば、他は舶載・仿製の区別が困難だが、以上の事実は、そのなかに少なからぬ舶載品が含まれていることを示すとともに、アルカリ石灰ガラスについてはその伝来ルートをも示唆しているのである。

二　古墳時代

(1)　鏡生産の開始

鏡の生産は弥生時代に始まる。それは前漢代の連弧文日光鏡などを模倣した直径七、八チセンの小型鏡で、現在は九州北部を中心に約一五〇例が知られている。列島の弥生時代Ⅲ期のころ、朝鮮半島南部で製作が始まり、Ⅴ期にはその系譜を引くものが九州北部を中心に盛行、Ⅴ期後半から古墳時代前Ⅰ期には、それらとは若干系譜を異にする例が瀬戸内海から畿内にかけての地域に分布する〔高倉一九七二・八五〕。最近、福岡県春日市須玖永田遺跡で鏡としては最初の鋳型（石型）が発見された。鉛同位体比法によると、原料は多くが近畿式・三遠式銅鐸と同じ「規格・漢タイプ」の鉛を含む（表13）。

弥生小型仿製鏡は、弥生時代の青銅器伝来第四波でもたらされた舶載鏡の「破鏡」との関係が深く、舶載鏡の不足を補うために製作されたと考えられている〔高倉一九七二〕が、文様、製作技法、性格などから古墳時代の仿製鏡とは区別される。

(2) 古墳時代仿製鏡の生産

古墳時代の鏡の生産は三角縁神獣鏡の仿製に始まる〔小林一九五六〕。舶載鏡との境については論者により差異がみられるが、両者の系統的な分析は仿製鏡の内容を明確にしつつある。(29) 確例は現在一〇〇余面を数えるが、仿製の対象となった原鏡は、多様な図像構成をとる舶載鏡のごく一部で、獣文帯三神三獣鏡を中心に数型式があるにすぎず、図像や文様は型式間で相互に緊密な関連を示す〔近藤一九七三、田中一九七九〕。しかも、新しいものほど図像や文様は舶載鏡から離脱し、硬化して行くが、鏡体の形や規模は強く遵守され、全体としては舶載鏡を意識した規格性の高いものとなっており、畿内の特定工房で集中的に生産されたことが窺われる〔小林一九五六、田中一九七九〕。しかしながら、他の仿製鏡との相互影響は比較的少ないとはいえ、乳《にゅう》の多用や一部の文様の採用は他の鏡種と共通し〔原田一九六一、近藤一九七三、田中一九七九〕、その生産が仿製鏡群のなかでけっして孤立したものではなかったことを示している。

ところで、三角縁神獣鏡は、舶載鏡も仿製鏡も、ともに「同笵鏡」、ないしは「同型鏡」の多いことが一つの大きな特色で、その製作技法をめぐっては多くの議論が戦わされてきた。雌型を直接彫りこんだ鋳型から複数の鏡を製作したとする「同笵鏡」説では石型か土型かが問われ、原型を用いて作った複数の鋳型（土型）から各一面の鏡を製作したとする「同型鏡」説では、原型が木や金属か、あるいは蠟型かが問題となり、金属原型の一種ともいえる「踏み返し」技法の有無も俎上にのせられた(30)。

しかし、現在一九組六四面以上はある仿製三角縁神獣鏡に関しては、鏡体や文様が共通する一組数面の鏡に、鋳型の剝離痕や亀裂痕が共通し、鋳造のたびにそれが増幅したり、時には文様の一部が補修されるといった現象がみられることは同笵鏡説〔小林一九五二・六二〕がこれをもっともよく説明している。加えて、仿製三角縁神獣鏡はじめ、古墳時代の仿製鏡の文様に細い突線が多用されることや、やはり仿製三角縁神獣鏡、方格規矩鏡、あるいは狩猟文鏡などに指摘される図像の左右逆転や鏡字の存在は、原型を用いない惣型技法が当時の鏡作りの基本であったことを思わしめる〔香取一九五六、小林一九六五〕。近時、仿製三角縁神獣鏡の鋳型の製作に、少数例ではあるが、舶載鏡の踏み返しのあることが具体的に指摘されるにいたり〔富樫・高木一九八二、小林一九七六〕、土型の使用が確認されるとともに(31)、鋳型の製作に二つの技法の存在したことが明らかになってきたが、踏み返しによって作られた鋳型も複数回の鋳造に用いられたとの指摘もなされている。

古墳時代の仿製鏡の生産には、統合された銅鐸工人の参加が推測される反面、大陸・半島からの工人の渡来も十分考えられるところである。ただ、この問題の解明のためには弥生時代と古墳時代の土型技法の実体がよりよく把握される必要があろう。

なお、ここでは舶載鏡として扱っている三角縁神獣鏡の一群については、それが中国・呉よりの渡来工人による列島での製作物であるとの有力な説が提出されている〔王一九八一・八四ほか〕。両説とも、それが中国鏡の諸要素を組み合わせて中国工人が製作した特殊な鏡群であるとする点では認識の一致をみているが、それが魏鏡、呉鏡いずれの系譜を引く鏡か、あるいはその製作地をどこに求めるかについては大きな意見の相違がみられるのである。換言すれば、特殊な一群の鏡を多量に作るというような特殊な事情が日・中いずれの地において起こり、いずれの地において解決されたかという問題である。(32) したがって、その解明には鏡の型式学的な分析、製作技法の検討、原料論から当時の国際状況の把握(33)にいたるまでの幅広い研究と体系的な理解が要求されるが、現状では、議論はそこまで煮つまってはいない。したがって、ここでは、主題の性格上、舶載鏡説によりつつ確実な仿製品を中心に扱うにとどめたい。

古墳時代仿製鏡の第二の群は三角縁神獣鏡を除く「後漢式鏡」(34)のそれで、内行花文鏡、方格規矩鏡、画像鏡、鼉竜《だりゅう》鏡、神像鏡、獣形鏡などがある。鏡の大きさを鏡面径より直径一一チセン前後以下を小型鏡、一五～一七チセン前後を中型鏡、二一～二三チセン前後を大型鏡、二五チセン以上を超大型鏡とすると〔田中一九七九〕、仿製三角縁神獣鏡はすべて大型鏡に属すが、第二の群には大小のものが含まれる。内行花文鏡、方格規矩鏡には大小各種があり、画像鏡・鼉竜鏡・神獣鏡には中・大型鏡、獣形鏡・神像鏡には中・小型鏡が多い。超大型鏡のほとんどは各種仿製鏡の初期の作品に属し、新しいものほど小型化する傾向にある。ただ、その変化はけっして漸移的なものではなく、たとえば方格規矩鏡では四つの規模のそれぞれに鏡面径が集中する値のあることが注目される。特定時期の鏡は意図的に大小に作りわけられていた可能性が高い。

数多い鏡種の関係では、内行花文鏡が舶載品の忠実な模倣に始まり、あまり他の仿製鏡の影響を受けずに変遷し、多くの小型鏡を生みだすのに対し、他の神・獣図像をもつ一群は、急速に他の図像や文様を取りいれ、舶載の画文帯系神獣鏡にみられる半円方形帯や菱雲文帯を共有するなど、相互に密接な関係をもって展開する〔近藤一九七五〕。類例は少なくとも、内行花文鏡と方格規矩鏡との間にも文様要素の交換が認められることからすれば、これらを一群のものと捉え、特定の工房による製作を推定することは〔田中一九七九〕、基本的に正しいと考えるが、それを認めた上で、なお、仿製三角縁神獣鏡とともにこの二つの鏡群を、時間性を内包しつつも生産の場における相対的な独自性を保つ三つの鏡群として注目しておきたい。

つぎに、第三の群としては、おもに小型鏡よりなる一群の仿製鏡がある。小型仿製鏡の文様には、内行花文鏡や獣形鏡のごとく大型鏡の主要な図像や文様をそのまま残すもののほかに、大型鏡の図像の一部を主文化したもの、あるいは大型鏡の補助的文様要素を主文化したものがあるが、この群の小型鏡の文様は後二者で、捩文《ねじもん》鏡、および珠文鏡、乳文鏡などがある。仿製鏡の文様の簡略化は時間の経過と小型化の二つの方向を軸に進行するが、これらの、特に珠文鏡や乳文鏡などの出現は小型化、言い換えれば鏡の矮小化に一つの段階を画したものと考えられる。

第四の鈴鏡は古墳時代仿製鏡の最後に位置する列島独自のもので、鏡縁には鈴が本体と同時に鋳造されている。本体には乳文鏡、珠文鏡、獣形鏡が多く、少数の内行花文鏡、方格規矩鏡、神獣鏡、捩文鏡などもみられる。このことは鈴鏡がそれ以前の仿製鏡群の延長上にあり、特に前三者と密接な関係をもって製作されたことを示すとともに、その製作開始はいまだ後四者が作られている段階にまで遡る可能性を示す。多くは小型鏡で、一般に後出のものほど鈴の数が少ない。鈴鏡の成立については、馬具の一部として伝わった環鈴や鈴が影響を与えたものと考えられている。

第三・四群の製作地には畿内以外の地が想定される場合も少なくないが、これらも一・二群に続く一連のものとして、畿内の特定工房で生産されたものと考えるべきであろう。

鏡はほとんどすべてが古墳からの出土であり、その製作年代を確定しがたいが、副葬された古墳の編年観では、仿製三角縁神獣鏡は前Ⅰ期後半から前Ⅱ期を中心とする。二群では、方格規矩鏡などに若干先行する例がみられるが、主体は前Ⅱ期にあり、一部の鏡種は前Ⅲ期に多い。三群の珠文鏡、乳文鏡の多くは前Ⅲ期以後に認められ、鈴鏡は前Ⅳ期から後Ⅰ期の古墳に多い。捩文鏡がすでに前Ⅱ期にあり、珠文鏡の一部も前Ⅱ期後半に遡りうる可能性があることを思えば、仿製鏡製作の中心は前Ⅰ期後半から前Ⅲ期にあり、前Ⅲ期以後には第三群の小型鏡がおもに作られたと推測できる。鈴鏡の製作も前Ⅲ期のうちには始まり、後Ⅰ期前半頃まで続いたようである。(35)(補註3) 多くの鏡種に後代への伝世が認められるが、後Ⅱ期以後には副葬例も減少する。

なお、列島へは三角縁神獣鏡以後も鏡がもたらされている。そのなかで注目されるのは画文帯環状乳神獣鏡、画文帯(同向式)神獣鏡、画文帯仏獣鏡、画像鏡、獣帯鏡などの一群である。いずれも中・大型鏡で、踏み返しによる同型鏡が多く、現在一三組六九面が確認されている。一部は朝鮮半島にもみられるが、大多数は列島での出土で、前Ⅳ期から後Ⅰ期の古墳に多い。このなかに母鏡も含まれている可能性があるが、製作地は確定していない〔小林一九八二〕。

ただ、隅田八幡人物画像鏡はこの鏡群中の画像鏡を手本とした仿製鏡で、文様に半円方形帯をもつ点に他の仿製鏡と共通する特徴があるが、「癸未年」で始まる銘文をもつ。前述の同型鏡群の輸入を五世紀とみ、倭の五王の南朝への朝貢と関連づけて理解する立場から、この年を四四三年とする説〔小林一九六六〕が有力であるが、半円方形帯の分析から、これをより古く遡らせようとする見解〔田中一九七九〕も軽視できない。(補註4)

なお、鉛同位体比法は、古墳時代仿製鏡の青銅原料には中国華中の鉛と推定される「古墳出土鏡タイプ」の鉛を含むものが用いられたと指摘している(表13)。中国鏡の鉛は後漢中期ごろに「前漢鏡タイプ」から「古墳出土鏡タイプ」へと大きく変化したが、列島での変化もそれに対応したものであった。ただ、後者の鉛は少なくとも二分できる可能性があり、呉の赤烏元年銘をもつ対置式神獣鏡はじめ、画文帯環状乳神獣鏡や画像鏡の一部は「華南の鉛」として把握されている。この鉛は古墳時代仿製鏡にも若干用いられているが、「古墳出土鏡タイプ」でも別のグループの鉛をおもに利用する船載・仿製三角縁神獣鏡のうち、船載鏡の若干例からもこの種の鉛が検出されている。三角縁神獣鏡では船載鏡と仿製鏡との間に成分組成の上で相対的な差のあることが指摘されているが〔沢田一九八〇〕、それとこの鉛の差がどのように対応するかは未解決である。

いずれにしても、弥生・古墳時代を通じ、大陸の青銅原料の変化がそのまま列島での青銅原料の変化として整合的に表れていることは重要で、列島での青銅原料は、いつも断続的な原料の輸入によってのみ保証され、前代の青銅器を鋳潰して新たな青銅器を作るといったことはほとんどなかったことを示している。中国では五、六世紀には鏡の製作が急に落ちこみ、銅銭も粗悪化がめだち、できるだけ銅の使用をおさえようとしたことが指摘されているが〔樋口一九七九〕、そのような状況も列島の前Ⅲ期以後の青銅器生産に何らかの影響を与えたものと思われる。

(3)　鏡の配布

仿製三角縁神獣鏡の生産は、船載三角縁神獣鏡の輸入と配布とに密接に関連する一連の行為として、その不足を補うかたちで開始され、ヤマト王権下の特定工房で集中的に行われたものと考えられる〔小林一九五六・六五〕。したがって、その配布は、船載のそれと同じく、首長層の王権への帰属に対し、その地位と権益を保証するものとして、王権の中枢から下賜されるかたちをとったものと思われる。

前Ⅰ・Ⅱ期の鏡が副葬品の中心として古墳に納められていることを積極的に評価する立場から、この時期の祭祀における鏡の役割を考えれば、首長権がいまだ確立していない段階では首長権の継承が鏡を伝世せしめたのに対し、首長権が確立して完成した段階では、鏡は最終的には古墳の儀礼を完遂するための重要な器物として用いられ、首長の遺骸とともに埋められることに意義があったものと思われる。

ところで、仿製三角縁神獣鏡の分布は、舶載鏡のそれを若干上回り、東は陸奥南部から西は肥後、日向に及んだが、舶載鏡のそれとは微妙に分布をずらし、同一墳で両者が共存する例は少ない。このことは、王権のより一層の拡充を示すにほかならないが、これを配布網という観点からみて、両者の配布中枢や配布網に違いがあった可能性も指摘されている(36)〔小林一九五六〕。先には仿製三角縁神獣鏡群、内行花文鏡群、および方格規矩鏡などの鏡群の生産の場における相対的な差に触れたが、それをも考慮に入れるならば、これらの差は王権中枢の内部にあっては鏡の生産と配布がたえず一元的なものとして行われたのではないことを暗示しているものと思われる。古墳時代前Ⅰ・Ⅱ期の段階では政権の中枢とはいってもその体制はいまだに不安定さを残していたのである。

仿製三角縁神獣鏡に続く他の仿製鏡も王権下の工房で製作され、各地の首長層に配布された。思いをめぐらせば、新しく帰属する首長や代がわりの首長にそれを承認するかたちで鏡が送られたのであろう。ただ、この段階で注目されることは、鏡が大小に作りわけられた可能性のあることである。それは激増する鏡の需要に対処する一つのかたちでもあったかと思われるが、それ以上に製作者の側に被配布者のランクづけがあったことを推測せしめるからである(37)。

ところで、鏡の生産は前Ⅱ期を中心に盛行し、超大型鏡をも生みだしたが、前Ⅲ期に入ると生産の中心は徐々に小型鏡に移り、矮小化した鏡が作られた。鏡のもつ社会的意味は低下し、鏡の生産は衰退へと向かったのである。鈴鏡の出現は鏡の性格を本質的に変えることになったが、そこにおいては鏡は霊力ある光を失い、音を発する巫女の道具へと変貌したのである。このような鏡の性格の変化はその分布にも反映され、鈴鏡の段階にいたって、はじめて、鏡の分布は畿内中心のものから、周辺部、特に東国中心のものへと転換する。鈴鏡の分布は日向から陸奥中部に及ぶが、その七割が東日本からの出土なのである〔田中一九七九〕。このことは、王権による地方政策が新たな段階に入ったことを示すにほかならない。

(4)　鏡から文・武の装束へ

鏡の生産は、以上のごとく、古墳時代前Ⅲ期から前Ⅳ期にかけて徐々に後退していく。前Ⅰ・Ⅱ期に製作された同じ青銅製の銅鏃・筒形銅器・巴形銅器といった儀器的性格の強いものも、前Ⅲ期にはほとんど生産されなくなる。特定の青銅器に霊力を感じ、それを重要な祭器や儀器とした段階は終焉をとげつつあり、代わって支配者層の現実的な富や力を直接的に顕示する段階が始まったのである。すなわち、ヤマト王権は、王権の維持・拡大の一環として鏡を中心とした呪術的祭器の配布を行った段階から、甲冑を中心とする武器・武具の生産と配布に表されるような軍事的編成を一つの軸に、王権をより秩序ある強固なものへと整備・統合する段階に入ったのである。前Ⅱ期以後の朝鮮半島をめぐる軍事的緊張がこれを促す大きな外的要因となったが、この時期の中国・朝鮮との頻繁な交渉のなかでもたらされた新来の鍛鉄技術がそれを支えたのであった。

鉄製の甲冑はすでに前Ⅰ期にみられるが、その生産は前Ⅱ期後半には最初の技術改良を受け、王権下の甲冑工房の体裁を整え、長方板革綴短甲を生みだす(38)〔小林一九六五〕。続いて、前Ⅲ期末から前Ⅳ期初頭には鋲留技法を中心とする新たな鍛鉄技術をもつ工人の渡来により、大きな技術革新をなしとげるとともに、工人組織そのものを拡充し、前Ⅳ期には規格性の高い横矧板鋲留短甲を量産するにいたったのである〔野上一九六八a、小林一九七四〕。

横矧板鋲留短甲の配布が、それまでの畿内中心のそれとは異なり、九州に集中することは半島情勢と密接に係わるところであるが、この時期の配布対象に少なからぬ各地の中・小首長層が含まれている点も注目される。王権にとっては、新興のかれらを政権内に取りこむことが、政権の拡充を図り、軍事力を増強することのみならず、各地における歴代の有力首長層の力を押さえる意味からも、重要な政治課題だったと考えられるからである。(40) 横矧板鋲留短甲の分布を鈴鏡のそれと対比するならば、この時点での西国と東国の経営方針の差異も理解できるだろう。

ところで、本題との関係では、何よりもこの時期に伝来した新しい鍛鉄技術の体系に、金アマルガムを利用する鍍金技法、および波状列点文などの蹴彫りを含む彫金技法が伴っていた可能性の高いことが〔野上一九六八 a、小林一九七四〕注目されるが、それらの技法は特定の甲冑の装飾性を高めるのに用いられた。なかでも、前Ⅳ期を中心に製作された金銅や鉄地金銅張の眉庇付冑《まびさしつきかぶと》はその技術の結晶ともいうべきもので、甲冑群の頂点をなすものとして製作・配布されたのである。しかし、眉庇付冑は比較的短期間で製作が停止され、代わって、支配者層の装束には金・銀を用いた冠帽や耳飾りといった非軍装的装身具が顕在化してくる。また、鍛鉄技術に基礎をおく鍍金や彫金の技法は馬具、装身具、刀装具などの製作でも活用され、古墳時代後半期を代表する非鉄金属器の加工技術となる。

一方、古墳時代前Ⅳ期前後のころの活発な対外交渉は、中国製や朝鮮製の装身具類や装飾大刀などをつぎつぎともたらした。類例は少ないものの、帯金具、三葉式環頭大刀はすでに前Ⅱ期に認められ、前Ⅳ期以後には冠帽、垂飾付耳飾り類が加わった。ところが、それらは本来、官僚制的な政治体制のもとでの身分秩序を表す儀礼的な服制の一部として製作・配布されたものであり、列島出土の中国製のもののなかには中国南朝より位階とともに下賜されたものがあるとの指摘もなされている〔町田一九七〇〕。すなわち、これらの品々の伝来の背後には新しい官僚制的な政治支配の理念が列島にも及んでいたことを知るのである。

帯金具は、胡服の流入に伴い、特に中国晋代以後に官爵号を媒介とした文・武の服制と結びついて発達したもので、新羅でも列島の前Ⅳ期から後半期のころには身分的序列を示すものとして盛行したと考えられる〔町田一九七〇〕。しかし、列島での帯金具は型式や製作技法（鋳造、透彫り、打出しなど）が多様で、同一型式内でも技法に一貫性がなく類例に乏しい点などからみて、それが列島内で計画的に生産された可能性はきわめて少なく、しかも、後Ⅰ期以後にはほとんど例をみなくなる。

他方、前Ⅳ期から後Ⅰ期の古墳に著しい冠帽や垂飾付耳飾りも朝鮮半島で発達した文官的装束の一部である。前者に金銅製・銀製、後者に金・銀・金銀・金銅等の製品がみられ、前者がおもに透彫り、蹴彫り、打出しといった彫金技法で製作されているのに対し、後者の優品には金粒を鑞付けし、金線で兵庫鎖を編むといった、いわゆる細金細工の技法がめだつ。しかし、それらもまた、個々の作品の個性が強く、垂飾付耳飾りの一部に型式的連続性や技法の共通性がみられたとしても、全体としては規格性に乏しいことが指摘できるのであり(41)、しかも、それらがもっとも発達した新羅においては、主要な墳墓で冠帽・垂飾付耳飾り、頸飾り、釧、指輪、帯金具、腰佩《ようはい》、履などが一式として揃っているのに対し、列島での副葬例では装束一式としての完結性に欠けるのである。

したがって、帯金具同様、冠帽や垂飾付耳飾りも、前半期から後半期への過渡期に、大陸的な身分制的服制を代表するものとして列島に伝えられたものの、列島では十分発達せずに終わり、比較的短期間で消えていったということができる。ただ、この時に根づいた耳飾りの風習はその後に受けつがれ、簡単な作りの鍍金や金の薄板張の金環、あるいは銀環、銅環として盛行し、農民層の一部にまで普及した。

ところで、以上のことは古墳時代の前Ⅳ期から後半期にかけての列島で、身分制的な支配がまったく進行していなかったことを意味するわけではない。後半期における古墳とその副葬品のあり方は、身分制的な序列が群集墳の被葬者たる有力農民層の段階にまで貫徹していたことを示している。しかも、そこにみられる編成秩序は、衝角付冑や短甲に代表される歩兵中心のものではなく、騎兵を中心とした軍事的編成に変わっており(42)、そこでは墳丘や石室の規模とともに装飾馬具と大刀の有無、鉄製馬具と大刀の有無、および鉄鏃の有無といった副葬品の差が身分的序列を示すかたちをとっている。すなわち、もともと服制の重要な要素としてあった装飾馬具や装飾大刀の生産と配布が古墳時代後半期での重要な政治的役割を担ったのである。

(5) 装飾馬具・大刀の生産

古墳時代前Ⅲ期初頭ころ、はじめて列島にもたらされた馬具はまもなく模作が始まり、前Ⅳ期以後はｆ字形鏡板と剣菱形杏葉の一式を中心に生産が活発化する〔小野山一九七五ａ〕。製作技術は甲冑のそれと関連すると考えられる鍛鉄技術によっており〔小野山一九七五ａ〕、装飾馬具には鉄地金銅張技法が著しく、波状列点文を蹴彫りする例も少なくない。

しかし、後Ⅰ期までの馬具生産を特徴づける要素の一つは、舶載品をまねて作りだされた鈴杏葉、鈴付鏡板、環鈴、馬鐸といった音を発する青銅製馬具の存在で、そこには鈴鏡を製作する鏡工人の馬具生産への参加が推測できる〔小野山一九七五ｂ〕。いうなれば、それは鍛鉄技術に基礎を置く工人集団と、古くからの青銅器鋳造技術に拠る工人集団とが、馬具一式を作りわけるというかたちではじめて具体的な協業の姿をみせるにいたったということができるので

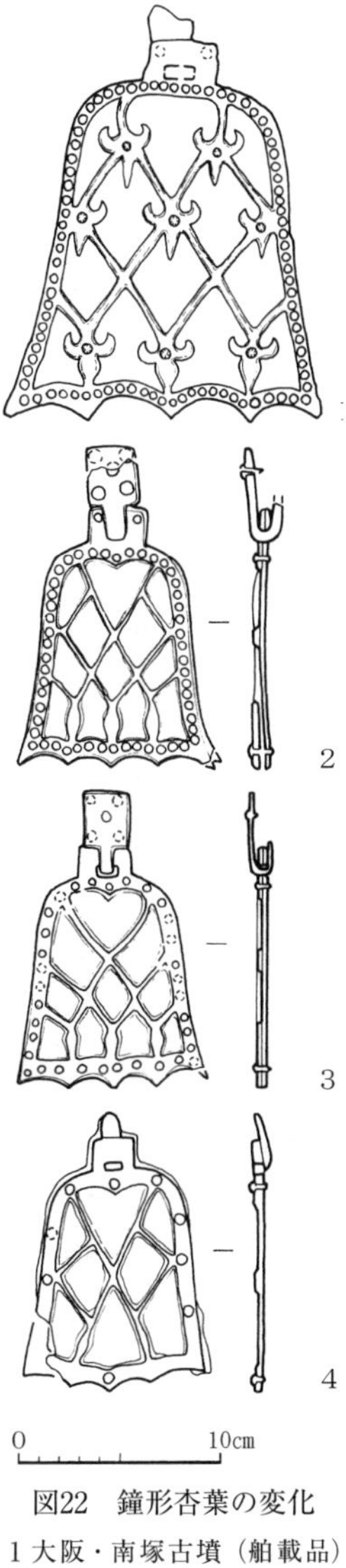

図22　鐘形杏葉の変化

1大阪・南塚古墳（舶載品）　2岡山・岩田14号墳　3奈良・三里古墳　4岡山・王墓山古墳

ある。甲冑や馬具といった金工、漆工、木工、紡織、皮革細工など各種の技術が集約される製品の生産は、王権下の各種手工業部門の整理、再編を促したものと考えられるが、これはその一つの証拠ということもできよう。

ところで、馬具の生産は、後Ⅰ期後半以後は一段と活発になり、製品も多様化したが、装飾馬具はみた目の華やかさとは別に、文様は退化し、技術は簡略化へと向かったものが多い。後Ⅰ期後半に舶載品を模倣して生産が開始された鉄地金銅張の鐘形杏葉はその典型であり[43]（図22）、それよりやや遅れて作りだされた棘葉形杏葉でも文様の退化は同様である。ただ、後Ⅱ期になると、舶載馬具にはみられない意匠の馬具も登場してくるが、その一つである花形杏葉・鏡板では、本来それらとセットで作られるべき轡《くつわ》、雲珠《うず》、辻金具などに統一性が認められず、できあいの部品が組みあわされたと指摘されている〔小野山一九八三〕。

このような傾向に歯止めがかかり、装飾馬具の生産が新しい段階を迎えるのは仏教文化の本格的な流入と新来の馬具の影響下に新型式の装飾馬具の生産が始まる後Ⅱ期末の六世紀末、ないしは七世紀初頭のことである〔小野山一九五九・七五b〕。

一方、前Ⅳ期から後Ⅰ期にかけての儀礼的な装束の変化は、そのもっとも重要な要素の一つである儀仗刀にも大きな変化をもたらした。剣に代わって比重の増した大刀のなかで、中国の刀制の系譜を引く環頭大刀では、まず弥生時代以来の鉄製素環頭大刀が前Ⅳ期でほぼ盛期を終える。代わって、前Ⅳ期には素環頭でも鉄地銀象嵌金箔張、鉄地銀張、あるいは金銅製といった装飾化の進んだ例や、パルメット形三葉式のものがみられ、後Ⅰ期には金銅製の竜鳳式環頭大刀や三累環式環頭大刀が、後Ⅱ期には獅噛式環頭大刀が現れる[44]。他方、前Ⅲ・Ⅳ期に盛期を迎える鹿角装大刀は後Ⅰ期には減少するが、玉纏大刀と関連する列島独自の刀装具たる三輪玉には金銅製品が現れ、前Ⅳ期から後Ⅰ期に盛行する〔堤一九六八〕。そして。後Ⅱ期には金銅製、ないしは鉄地銀象嵌製の円頭大刀が出現し、その後半には金

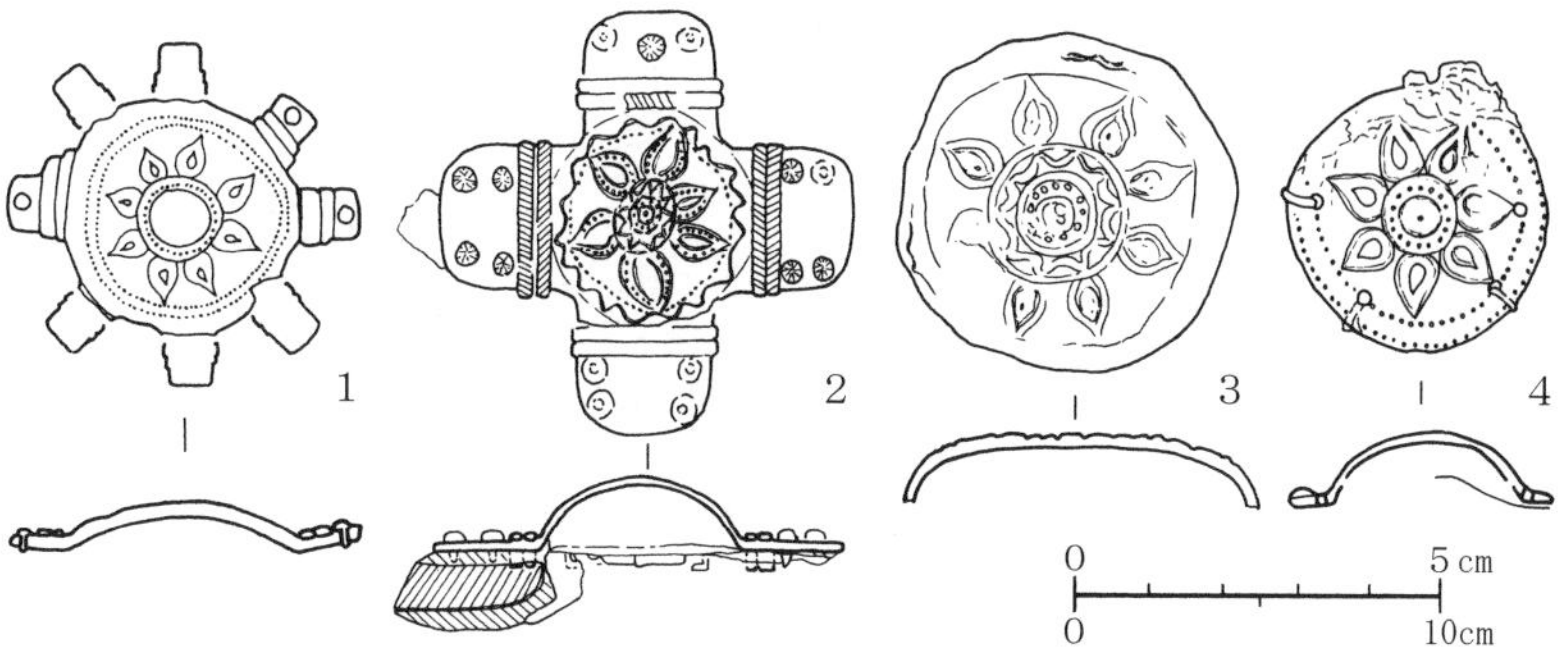

図23　特殊な花文をもつ馬具と刀装具（3・4は下側のスケール）
1雲珠（熊本・塩塚古墳）　2辻金具（埼玉・宮西塚古墳）　3雲珠（愛知・鎌田古墳）　4刀装具（奈良・石光山46号墳）　1・2・4鉄地金銅張、3鉄地銀象嵌

銅製・銀装の圭頭大刀や、金銅製を中心に一部、鉄地銀象嵌製の頭椎大刀が登場し、ともに七世紀前半に盛行するのである(45)。

そのなかで、後Ⅱ期の装飾大刀を代表する単竜・単鳳式環頭大刀をとりあげると、後Ⅰ期に舶載品がもたらされ、それをまねるかたちで後Ⅱ期には列島での製作が始まり、後Ⅱ期後半には盛期を迎えるが、その文様や技法は一貫して退化、簡略化の方向へと向かったのであり、この傾向は、これらと密接な関係をもちつつ展開した双竜・双鳳式環頭大刀においてさらに著しい〔町田一九七六・八二〕。

装飾馬具にしても装飾大刀にしても、外部からの刺激がないかぎり、その文様や製作技術は一貫して退化、簡略化の方向へと向かうのであり、それは単に量産化の結果というだけではなく、当時の技術とそれを保持する工人集団の性格を端的に示すものと思われる。竜鳳式環頭大刀の製作には、鍛鉄による刀身の製作はもちろん、柄、鞘、装飾品などの製作に鋳造・鍍金、金箔張、透彫り、打出し、タガネによる刻み・列点など、金・銀象嵌の技法を除けば(46)、当時の金属器加工のほとんどの技法が集約されているのであるが、そうした場においても退化の傾向は、なお、おさえ難いのであった。

後半期の装飾馬具や装飾大刀の工房については、それが畿内に設けられた特定の工房であったことは推定しえても、それ以上のことはほとんどわかっていない。両者の関係についても同様で、多くは今後の課題であるが、ここではつぎの二点を指摘しておきたい。

その一つは、多様な技法を製品とともにどのように整理・分類するかについてである。その場合、一つの基準になる技法群の差を、装飾馬具では鍍金技法や蹴彫り技法を含む鍛鉄技術と青銅器鋳造技術の差に求め、装飾大刀では大刀の系譜や象嵌技法の有無に着目し、竜鳳式環頭大刀（環頭鋳造）を中心とする技法群と、鉄地金銀象嵌の技法を多用する木装大刀や素環頭・円頭・頭椎大刀などの技法群との差にみいだしたい。

つぎに、これらの技法群を関連づける一つとして特殊な花文（図23）を取りあげると、それは多くは鉄地金銅張馬具の雲珠（1）や辻金具（2）にタガネで刻まれるものであるが、まれに鹿角装大刀の勾金につく鉄地金銅張飾金具に施され（4）、逆に雲珠や辻金具では、同じ文様が、装飾大刀の一部に顕著な銀象嵌の技法で施された例（3）がみられるのである。特殊な花文をもつ雲珠や辻金具が、楕円形杏葉や花形杏葉・鏡板、あるいは鐘形鏡板とセットをなしていることは、この花文がけっして特殊な工房の作品ではなく、逆に各型式の杏葉類が同一の工房で製作されたことを示唆するのであるが、それとともに、一部の大刀の製作が馬具生産と密接な関係にあったことをも暗示しているのである。

なお、この段階の製作物の分布では、後Ⅱ期後半より馬具や装飾大刀の分布が東国に偏在するようになることが注目されるが、それは王権の軍事的基盤が東国に移ったことを示すと理解できる〔新納一九八三〕。

最後に、古墳時代のガラス製品の製作について触れておくと、前半期には鉛ガラスの製品がほとんどなくなり、代わってアルカリ成分としてナトリウムを多く含むガラスの製品が現れたこと、および、前Ⅳ期以後にトンボ玉、雁木玉などの象嵌ガラス玉や赤、黄、黄緑などの小玉が普及したことを指摘できる〔小林一九七八〕。しかし、それは基本的にガラス玉の舶載状況の変化として捉えられるものであり、少数のガラス容器もその一部としてもたらされたものである。当時の列島内でのガラス製品の生産は青色系統の勾玉、管玉、小玉、およびガラス小玉を用いたトンボ玉の製作程度であったと推測する。ガラス製品の生産に大きな質的転換が訪れるのは七世紀における鉛ガラスの再登場以後のことである(47)〔小林一九七八〕。

おわりに

一般に、青銅器の発明と普及は、人類の科学的知識の発達に飛躍をもたらし、やがては社会を文明へと導く重要な文化的基盤を形成したと考えられている。しかし、いずれの地においても、青銅器が利器類の主体をなした「青銅器時代」が存在したわけではないし、そのような段階を経なかった地においても、青銅器のすべてが輸入品であった文化や、製品とともに原料を輸入し自らも製品を作りだした文化、あるいは自ら原料を精錬し製品を生みだした文化が展開した。

ところで、弥生時代から奈良時代にかけての列島の青銅器を中心とした非鉄金属器の文化は、とりもなおさず、後者の三つの文化的様相をまさに歴史的な段階として歩んだのであり、第二の段階が弥生時代I期末から七世紀中葉までと長期に及んだことが、その文化に独特の色彩を与えることになった。

前にみたごとく、弥生・古墳時代における非鉄金属器のほとんどが祭器や儀器や装身具といった政治的色彩の強いものに限られたことがその一つの特色であるが、それは単に「鉄器時代」の非鉄金属器に共通した特徴というだけのものではなかった。政治体制がゆるい連合体から首長連合体制を経て中央集権的な統一国家へと発展していく過程の、特に前半期において、非鉄金属器の生産と流通は長期にわたって特定の政治中枢の統轄下におかれ、製作物はその機構の維持・拡大に不可欠な媒体として用いられたのであった。新しい製品・原料・技術（工人）の入手がたえず大陸・半島からの輸入に拠っていたことも、中枢による原料や技術（工人）の掌握を容易にし、それぞれ独自の文化的背景をもつ舶載品の中から自らに必要なもののみを選択し、独占的にこれを生産することを可能としたが、そのことは製作物に列島独自の文化的意味合いをも、もたせることになった。

したがって、製作物の種類の変化、形態的・技術的変容、分布状況の変動などは生産と流通の問題にとどまらず、たえず連合体、あるいは連合体制の質的変化と直接的に関係していたと考えられるのであるが、本章では、そのなかでも製作物の種類の変化を最重視し、それを「聞く銅鐸」の段階から、「見る銅鐸」、鏡、および甲冑・馬具・大刀などの装飾的武装の段階への変化と捉え、不十分ではあるが、政治体制の発展段階と対応させつつその意味を追求した。多くの場合、舶載品と仿製品の区別の困難さが障害となったが、ここでは、あくまで列島に定着した製品とその技術の変化を重視した。

多くの製作物において、製作開始後まもなく、その文様や技術に退化、簡略化が認められることも列島の非鉄金属器の大きな特徴の一つであるが、その原因には製作物の政治的・社会的意味の低下、あるいは量産化といったことのほかに、専門工人のおかれていた状況も深く係っていたものと思われる。銅鐸がその前半段階でみせる生成・発展の過程はこの傾向と著しい差を示すが、それはこの段階の銅鐸が集団祭祀の祭器としていきいきと社会に息づいていたことと関連するのかもしれない。

列島の非鉄金属器の生産は、この後、まず、仏教文化を中心とする中国・朝鮮文化の強い影響下に大きな変容をとげ、続いて、律令体制の進展のなかで、銅、錫、鉛などの鉱山を開発し、それに保証されるかたちで貨幣の鋳造や大仏建立といった国家的事業を完遂していく。それらもまた本稿に課せられた主題の一部であったが、後日の課題としたい。(補註5)

註

(1) 弥生時代の時期区分は〔佐原編一九八三〕に従う。

(2) 〔近藤一九八四〕は、第一波を朝鮮青銅器文化における「松菊里文化類型」、第二波を「入室里文化類型」の伝播と捉えている。

(3) 方格規矩鏡と内行花文鏡の流入時期の差は〔小林一九六五a、高倉一九七二〕に詳しい。舶載青銅器の流入時期については、他に〔橋口一九七九〕など参照。

(4) 初期の舶載青銅武器も儀器や宝器とする説が有力だが、埋葬施設からの出土例には、それらが実用の武器として使用された結果と考えられる切先のあることが指摘されている〔橋口一九七六〕。

(5) 最近のものでは〔岩永一九八〇、下條一九八二〕などがある。

(6) 論争はおもに銅鐸の生産開始年代をめぐって展開されてきたが、その内容は〔岩永一九八四〕に詳しい。

(7) 銅鐸の編年は〔佐原一九六〇・七九〕、青銅武器の編年は〔岩永一九八〇〕を基礎とした。

(8) 鉛同位体比法による青銅原料の分析は、わが国では山崎一雄らによって始められたが、ここでは分析データがまとまっている馬淵久夫らの成果を中心に取りあげた〔馬淵・平尾一九八二・一九八二〜八三、馬淵ほか一九八二〕。

(9) 〔芋本一九八二〕にも同様な指摘がある。列島の初期の段階には土型の確例はないが、朝鮮半島では多鈕細文鏡や銅剣の穀粒文把頭飾りなどに土型の使用が推測されている〔岡内一九八〇〕。

(10) 九州でも巴形銅器など小型品に土型の使用が考えられている〔近藤一九七四b〕。

(11) なお、奈良県磯城郡田原本町唐古鍵遺跡と同県橿原市新沢一遺跡から銅鐸の土型に関係する土製品が出土している。

(12) 大阪府東奈良遺跡出土の大阪湾型銅戈や勾玉の土型の成形にあっては原型の押圧が考えられている〔藤沢一九七六〕。

(13) 銅鐸の用途に関する研究史は〔小林一九七一〕に詳しい。なお、〔近藤一九八五〕は東アジア的な視野からこれらを用いた祭祀を復元し、銅鐸などの「鳴り物」と「武器」が併用された古い段階と、それぞれの地域がそのいずれかを選び大型化し、祭祀の中心とした新しい段階があったと想定している。

(14) 銅鐸の祖型には「朝鮮式小銅鐸」が想定され、製品や鋳型(石型)は九州北部でも出土しているが、菱環鈕式銅鐸との型式的関係は十分明らかでない。
(15)　数量、分布などの検討は〔佐原・春成一九八二〕によるところが多い。
(16)　〔佐原一九八一a〕では「渡り」の工人による偶発的な生産とされる。視点は異なるが、九州で銅鐸が、畿内で銅剣等が作られた理由については〔近藤一九八五〕に一つの見解が示されている。
(17)　山口充氏のご教示。Ⅲ期の弥生土器と伴出。扁平鈕式ないしは外縁付鈕式段階のものである。
(18)　〔都出一九八四〕では流通機構の中枢はⅣ期までには出現していたと指摘しているが、さらに遡る可能性もある。
(19)　銅鐸を保有する単位については十分明らかではないが、〔春成一九八二〕でも、一農業共同体につき一、二個の保有と推定している。
(20)　〔水野一九七二〕ではすでに国家が存在し、銅鐸はその中枢より配布されたと考えられている。
(21)　三遠式銅鐸の製作地は明らかでないが、たとえ東海西部に製作地があったとしても、その成立には瀬戸内と東海の特定の銅鐸群の合体が想定され〔佐原一九七九〕、原料に近畿式銅鐸と同じ「規格・漢タイプ」の鉛を含む青銅原料が使われている点などからみて、三遠式銅鐸の成立と展開には畿内中枢が深く関与していたものと思われる。
(22)　なお、中国地方中部の多くではすでにこれらの青銅祭器を放棄していた可能性もある。
(23)　伝世鏡論は〔梅原一九四〇〕などで示され、〔小林一九五五〕などによって発展させられたが、以上はその成果の著者なりの理解である。
(24)　〔小林一九五五〕では「世襲的首長の地位の恒常性の外的承認」と理解されている。
(25)　埋納の時期については諸説が提出されているが、ここでは多くはⅤ期後半から終末期を中心とした時期に埋納・放棄されたと考えている。
(26)　ガラス原料輸入説は〔小林一九七八〕などにあり、鉛同位体比法の結果からも推測できる〔山崎一九八二など〕。なお、岡山市百間川遺跡群や上伊福遺跡等より弥生時代Ⅲ期を中心に「ガラス滓」の出土が報告されているが、これをもってガラス原料の自給を考えるにはいまだ証拠不十分である。「ガラス滓」の分析値がナトリウムガラスに近く弥生時代にその確例をみないことや、岡山県周辺にガラス製品がけっして多くはないことも問題である。
(27)　なお、赤井手遺跡例は砂岩製の石型で二個以上の雌型が彫りこまれている。弥永原遺跡例は二例あるが、土型（砂型）説と石型説とに判断がわかれている。
(28)　吹ガラス技法の指摘は〔小林一九七八〕にあり、引延し技法の説明は〔由水一九七八〕にある。勾玉に指摘されている捻りだし技法もアルカリ石灰ガラスに関連するかもしれない。

(29)〔小林一九七六〕によるところが多い。

(30)〔勝部一九七八〕に諸説の紹介がある。

(31)他の土型の証拠は〔小林一九七六〕に掲げられている。なお、土型でのたび重なる鋳造は困難との見解もあるが、大型化した銅鐸の土型などとは同一視できない。

(32)前者の説では、〔小林一九八二〕に舶載三角縁神獣鏡がかなりの数の工人によって短期間に大量に作られた理由と作鏡上の解決策が簡略にまとめられている。

(33)〔近藤一九八二〕はこの面からの王仲殊批判である。

(34)〔樋口一九七九〕による。

(35)古墳時代の時期区分は〔大塚一九六六〕を基本とした。

(36)〔川西一九八一〕はこの点の議論をさらに展開している。

(37)〔田中一九七九〕では鏡の大小を祭儀における鏡の果たした役割の多様化と捉えている。

(38)〔野上一九六六〕や〔小林一九七四〕では、この段階ではじめて王権下に集中的な甲冑工人の組織化が行われたと考えている。

(39)ともに新旧工人の統合を推測している。

(40)〔岩崎一九八四〕にも同様な指摘がある。

(41)〔野上一九八三〕参照。

(42)軍隊における歩兵から騎兵への変化は、〔小野山一九五九〕に指摘がある。

(43)〔河上・右島一九七七、小野山一九七九〕参照。

(44)〔町田一九七六、新谷一九七七、新納一九八二、今尾一九八三〕参照。

(45)〔向坂一九七一〕ほか参照。

(46)山形市大之越古墳出土の鉄地銀象嵌金箔張の単鳳大刀はきわめて特殊な例である。

(47)なお、鉛同位体比法により、正倉院のガラス小玉、および薬師寺金堂本尊台座、太安萬侶墓誌等、七世紀後半以後のガラスや青銅の原料には日本産の鉛が用いられていたことが判明している〔山崎ほか一九八〇、馬淵ほか一九八三〕。

(補註1)その後、島根県荒神谷遺跡で銅剣三五八本、銅矛一六本、銅鐸六口、同加茂岩倉遺跡で銅鐸三九口、兵庫県で銅鐸七口などが発見されたが、それらは本文の見解の上に立って解釈すべきものと考えている。

（補註2）首長が中心となった祭祀の場で鏡が重要な役割を果たしたことは否定しないが、現在は、古墳の儀礼を首長権継承儀礼の場とする見解はとっていない。古墳の儀礼は首長の冥福を祈る大規模な葬送儀礼で、古墳の表面には、首長の魂が赴く他界が表現されたと考えている〔和田二〇一四〕。

（補註3）本書二三二・三頁図32との比較では、両者は整合的ではないが、概ね、つぎのような対応となる。

	前									後	
本文	Ⅰ			Ⅱ			Ⅲ	Ⅳ		Ⅰ	Ⅱ
図32	1	2	3	4	5	6	7	8	9	10	11
	前期				中期				後期		

（補註4）筆者は現在「癸未年」は六〇三年が妥当と考えている。

（補註5）各分野のその後の進展については、鉛同位対では〔馬淵二〇一〇〜一二〕、銅鐸では〔難波一九八六・二〇〇七、滋賀県立安土編二〇一一、大阪府立弥生編二〇一一〕、鏡では〔森下一九九一、車崎編二〇〇二、下垣二〇一一〕、ガラスでは〔肥塚隆保一九九五、大賀二〇〇二〕、鉄器や鉄製品では〔広瀬・和田編二〇一一、一瀬ほか編二〇一三〕の関連項目などを参照されたい。

付論一　日本列島の初期鉄器文化

はじめに

文字の記録が残る以前の時代を先史時代と呼び、その発展段階を表すのにしばしば石器時代・青銅器時代・鉄器時代という言葉が使われる。それは、ものを切ったり削ったりする刃の付いた道具である利器が何でできているかでもって、社会の発展段階を捉えようという素朴な文化史的用語であるが、それなりに当を得ていて、なかなか便利な用語でもある。では、日本列島ではいつから鉄器時代が始まったのだろう。

列島の社会に初めて金属器が出現するのは弥生時代のことである。紀元前四・五世紀より前に、朝鮮半島南部から初めて水稲農耕を生産の基盤とする複合的な文化が伝来し、弥生文化を生みだした。金属器はこの文化の主要な要素の一つであり、当初から青銅器と鉄器とが伴っていた。すなわち、列島では石器時代から一気に鉄器文化の段階に突入したのである。このような現象が起りえたのは、列島の社会が、すでに鉄器時代に入り強大な国家を形成しつつあった中国文明の周辺部にあって、朝鮮半島との密接な関係のなかで初期の農耕社会を生成させたことに大きな理由がある。そして、生産と軍事を支える先進的な鉄器文化が中国・朝鮮に展開し、たえずその文化を受け入れるばかりではなく、鉄そのものも朝鮮半島南部に依存するという関係がその後も長く続いたことが、列島の鉄器文化のあり方、ひいては列島の古代国家形成にいたるまでの社会のあり方に非常に大きな影響を与えたのである。

一　弥生時代

ところで、弥生時代の最初から鉄器文化が始まったとしても、ただちに本格的な鉄器時代に入ったというわけではない。前期には石や青銅の剣が実用の武器として使われていたし、中期までは石斧や石鏃や石包丁といった石器が盛んに用いられていた。鉄器の利用とその製作は段階を追って発達していったのである。

まず、第一段階は、弥生時代の初頭に水稲農耕文化の一要素として列島にはじめて青銅器とともに鉄器がもたらされたことに始まる。ただ、この段階の鉄器は刀子や鏃などといった木工具や武器の小型品が中心で、量的にも少なく、利器の主体は石器が占めていた。

第二段階は弥生時代前期末（紀元前二〇〇年ころ）に始まる。この段階から、朝鮮半島南部からもたらされたと推定される鉄素材を用いて、列島でも北部九州を中心に鉄器の製作が始まる。最初は斧や鏃といった小型品がおもだったが、中期中葉には比較的大きい武器類も製作されるようになる。ただ、この段階でも利器の中心は石器であり、大型の刀剣類の多くは中国や朝鮮から持ちこまれたものと推定される。

第三段階は弥生時代後期（一世紀ころから）以降である。中期において利器の主体をなした石器が急激に衰退・消滅し、鉄器の急速な普及が推測されるとともに、鍬や鋤といった木製農耕具に鉄製の刃先がつき、石包丁に代わって手鎌や鉄鎌が出現してくる。列島の社会はこの段階ではじめて本格的な鉄器時代に入ったということができる。鉄器は利器に、青銅器は祭祀用具や装身具に、という鉄器時代特有の金属器の使いわけもこの段階に確立した。ただ、この段階でも、鉄素材そのものは列島内ではほとんど生産されず、朝鮮半島南部の洛東江流域のそれに依存していたのである。

言ってみれば、使用する武器や生産道具類は本格的な鉄の時代を迎えながら、鉄素材そのものは列島外に求めざるをえない状況がこの時期に出現したのである。鉄以外の威信財や情報などについても同様であった。そして、このような状況が、各地の集団の自立性を弱めるとともに、西日本を中心とした地方ごとに集団間の統合を急速に推し進め、広範囲の集団間の結合を促すことになったのである。弥生時代中期までは自然発生的な性格を強く残していた銅鐸分布圏や武器形祭器（銅剣・銅矛・銅戈）分布圏などといった物資流通網を媒介とした広範囲の集団間の結びつきは、急速に政治性を帯び、内には中核となる勢力を中心とした集団間の支配と従属を、外には他の広範囲の集団的結合との政治的緊張を引きおこしたと推測されるのである。二世紀後半に想定される「倭国大乱」はこのような状況を背景に起こった鉄器時代の本格的な戦争であり、それに畿内勢力が勝利したのである。

二　古墳時代

三世紀中葉ごろから、畿内を中心に古墳が造られるようになると、遺体とともに多量の副葬品を納める風習の普及ともあいまって、鉄製品は多量に発見されるようになる。

この時代の第一段階は、技術的には弥生時代の延長上にある。板状や角棒状の鉄素材を比較的簡単に鍛造したものが中心で、刀・剣・矛・槍・鏃などの武器類、甲冑を中心とした武具類、鎌・鍬・鋤などの農具類、斧・鑿・鉇・刀子などの木工具類、釣針・ヤスなどの漁具類などが作られた。

第二段階は中期中葉（五世紀前葉）に始まる技術革新の時期である。この時期の技術革新は、現在、考古学的に捉えられるものとしては弥生・古墳時代を通じてもっとも明瞭で最大の変化である。その内容は鍛造技術において著しい。複雑な曲面をもつ鉄板や丸棒が製作されだし、鉄板を綴じ合わせるのに革紐に代わって鉄の鋲が用いられるようになるとともに、鉄製品の装飾に透かしや象嵌（鉄地に金や銀を埋めこむ）の技法、あるいは、鉄地に金銅板（金の薄板を張ったり、金をメッキをした鋼板）を重ねる技法も出現した。製品は武器・武具・馬具といった軍事的色彩の強いもの、それも以前の歩兵用のものとは異なり騎兵用のものが中心を占めるが、この段階の鍛鉄の技術革新は武器・武具・馬具から農工漁具にまで及んだ。

「倭の五王の時代」として知られるこの時期は、東アジア諸国との戦争をも含めた活発な交流のなかで多くの人・もの・情報が伝来・定着し、さながら「古代化に向けての文明開化」といった状況を呈すが、鉄に関連する諸技術もヤマト王権中枢によってほぼ独占的に取り入れられ、特定の工房でその威力を発揮したものと推測される。列島外の高度で熟練した人・もの・情報をいかに安定的に入手し独占的に活用するかが、大王を頂点としたヤマト王権中枢が、それぞれ在地の支配によって立つ首長層を統合していく上で不可欠の存立基盤の一つであったと考えられる。

ところで、古墳時代中期の古墳からは、しばしば鉄鋌（図24—11・12）と呼ばれる鉄板が出土する。それは朝鮮半島南部からもたらされた鉄素材そのものにほかならない。したがって、中期においても鉄素材をおもに列島外に頼っていたことは、ほぼ間違いないところである。

では、列島での鉄生産はいつから始まったのだろう。現在のところ、製鉄が行われた直接の証拠である製鉄炉は、古くても古墳時代後期後葉（六世紀後葉）のものである。この時期から七世紀前半にかけての製鉄炉は福岡、島根、広島、岡山、滋賀といった西日本の各地で発見され、日本海側では砂鉄を、瀬戸内海側や滋賀では鉄鉱石を原料に鉄生

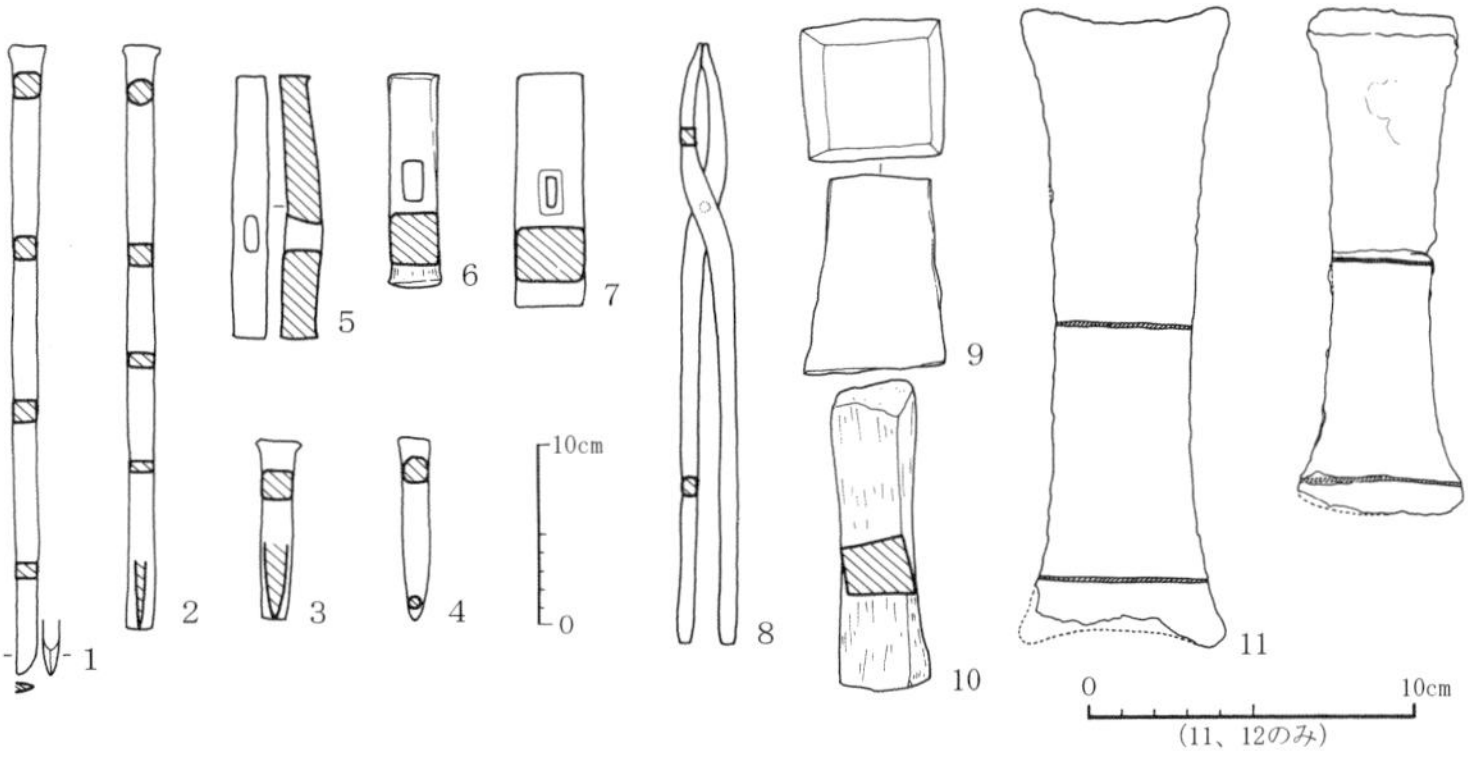

図24　鍛冶工具と鉄鋌

1～10鍛冶工具・奈良・五条猫塚古墳　11・12鉄鋌・奈良・大和6号墳

産を行い、鉄素材の自給率を高め、鉄器文化の新たな段階を画した可能性が高まっている。しかし、このような鉄生産の開始がどこまで遡るかは、現状ではよくわかっていない。ただ、京都府京丹後市の遠所遺跡で発見された後期前葉～中葉（五世紀後葉～六世紀前葉）の木炭窯が、周辺から多量に出土した鉄滓から、製鉄に伴うものと推測されているように、それは五世紀代にまで遡る可能性が高い。この時期は、先に指摘した鉄器製作技術の革新期にあたり、また、須恵器という、鉄生産と同じく高熱を取り扱って土器を焼く技術の導入期にもあたる。状況証拠は、早ければ五世紀前葉、遅くとも五世紀後葉には、少なくとも試行的な鉄生産が列島でも開始された可能性を示している。もし、この時期をさらに遡って鉄の生産が行われていたとしても、それはきわめて小規模なものであったと思われる。

真の鉄器時代を、鉄生産から鉄器製作までを自立的に行える段階と定義するならば、列島の社会がその段階に達したのは早くて古墳時代中期、遅ければ古墳時代後期のことである。長らく鉄素材を朝鮮半島南部に求めなければならなかったことが、列島の社会の発展に大きな影響を与えたことは先に触れたが、ちょうど列島で本格的な鉄の生産が始まりだした古墳時代後期には、社会は大きく変質する。古墳時代前期・中期を通じてみられた、大王を項点とする有力首長層が各地の在地首長層を政治的に編成していた首長連合とでも呼ぶべき政治体制が崩壊し、それまでは首長のもとにあった民衆層をヤマト王権が直接的に支配し、在地首長層を官人化していくような中央集権化に向けての政治的動向がこの時期から始まるのである。

三　飛鳥時代

七世紀の飛鳥時代に入ると、この動きはいっそう加速され、おもに同族関係が社会を律した時代から法が社会を律する時代へと変わり、古墳は急速に築かれなくなる。そして、七世紀後半には公地公民を原則とするきわめて中央集権的な律令国家が完成に向かう。

この時期の鉄生産の前半は上記のような状況にあったと考えられるが、その規模は現在わかっているものではけっして規模の大きなものではない。しかし、律令国家完成期にあたる七世紀末から八世紀初頭といわれる滋賀県草津市木瓜原《ぼけわら》遺跡の実態はどうであろう。土壇を築いた上に箱形炉を設け、鉄鉱石を用いて製鉄を行いつつ、まわりに大鍛冶・小鍛冶の工房を配して、鉄生産から鉄製品製作までを一貫して大規模に行っているのであり、そこでは同じ高熱を扱う須恵器窯を営むとともに、青銅の梵鐘をも鋳造しているのである。生産工程の一貫性・多角性を効率よく実現することを目的として一地域に計画的に統合された工場の集まりを近代的なコンビナートと呼ぶならば、この遺跡はまさに「古代のコンビナート」と呼ぶにふさわしいものであり、律令国家が国衙を通じて営んだ官営工房の一つの典型ということができるだろう。(補註)ただ、それが短期間で操業を終え場所を他に移さざるをえなかった点に、当時の生産システムの限界をみる思いがする。

〔補註〕　小考の作成にあたり〔森一九五九、野上一九六八b、橋口一九八三、潮見一九八六、丸山ほか一九八六〕などを参考とした。なお、木瓜原遺跡の報告書は〔横田編一九九六〕として出版されている。

付論二　丹後の古墳群の動向と遠所遺跡

――中期製鉄開始の可能性――

はじめに

古墳時代を研究しているものにとって、丹後は非常に魅力的な地域の一つである。その最大の理由は、何といっても、日本海沿岸において第一、第二、第三という大きさを誇る巨大な前方後円墳が築かれていることにある。今回、その丹後の弥栄町（現京丹後市）で、大規模な製鉄遺跡である遠所《えんじょ》遺跡が発掘されたことで、その魅力は一段と増した。ここでは、その理由の一端を話すが、まず、その前に、発掘現場を見学した時の印象から話を始めたい。

遠所遺跡を見に行くと、製鉄遺跡や古墳からなる遺跡群そのものもさることながら、遺跡を調査している人、あるいはそれを支えている人、そういう人たちのパワーを強く感じた。広大な範囲を、しかも、多くは丘陵の斜面や谷を掘っていくこと自体が非常にパワーのいる厳しい作業なのだが、それ以上に、遺跡の実態を解明しようという非常に強い意志を感じた。それを長期にわたって維持し、みごとな成果をあげられた。その意志の力に、同じ考古学をやっているものとして、何よりも感嘆し、敬服した。

私たちも数年前から、同じ丹後の加悦町（現与謝郡与謝野町）で古墳の発掘（鳴谷東古墳群）をしていて、その縁で、この場に参加しているのだが、今日は「丹後の古墳群の動向と遠所遺跡」という題目で話をする。話の中心は五世紀

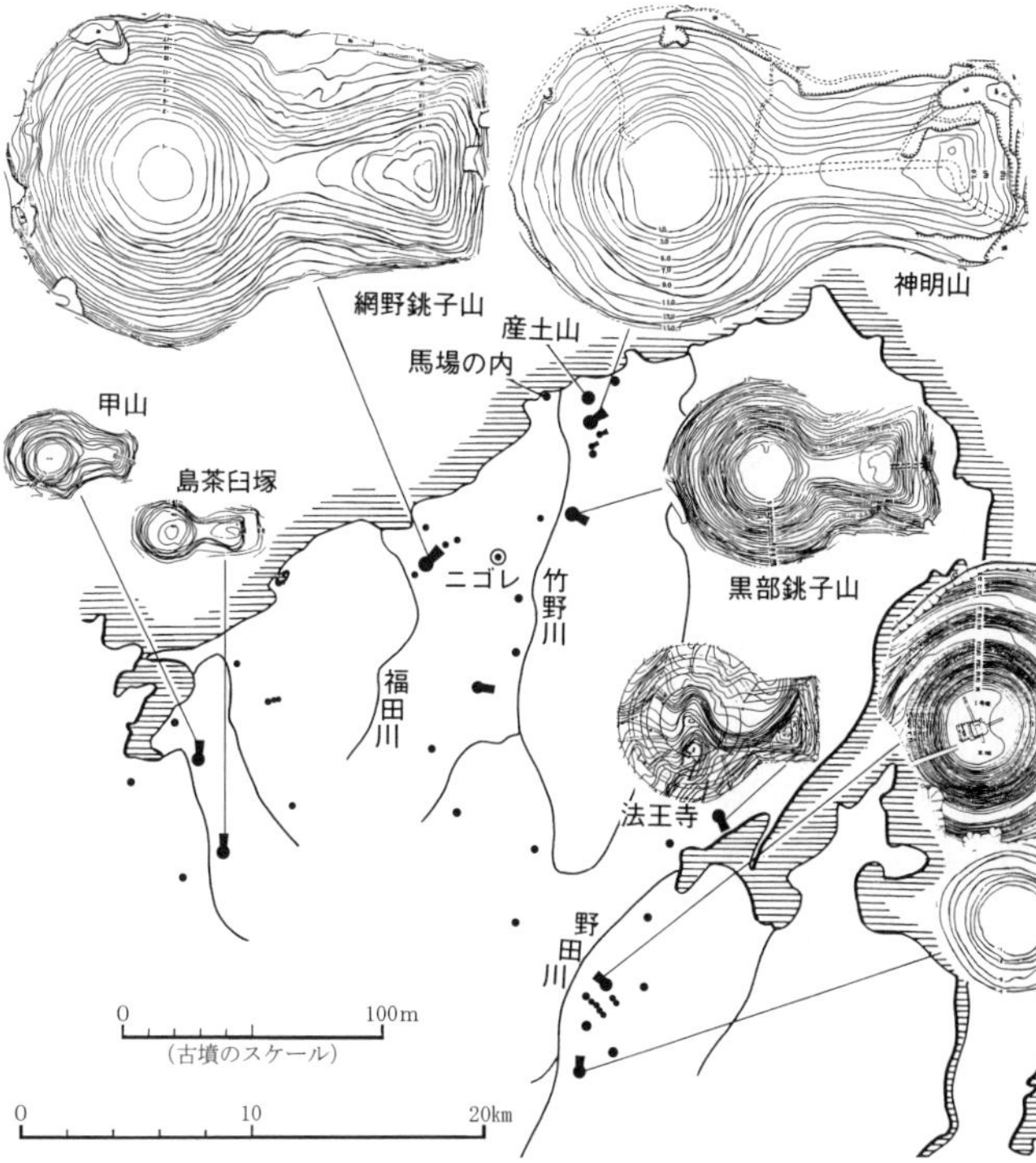

図25　丹後半島の主要前方後円墳

代で、本日の話題の対象である製鉄遺跡としての遠所遺跡が成立してくる時期のことになる。この時期は、明確な製鉄炉が発見されていないことから、日本列島ではいまだ製鉄が行われていない時期だというのが学界の定説になっているのだが、今日の話は、それに対する一つの仮説的な反論として聞いていただき、今後の調査のエネルギーにしていただければ幸いである。

一　丹後における古墳群の動向

さて、古墳時代というと、ほぼ三世紀中葉ごろから六世紀後葉ごろまでの約三五〇年間にあたる。この間、丹後では、どこにも引けを取らないほど、大小数多くの古墳が造られた（図25）。なかでも網野町の銚子山古墳は全長約二〇〇メートル、丹後町の神明山古墳は一九〇メートルあまり（ともに現京丹後市）、加悦町の蛭子山古墳は復元長が一七〇メートルあまり（現長約一四五メートル）という大きさで、丹後の三大前方後円墳として知られている。また、約一〇〇メートルの弥栄町の黒部銚子山古墳や、約九〇メートルの加悦町の白米山古墳などもあって、日本海側ではもっとも大型前方後円墳が密集する地域となっている。ここに、丹後の古墳時代の最大の特徴がある。

特に、網野銚子山古墳や神明山古墳の約二〇〇メートルという大きさは、当時のヤマト王権の頂点に位置した大王墳と比べても遜色がない。ちなみに、ほぼ同時期の、前期後葉から中期初頭ころの大王墳が築かれた奈良市の佐紀盾並古墳群にある佐紀陵山古墳（伝日葉酢媛命陵）が約二〇七メートル、佐紀石塚山古墳（伝成務天皇陵）が約二一八メートル、大阪府の古市古墳群の津堂城山古墳が約二〇八メートルで、それらとほとんど変わらない。この時期、畿内以外で、この規模の古墳が造られた地域は他にはない。日本海側では、越前の福井で最大の六呂瀬山一号墳が約一四〇メートル、少し前に発見された加賀の石川で最大の秋常山一号墳が約一二〇メートル（一四〇メートル説あり）。出雲の島根には一〇〇メートルを超す古墳はない。いかに丹後の古墳が突出して大きいかがわかる。

しかも、これらの前方後円墳の多くには、段築、葺石、埴輪などが備わっていて、外観はきわめて畿内的だということができる。ところが、これらの古墳に立て並べられた円筒埴輪の多くには顕著な特色が認められる（図26）。なぜ

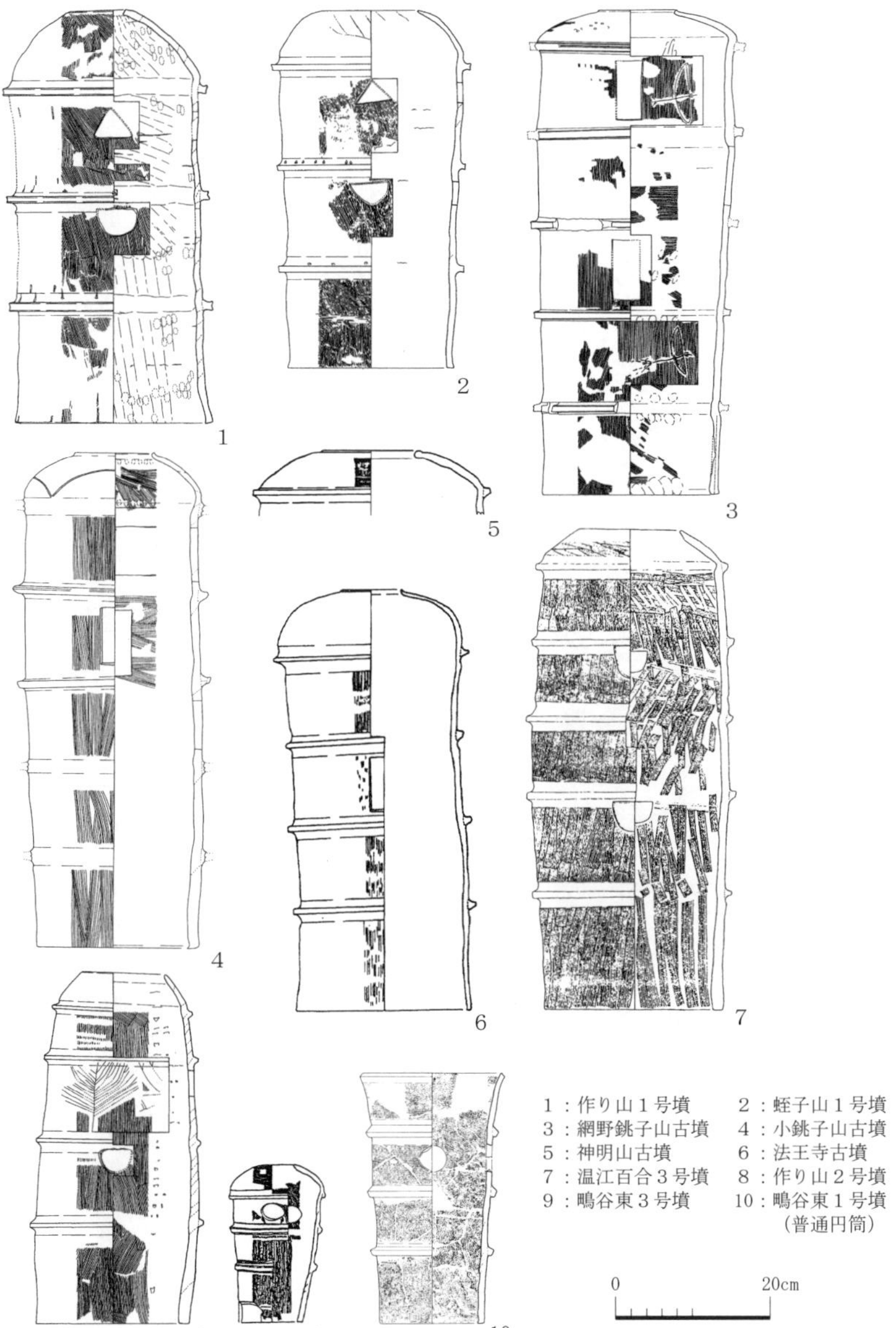
1
2
3
4
5
6
7
8
9
10
1：作り山１号墳　２：蛭子山１号墳
３：網野銚子山古墳　４：小銚子山古墳
５：神明山古墳　６：法王寺古墳
７：温江百合３号墳　８：作り山２号墳
９：鴫谷東３号墳　10：鴫谷東１号墳
（普通円筒）
0
20cm

図26　丹後型円筒埴輪

なら、普通の円筒埴輪は、壺などをのせる器台で、上の方が筒抜けになっていて口縁部が外反するのに対し、丹後のものは口縁部が内湾しドーム状になっていて、まん中に穴が開く。言ってみれば、朝顔形埴輪の壺部分の肩部まで作り、頸部から二重口縁部分を作っていない形になっているのだ。私たちは、それを丹後型円筒埴輪と呼んでいるが、全国各地の円筒埴輪をみても、形にこれほど顕著な特色が、地方色として表れる例はきわめて少ない。

三大前方後円墳を中心に畿内色の強い古墳が造られたが、その墳丘を飾る円筒埴輪には丹後型という明確な地域色が表現されている。これも丹後の古墳の大きな特色である。

ただ、これらの大きな前方後円墳は古墳時代中造りつづけられたわけではない。はっきり順をつけることは難しいが、古墳時代の前期中葉から後葉ごろ（四世紀前葉～中葉）に、白米山古墳―蛭子山古墳―網野銚子山古墳―神明山古墳、そして中期前葉（四世紀後葉）に黒部銚子山古墳が造られたものと考えられる。

したがって、このころの丹後の大首長は、ヤマト王権と緊密な関係を維持しつつも、明確に地域の独自性を維持していたものと推測する。ところが、それ以降の五世紀になると、丹後の古墳に前方後円墳がみられなくなる。ちょうどこの直前の時期、前期から中期へと変わる時期に、大王墳の墓域は、奈良北部の佐紀盾並古墳群から大阪の古市古墳群や百舌鳥古墳群へと移動した。そして、そこでは約四二五メートルもある誉田御廟山古墳（伝応神天皇陵）や、約四八六メートルもある大山古墳（伝仁徳天皇陵）が造られたことからもわかるように、中期の王権は強大化した。しかし、それに反するかのように、この時期に入ると、丹後には大型の前方後円墳がみられなくなり、首長の古墳は円墳化してしまう。

しかも、このような現象は、丹後のみではなく、日本のあちこちで認められる。そこで、私たちは、このような現象を「中期の墳丘規制」と呼び、古墳の形と規模にこれまで以上に王権からの規制が働き、前方後円墳を造れる首長が限定されたと考えている。前期より中期の王権が強力になり、各地の首長を序列化し、支配を強化する動きが進行したものと考えるのである。

その場合、地域によって古墳の形や規模の組み合わせに差ができた。一つは、京都府の南山城地域などの場合で、前期後半には南山城の各地で前方後円墳を造っていたが、中期になると前方後円墳を営むのは城陽市の久津川古墳群の平川支群だけで、その他は帆立貝形古墳や円墳、方墳となった。他は、丹後地域などの場合で、地域に前方後円墳がなくなり、おもに円墳のみになる。両者の差は王権中枢による地域支配の差で、前者は大首長を通じて地域が間接的に支配されていたのに対し、後者の方はより直接的に支配されていたのではないかと考える。

円筒埴輪を検討しても、ちょうど首長の古墳が円墳化しだしたころから、きわめて畿内的な普通の形態の円筒埴輪（図26—10）が多くを占めるようになり、前期において盛んに使われた丹後型円筒埴輪は急速に小型化し、徐々に使われなくなり、中期のうちには消えていった。古墳の墳丘規制は、墳丘の形や大きさだけではなく、古墳の儀礼の内容にまで及び、そのなかで地域色を失わせる結果となった。

二　丹後の鉄——遠所遺跡・岩鼻谷地区の製鉄関係遺構群——

しかも、こうした政治的動向の背景には生産や流通を含む経済的要求が伴っていた。それを推測させるのが遠所遺跡の一部の遺構群なのである。

ちょうど古墳時代中期中葉から後葉、五世紀の前葉から中葉にかけての時期は、古代における非常に大きな技術革新の時期で、生活様式全体をも大きく変える変革期だった（第四部第一章参照）。そのなかで、鉄を加工する鍛鉄技術も革新され、各地に普及した。その浸透度といえば、たとえば、それまで棒状の鉄製品はほとんどが断面矩形の角棒状だったのが、断面が丸い丸棒状に変わるというような変化が、海浜の釣針にまで及んでいたことを指摘できるほどだ。また、埼玉県の埼玉稲荷山古墳で金象嵌の銘文をもつ鉄剣が見つかったように、この時期には金銀の象嵌技術や鍍金技術、あるいは金銀細工の技術が伝来し、その一部は定着した。また、土器作りでは、弥生土器の系譜を引く野焼きで軟質の土師器とは違って、窖窯を用いて硬質の須恵器を焼く技術が伝わり普及するとともに、埴輪などの焼成にも応用された。すなわち、この大きな技術革新のなかで、高熱を扱う技術が定着・普及するとともに、鉄をはじめとする金属を扱う技術もが革新されたのである。とすれば、状況証拠だけではあるが、日本列島における鉄生産の開始はこの段階に求められる可能性はないのか、というのが今回の仮説である。

現在は、弥生時代や古墳時代の素材としての鉄は、朝鮮半島南部から持ちこまれていたと考えられており、日本列島で鉄を作りだしたのは、製鉄炉が発見されるようになる後期後葉の六世紀後葉からだというのが定説である。しかし、状況証拠は揃っているのだから、より遡るものを積極的に追求しようというのだ。

というのも、遠所遺跡では、その可能性のある五世紀後葉〜六世紀前葉（須恵器ＴＫ四七〜ＭＴ一五型式）の遺構群が検出されているからである。

候補地は、遠所遺跡の岩鼻谷地区Ｊ地点（図27）で、そこでは丘陵北斜面中腹からは窖窯状の炭窯や竪穴建物、谷部からは流路とともに廃滓場などが検出されており、見学時の説明では、両者の間に焼けた地点があったとのことであった。報告書を執筆した増田孝彦は「検出した製鉄炉３と製鉄炉５が六世紀後半、製鉄炉１・２・４が八世紀後半に比定される。また、炉本体は存在しないが、検出状況や出土遺物から、茗荷谷地区廃滓場１及び上層の廃滓場２は八世紀後半、通り谷地区製鉄炉５の廃滓場３流入滓は六世紀後半、岩鼻谷地区廃滓場４は六世紀初頭前後と推定され

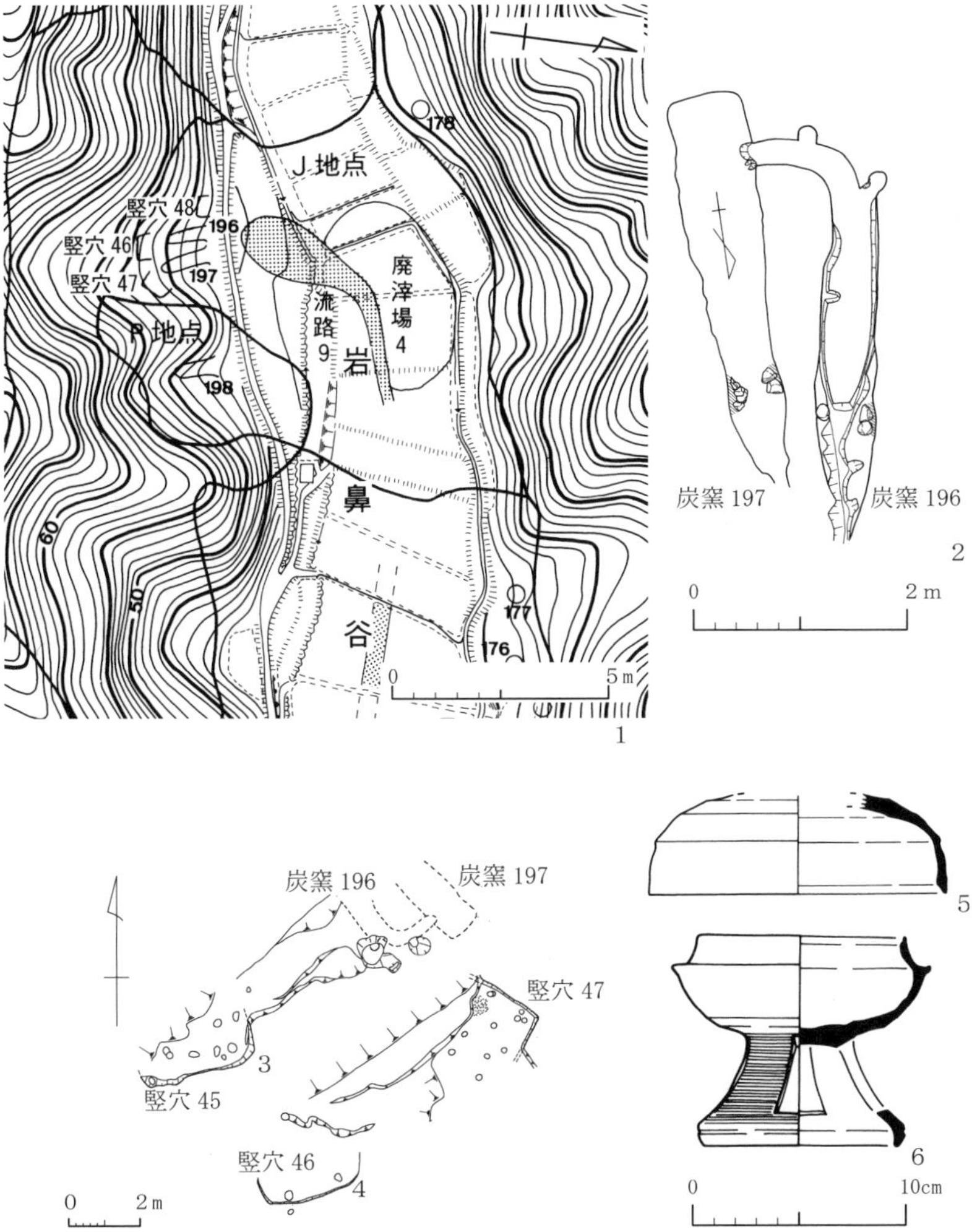

図27　京都府遠所遺跡岩鼻谷地区Ｊ地点の製鉄関係遺構群

1 遺構分布図　2 炭窯　3・4 竪穴建物　5 竪穴式住居45　6 流路

る。したがって、遠所遺跡内には六世紀初頭の製鉄炉が一基、六世紀後半三基、八世紀後半六基の製鉄炉が存在したことになる」（一八頁）とし、岡崎研一は出土須恵器のまとめのなかで、「（二時期のうちの）一時期は、六世紀前半のもので出土量の大半を占める。これ以外に、さらに時期がさかのぼると思われるものも少量出土しており、その形態から五世紀末のものと思われる。これは、この岩鼻谷地区での生活ならびに炭窯や製鉄炉の操業時期を示す資料になると考える」（三八頁）としている（増田ほか一九九七）。全体の「考察」ではあまり触れられていないが、製鉄炉そのものの発見はなくとも、この時期には製鉄遺跡としての遠所遺跡が始まった可能性は非常に高い[補註1]。

また、立命館大学で発掘した加悦町（現与謝野町）の有熊遺跡では、方形の竪穴建物の「床面中央部に擂鉢形の炉址があり、その周辺と東側の土壙ＳＫ三にかけての床面が火を強く受けて赤変していた。さらに炉址の西側の中央部も強い火を受けて赤変しており、その上部の黄色の粘質土には、焼土や炭、土器とともに強く火を受けた構造物の壁体が多数含まれていた。炭と火を受けた構造物の壁体は住居址の他の地点でも散見された」としており、竪穴内からは五世紀前葉ころの須恵器（ＴＫ二一六）や土師器とともに、Ｕ字形鍬先一点、鉄製曲刃鎌一点が出土しており、鍛冶工房であった可能性が高い。

調査者の家根祥多は「遺跡は、（中略）古墳時代では住居址の確認された中期を前後する短い時期にのみにおいて居住が認められ、集落の小規模な点と相俟って、農耕を目的として新たに移住した集団の集落とは考えにくい。有熊遺跡ではわずか一片の鉄滓が表土から発見されているのみであるが、遺跡の西側の谷を数百メートル南に入った通称「金掘」というところで鉄滓が多量に発見されており、時期は不明であるものの、この地でかつて製鉄が行われたことが確認されている。加えるに、加悦奥において、後期の群集墳が数多く発見されているのに対して、それ以前の弥生時代、古墳時代の遺跡がきわめて少ないことを考慮すれば、有熊遺跡にかつて移住した古墳時代中期の人びとが製鉄に従事した集団であった可能性はかなり高い。また本遺跡の北側の低地に加悦奥川に面して位置する有熊北遺跡は、正式な調査はなされていないものの、弥生時代を除けば、古墳時代中期後半以降に始まることが知られており、有熊遺跡に移住した集団が製鉄の盛行によってその北側の低地へと居住を広げ、あるいは移し、さらに多くの製鉄を営む集団がこの狭隘な谷間へと移住した結果、多くの後期古墳の造営が行われたと推定できるのである」と、まとめている〔家根一九九一〕。

以上、数少ないものではあるが、古墳時代中期、あるいは後期前葉の段階に、丹後で製鉄が開始された可能性を示す遺跡として注目している。

おわりに

もしそうであるなら、丹後の鉄生産は、新来の製鉄技術の導入に熱心な中期のヤマト王権中枢が、丹後の砂鉄に注目し、積極的にこの技術を丹後に移植するかたちで開始された可能性が強い（遠所遺跡の廃滓場およびその周辺からは全体として一〇〇キロを超える砂鉄が採集されている〔増田ほか一九九七〕）。鉄は生産と軍事の要で、富国強兵を目指す王権にとって、鉄とその生産は垂涎の的だったからである。

丹後への王権による支配が強まった背景には、日本海ルートの支配に加え、このような事情があったものと推測したい。

今後の目的意識をもった調査が期待される。（補註2）

〔補註1〕〔増田ほか一九九七〕では、岩鼻谷地区J地点の炭窯一九六・一九七と竪穴四五〜四七は、図版六四・六五において「遠所谷・良田地区J地点」となっているが、本文と図版8「岩鼻谷・通り谷地区遺構配置図」に合わせて理解した。図版九六の竪穴式住居四五出土の須恵器六六八（本書図27—5）と流路出土の須恵器六八三（六）も同様である。

〔補註2〕付論二は、おもに後半部分の意見を、遠所遺跡や有熊遺跡の発掘成果を加えて書き改めた。作成にあたっては〔同志社一九七三、西谷・置田一九八八、佐藤一九九四、和田一九九七〕などを参考にした。

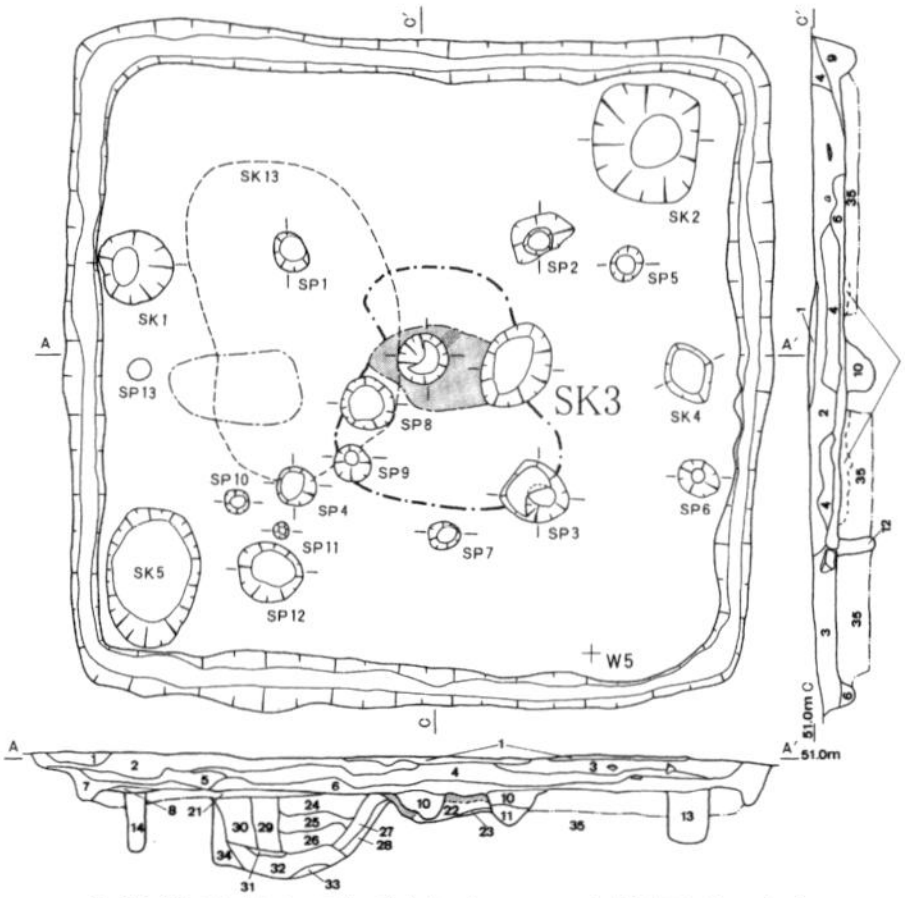

一点鎖線は特に強く焼けている範囲を示す

図28　京都府有熊遺跡ＳＢＩ竪穴建物と出土遺物

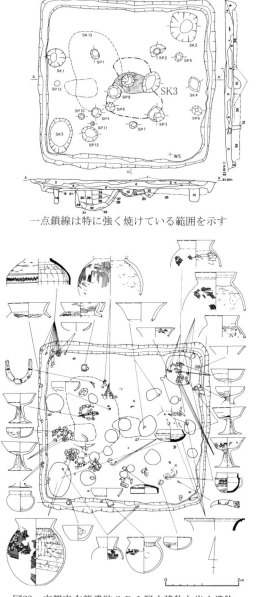

第四部　古墳時代の生産と流通

第一章　古墳時代中期の大変革

はじめに

古墳時代とは、古墳、特に前方後円墳が造られた、およそ三世紀中葉から六世紀後葉ころまでの約三五〇年間をさす。いまから千数百年も昔の水稲農耕を基盤とする社会だったから、さぞかし、のんびりとした牧歌的な時代だったと思われがちだが、けっしてそうではなかった。各地で古墳が造られた状況を調べてみると、地域の有力な首長が、長期にわたって同じ場所（墓域）に営々と古墳を造りつづけたというような状況はほとんどなく、形や大きさや墓域にめまぐるしい変化があったことがわかる。

言うなれば、古墳時代は、中国という巨大文明の周辺にあった朝鮮半島や日本列島の社会が、遅れがちながらも、相争うように国家的統合を推し進め、急速に政治や経済や文化が大きく変化した躍動的な時代であったのである。

一　古墳の秩序の変化と中期社会

そこで、各地で造られた古墳が、いつ（時期）、どこで（墓域）、どのような形と規模で造られたかを整理すると、古

表14　古墳時代の五つの段階・六つの画期

時代	時期	小期	段階	画期	主要な古墳の動向
弥生時代				第1	前方後円(方)墳の出現
古墳時代	前期	1・2	第1	第2	前方後円(方)墳の急増
		3・4	第2	第3	前方後円墳の築造規制開始・前方後方墳の消滅
	中期	5〜8	第3	第4	大型古墳群の衰退・中小前方後円墳の増加・方墳の消滅・古式群集墳の出現
	後期	9・10	第4	第5	前方後円墳の段階的消滅開始・新式群集墳の激増
		11	第5	第6	前方後円墳の消滅・新式群集墳の衰退・終末式群集墳の出現
飛鳥時代					

墳の形（四つの基本となる前方後円墳、前方後方墳、円墳、方墳といったレベル）の消長や規模の変化、墓域の変化、あるいは各時期の地域の古墳の組み合わせ（古墳の秩序）の変化などから、古墳時代は大きく五つの段階と六つの画期として把握することができることがわかる（表14）〔和田一九九四〕（古墳時代の時期区分は本書二三三頁図32参照）。

そのなかで、ここで取りあげるのは第三段階の古墳時代中期で、大阪府の古市古墳群や百舌鳥古墳群が造られた時期にほぼ相当する。暦年代でいえば四世紀後葉から五世紀中葉ころのことである。

この時期、ヤマト王権の勢力範囲は、南は鹿児島県から北は岩手県南部にまで及んだ。そのなかで、各地域の古墳は、墳長二〇〇《メートル》を超える巨大前方後円墳を頂点に、その形と規模を基準に、一定の秩序をもって造られた。そして、その秩序の中心は古墳時代を通じて奈良盆地（旧大和国）を中心とした畿内にあった。そこで、私たちは、この秩序を成りたたせている政治勢力をヤマト王権と呼び、古墳の形と規模には王権内における被葬者のある種の政治的身分秩序が反映しているものと考えている。

中期とは、その王権の頂点に立つ大王の墓域が古市・百舌鳥古墳群にあった時代とも言い換えることができるが、この時期には、両古墳群に葬られた大王を頂点とする畿内連合の大首長たちが、全国各地に盤踞する数多

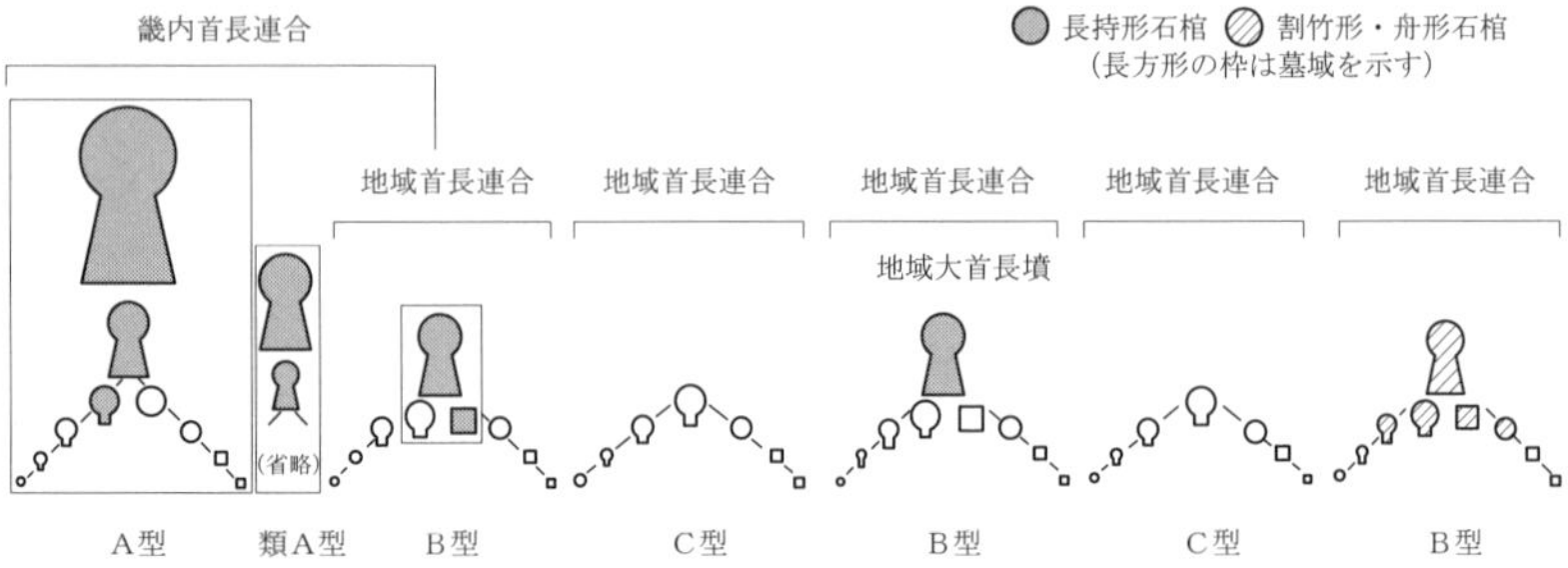

図29　中期古墳の秩序

くの首長たちを、前期段階よりも、より序列的により強固に支配していたものと思われる。その様子を図式化したものが図29（補註1）である。

左端のA型は古市古墳群をモデルにしたもので、考古学的に認識できるある同一時期には、頂点に全長二〇〇メートル以上、時には四〇〇メートル以上の大王墳と推定される巨大な前方後円墳が一、二基あり、その下に一〇〇メートル前後の前方後円墳が一、二基、さらにその下にいくつかの帆立貝形古墳や円墳や方墳が連なっているような古墳の組み合わせをとる古墳群をさす（補註2）。古市古墳群では、このような古墳の組み合わせが、一部に後期前半の規模の縮小した段階のものをも含みつつ、五〜一〇期（五〜八期が中期）にわたって継続し、全体として一〇〇基余りの大古墳群を形成していた〔藤井寺市一九九三〕。

奈良盆地北部の佐紀盾並古墳群や、同西部の馬見古墳群は、ほぼ同様な組み合わせをとっていたが、全体的に少し規模が小さいために類A型とした（本書二四九頁図42では省略）。

なお、以下では地域全体の古墳の組み合わせを類型化するが、以上の四つの古墳群だけは、他より突出して大きいため、一古墳群の組み合わせで、他の一地域に相当するか、それよりも大きいものとなっている。

つぎにB型としたのは、複数の古墳群が分布する一定のまとまりのある地域で、同一時期には大きな前方後円墳が一基あるだけで、他は帆立貝形古墳や円墳や方墳となっている地域の組みあわせである。京都府の南山城地域などもそのモデルの一つだが、大きな前方後円墳（久津川車塚古墳・約一八〇《メートル》）がある久津川古墳群の平川支群では、支群の墓域だけでも小さめのB型の組み合わせをとっている。同一の墓域に前方後円墳が単独のこともあるので、同じB型でもランクに差異が認められる。

最後にC型としたのは、一定の地域に大きい前方後円墳が一基もなく、帆立貝形や円墳、方墳のみの地域の組み合わせである。たとえば、中期中・後葉の播磨や丹後、滋賀県の野洲川流域、三重県の伊勢を中心とした地域などである。地域としてのまとまりは不明でも、円墳や方墳が散在するような地域はこれに入れている（図42では地域的なまとまりがあるものをC1型、地域的なまとまりがなく単独のものをC2型とした）。

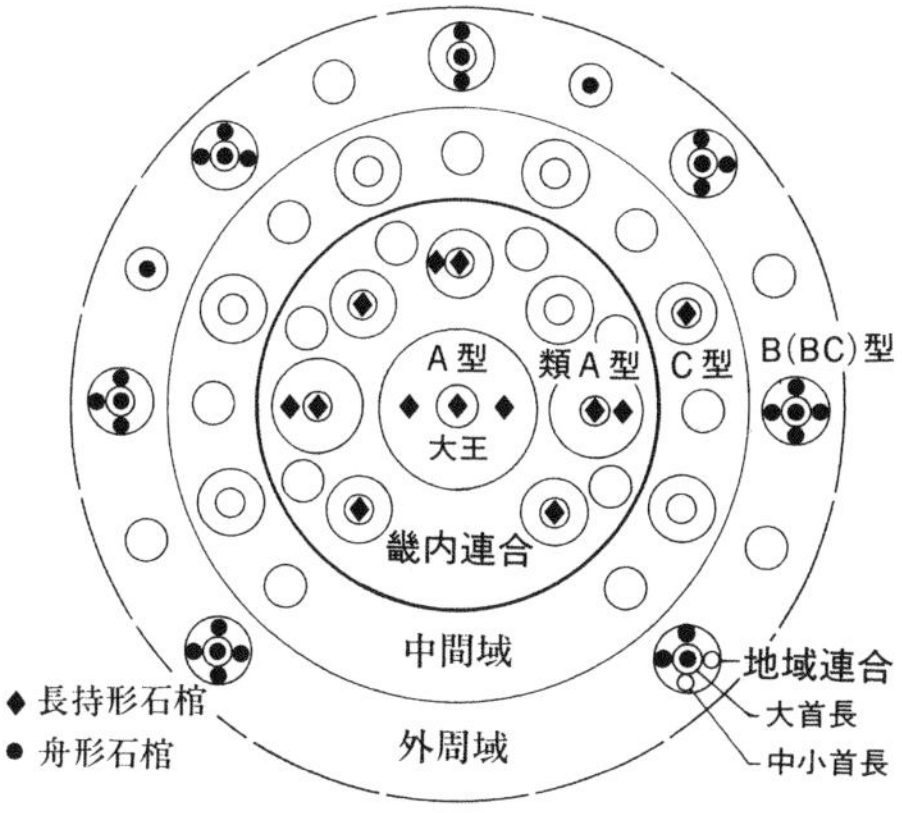

図30　中期の首長連合体制の概念図

中期古墳の秩序の類型は、ほぼ以上のように整理できる。A型から大王墳を除くとB型となり、B型から地域の大首長墳を除くとC型になるというような関係になる。単純だが安定した秩序と評価することができる。その基本形が古市・百舌鳥古墳群にあり、その秩序が九州から東北南部にまで広がっていたのである。古墳の秩序には、被葬者の王権内における政治的身分が反映していたと考える理由はここにある。

しかし、この秩序の枠組みに属していたのは大小の首長のみで、共同体の一般構成員（あるいは集落の一般民衆）は、首長の支配のもとにあって、弥生時代以来の埋葬習慣にしたがって方形（少ないが円形あり）の周溝墓や台状墓（共同体上層の人びとの墓）、木棺、箱式石棺などの直葬墓（下層の墓）や、土坑墓（棺なし、最下層の墓）などを営んでいた。共同体内の秩序は弥生時代と大きく変わらなかったのである。言い換えれば、各地の首長は弥生時代以来の在地支配を温存したままの状態で、王権に連なっていたのである。したがって、私は、この政治体制を首長連合体制と呼び、中期はその成熟期にあったと理解している。ちなみに、王権の支配が直接、共同体の一般構成員（民衆）にまで及ぶようになるのは、古墳時代後期の群集墳出現以降のことである。

また、この体制に連なる首長は、それぞれが個別に王権と連なっていたわけではなく、まとまりの強弱の差はあるものの、首長は地域ごとに一定の政治的まとまりを形成している場合が多く、それを基盤に王権とつながっていたものと考えている。大王や、畿内の大首長、地域の大首長、各地の中小首長の結合は多様で重層的であったと推測されるが、その状態を図式化したのが本書二四九頁図43である。全体の中心をなしたのが畿内首長連合で、これは畿内各地の地域連合を包みこむ、より大きな規模の地方連合とでも呼ぶべきもので、その頂点にあったのが、古市・百舌鳥古墳群に埋葬された大王だったのである。

図30は、この首長連合の姿を概念図として平面的に表現したものだが、中心に古市・百舌鳥を中心とした畿内首長連合（A型、類A型、B型、C型）があり、それを取り囲むようにB型やC型のある「中間域」があり、さらにその外側に、やはりB型やC型の分布する「外周域」がある、というようなかたちでヤマト王権の首長連合体制は成りたっていたものと考えられる。外周域の首長たちは、王権から地理的に遠い位置にあったというよりも、王権との政治的距離がもっとも遠い位置にあったと考えている。日本列島は北東から南西に細長い形をしているので、同心円的に描いたこの図の右上と左下を外側に引っ張ってもらえれば一層感じがでるものと思う。

ところで、王権を中心としたこの図の位置づけと深く関係しているのが石棺である。中期には大型の石棺としては、

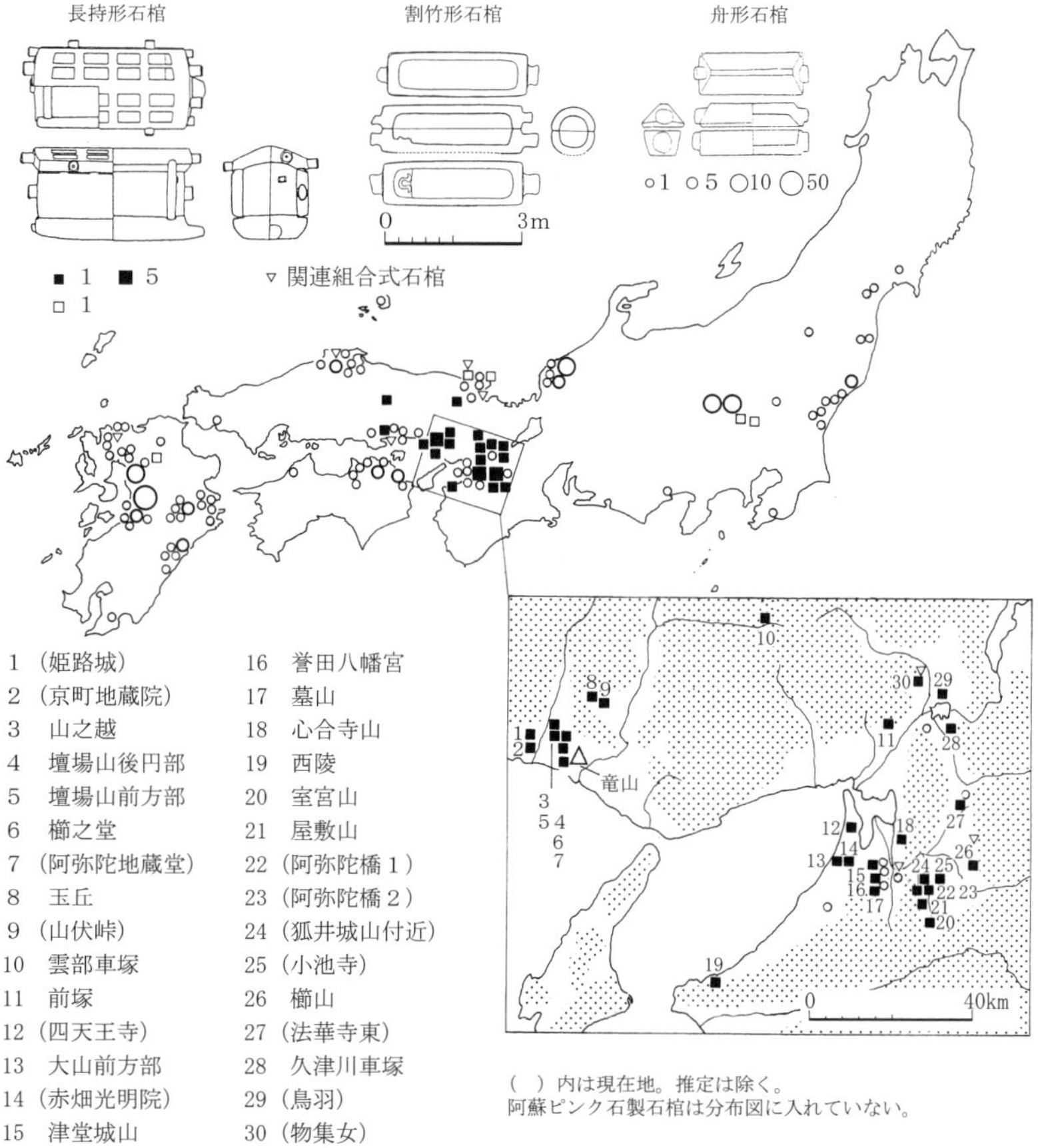

図31　長持形石棺と割竹形・舟形石棺分布図

組合式の長持形石棺と、刳抜式の舟形石棺が発達するが、両者には顕著な分布差が認められるからである（補註3）（図31）。

そこで、この図に、両石棺の分布を重ねると、長持形石棺は分布が畿内に集中するのに対し、舟形石棺は九州や日本海沿岸の出雲や北陸、一部は関東などに分布し（四国北岸の割竹形・舟形石棺は前期のもの）、その間に木棺ほかの地域が広がっているのである。

したがって、この現象を、前後の歴史過程を加味して理解するとすれば、王権中心の畿内連合やそれと密接な関係にあった有力地方首長の間では長持形石棺が多用されたのに対し、王権とは政治的にもっとも遠い位置にあった「外周域」の首長たちの間では舟形石棺が用いられ、中間域では伝統的な木棺などが用いられたと解釈できる。

棺の素材や形などに、血縁や婚姻関係で結ばれた同族的な集団ごとの約束があったとすれば、畿内連合は大王家を中心とする同族的集団を形成していたと考えられ、長持形石棺はその結びつきを物的に保証する畿内連合の象徴的文物だったということができる。

このような体制は短期間にできあがったわけではない。弥生時代の後期ごろから徐々に形成されだし、全国の他地域でも形成されつつあった地方的な政治勢力を解体・吸収しながら、前期前半の生成期、前期後半の発展期を経て、中期には、その到達点である成熟期にいたったのである。

中期古墳の副葬品に占める武器・武具の大きさを考えると、この時期の王権はかなり軍事色が強かったものと考えられるが、この時の王権は他の時期と比べて比較的安定していたようで、約一〇〇年余り、古市・百舌鳥の地に大王墳が築かれることになった。

二　中期社会の文明開化的状況

王権は、この安定した体制を背景に、東アジア世界と友好、交戦をも含めた活発な交流を行った。その様子は『記紀』や好太王碑文（四一四年建立）や『宋書』などの文字資料に一部は残されているが、考古資料からも多くの情報が読みとれる。

図32は古墳時代の遺物などの編年図（和田一九九九）である。遺物の消長に、各遺物の型式的変化をも加味して作っ

たもので、古墳時代の全体を一一小期に区分している。今回扱っている中期は、その五〜八期にあたるが、一見してわかるように、六期から七期、七期から八期へ変化する段階で、遺物の種類や形や製作技術などに大きな変化が認められる。

この時の東アジア世界との交流の結果、多くの人・もの・情報が列島の社会に伝来し、その多くが定着していったからである。そして、その結果は、その後の社会や文化に大きな影響を与えることになった。厳密な表現としては適切でないかもしれないが、明治の近代化に向けての大変革（欧米化）を文明開化（人知が開け、世の中が大きく進歩すること）と呼ぶならば、このときの列島の社会は、古代化に向けての一種の文明開化的状況を呈したと評価することができるだろう。列島の社会で文字の使用が始まるのも、この時からである。

以下、その内容の一端を紹介しよう。

(1) 鍛鉄技術の革新と新しい金工技術の出現

まず、第一に鍛鉄技術の革新をあげることができる。

それまでは鉄板を切ったり、伸ばしたり、曲げたり、孔をあけたりする程度だった鍛鉄技術が革新され、複雑な曲面をもつ鉄板を作ったり、革紐で綴じていたところを鉄の鋲で留めるようになったり、熱した鉄を叩きあわせて接合（鍛接）したりできるようになった。細い鉄棒が、角棒から丸棒中心のものへと変わったのもこの時からである。

ところで、弥生時代や古墳時代前・中期には、列島では鉄そのものは作られず、素材は鉄鋌などとしては朝鮮半島南部から輸入されていたと考えられている。古墳時代前・中期は、刃のついた道具である利器はほぼ完全に鉄で作られる鉄器時代になっていたが、鉄そのものも生産する完全な鉄器時代ではなかったというのだ。しかし、中期の鍛鉄

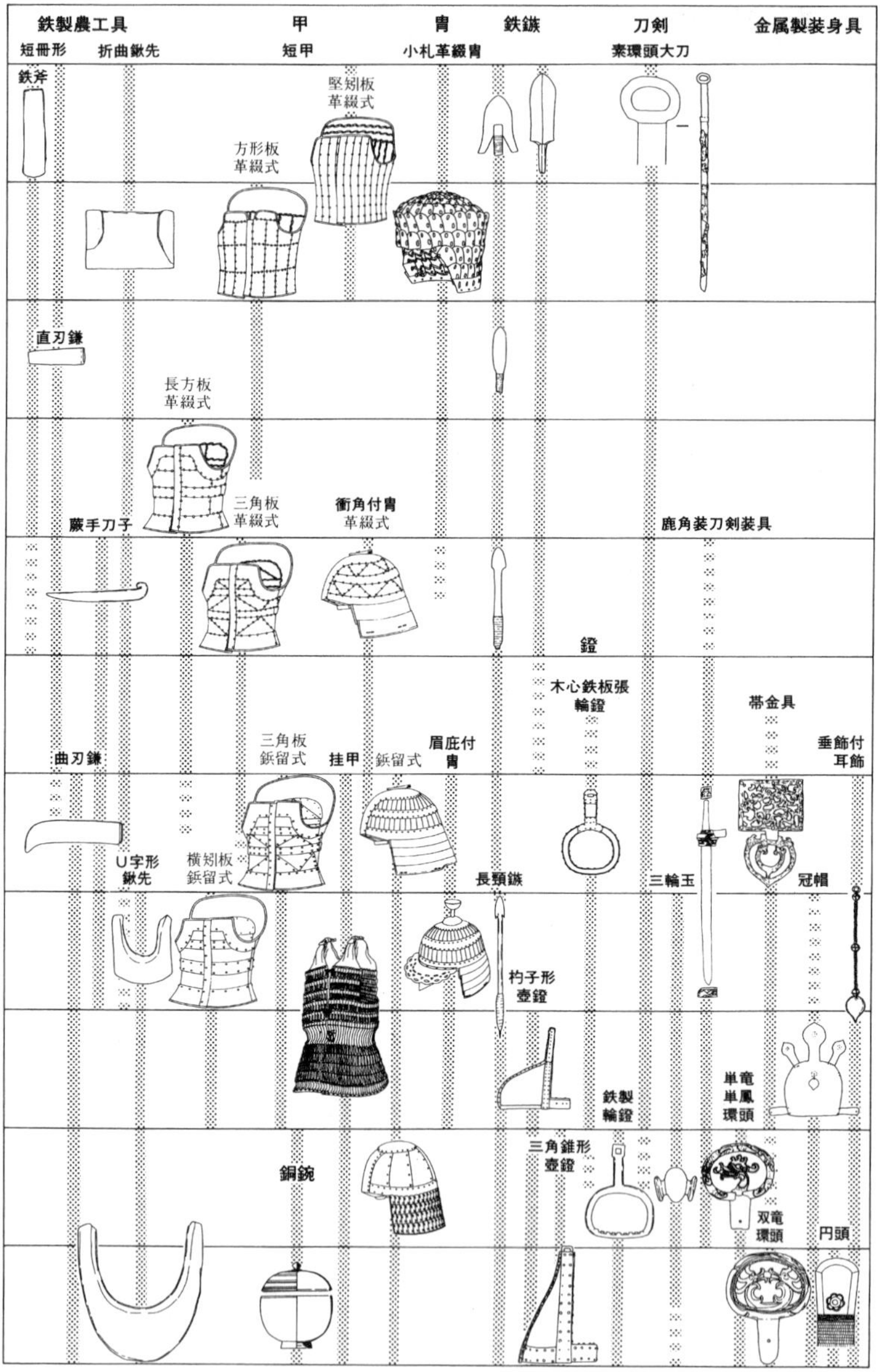
鉄製農工具
甲
冑
鉄鏃
刀剣
金属製装身具
短冊形
折曲鍬先
短甲
小札革綴冑
素環頭大刀
鉄斧
竪矧板
革綴式
方形板
革綴式
直刃鎌
長方板
革綴式
蕨手刀子
三角板
革綴式
衝角付冑
革綴式
鹿角装刀剣装具
鐙
木心鉄板張
輪鐙
帯金具
曲刃鎌
三角板
鋲留式
挂甲
鋲留式
眉庇付
冑
垂飾付
耳飾
U字形
鍬先
横矧板
鋲留式
長頸鏃
三輪玉
冠帽
杓子形
壺鐙
単竜
単鳳
環頭
鉄製
輪鐙
三角錐形
壺鐙
銅鋺
双竜
環頭
円頭

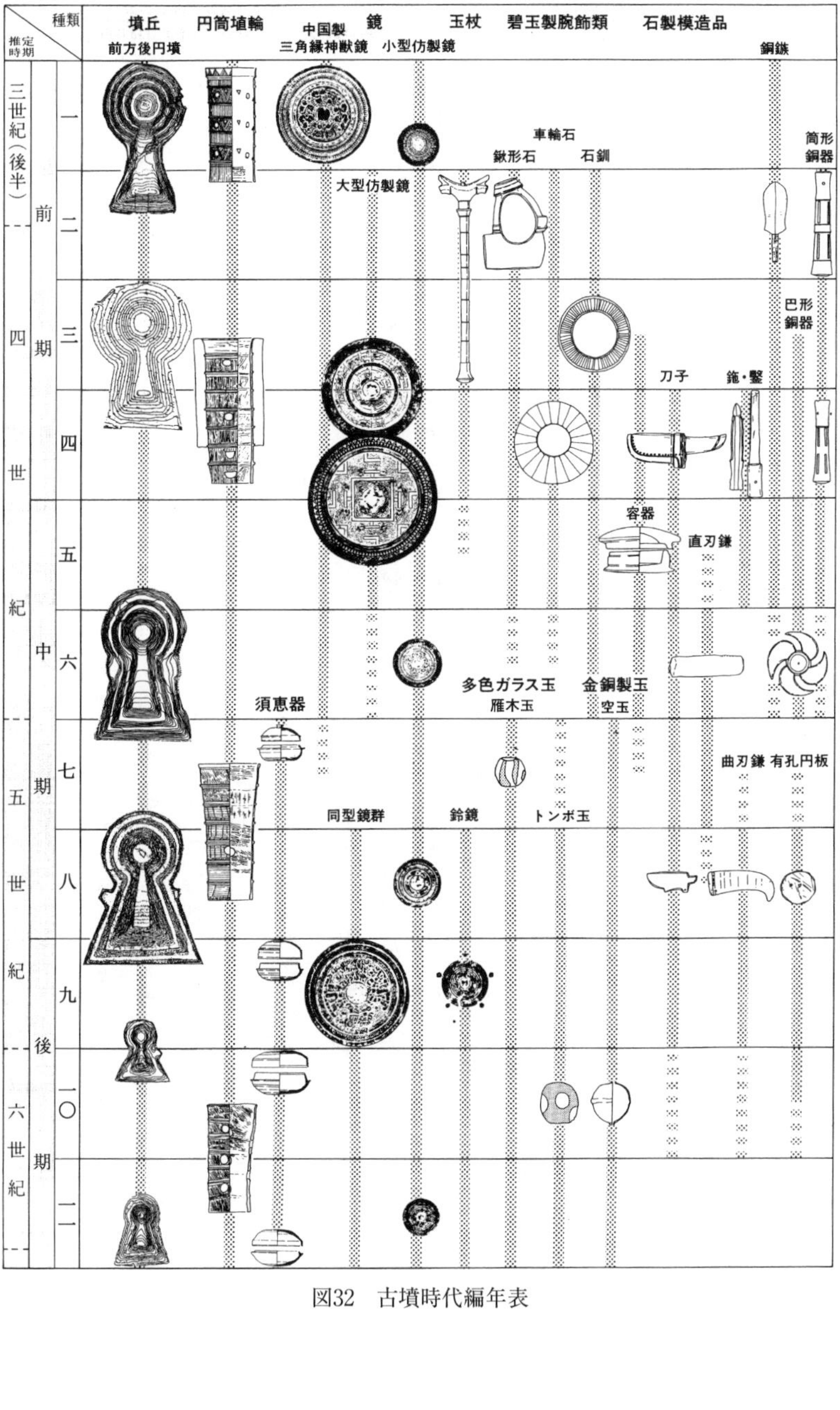
種類
推定時期
墳丘
前方後円墳
円筒埴輪
鏡
中国製
三角縁神獣鏡
小型仿製鏡
玉杖
碧玉製腕飾類
石製模造品
銅鏃
三世紀（後半）
四世紀
五世紀
六世紀
前期
中期
後期
一
二
三
四
五
六
七
八
九
一〇
一一
車輪石
鍬形石
石釧
筒形銅器
大型仿製鏡
巴形銅器
刀子
鉇・鑿
容器
直刃鎌
多色ガラス玉
雁木玉
金銅製玉
空玉
須恵器
曲刃鎌
有孔円板
同型鏡群
鈴鏡
トンボ玉

図32　古墳時代編年表

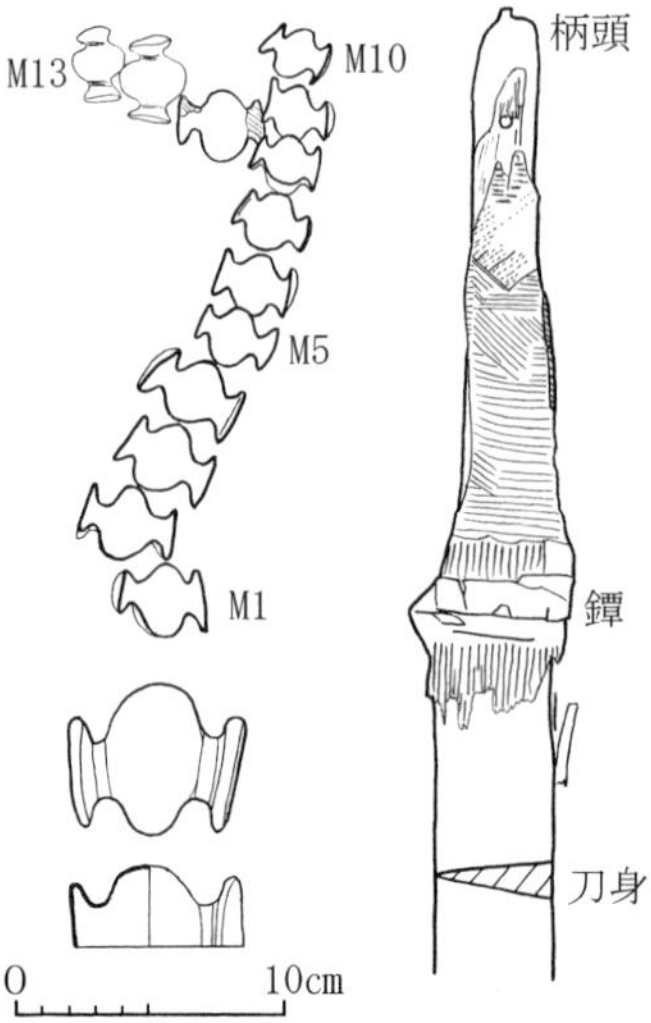

図33　三輪玉（京都府坊主山古墳・後期・金銅製）

技術の革新期には、同じく高熱を扱う須恵器窯も入ってきているなど、列島における鉄生産開始の条件は整ってきており、試作的にでも鉄が作りはじめられた可能性は十分あると考えている（第三部付論二参照）。

また、新しい鍛鉄技術とともに、それまでにはない金属の加工技術も伝わり、列島に定着していった。鉄地に金線や銀線を埋めこむ象嵌技術はその一つで、千葉県稲荷台一号墳の銀象嵌鉄刀や埼玉県稲荷山古墳の金象嵌鉄剣、熊本県江田船山古墳の銀象嵌鉄刀の銘文などはこの技術で刻まれた。銅板に金の薄板を張ったり、金メッキ（鍍金）をほどこす金銅技術もそうで、金銅板だけでは弱い場合は鉄板に金銅板を鋲で打ちつけて鉄地金銅張りにする技法も発達した。大刀の柄の持ち手を覆う勾金《まがりがね》に、装飾のためにつける三輪玉（図33）は、列島に出土が限られているため、中期中葉には列島に鍍金技術が定着したことを示すよい例となっている。また、金銅板の透彫り技法や波状列点文ほかの文様なども、この時期に定着した。

(2)　馬の飼育と乗馬の始まり

つぎに、馬の飼育と乗馬の開始を掲げることができる（図34）。馬はこの時期に確実に列島に伝わり、牧が設けられ、飼育されるようになった。当時の馬は現在のサラブレッドなどと比べるとはるかに小さい中小型馬で、体高が一二〇〜一四〇センチほど。現在、少数が生き残っているトカラ馬、岬馬、木曽馬程度の大きさだった〔松井一九九二〕。

しかし、馬の登場は、人力に代わるものとして、人を乗せる、より速く走れる、より重いものを運べる、より強く引けるなどの長所を活かし、運搬、農耕・土木、交通（通信）、軍事、祭祀・儀式（信仰）など社会や文化の各方面に大きな影響を与えた。それは、列島における最初のエネルギー革命にほかならなかった。

たとえば、馬の力を利用して重いものを引くという点では、荷物の運搬に利用されたと容易に想像できるが、事実、

図34　埋葬された馬（大阪府蔀屋北遺跡・中期）

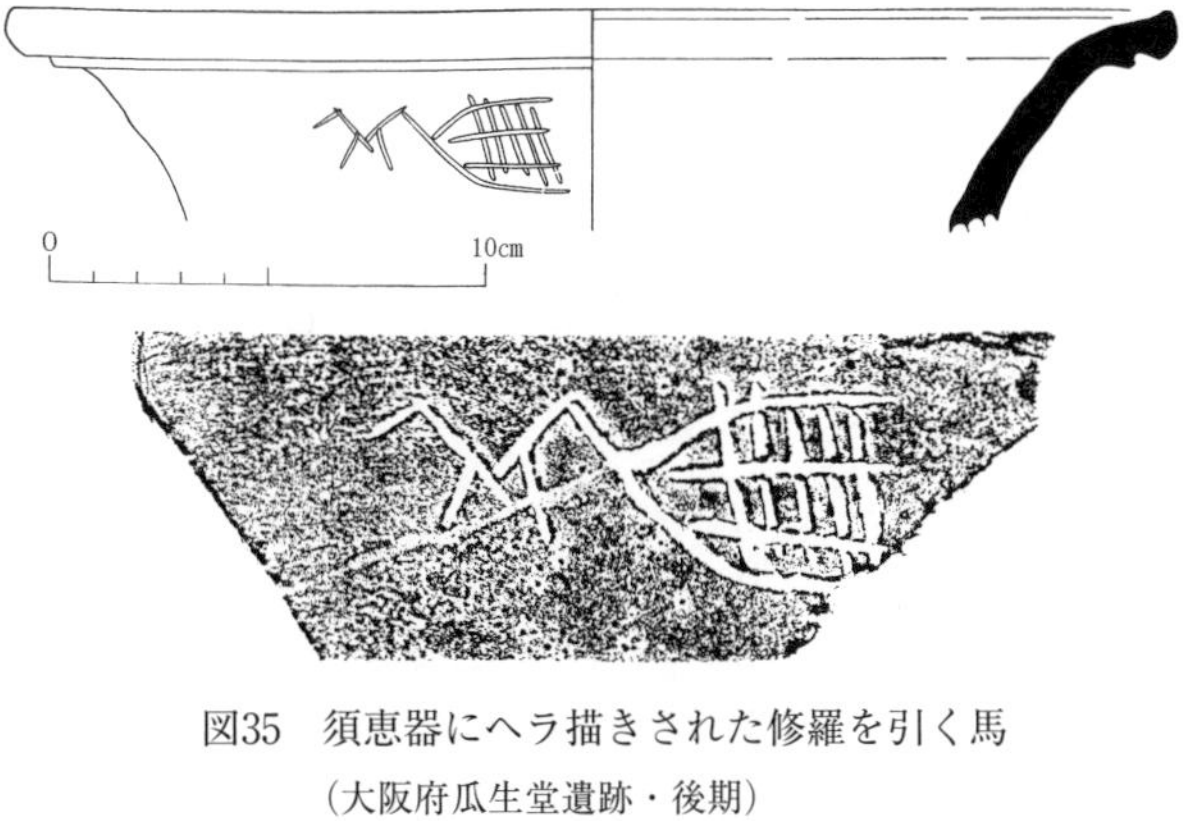

図35　須恵器にヘラ描きされた修羅を引く馬
（大阪府瓜生堂遺跡・後期）

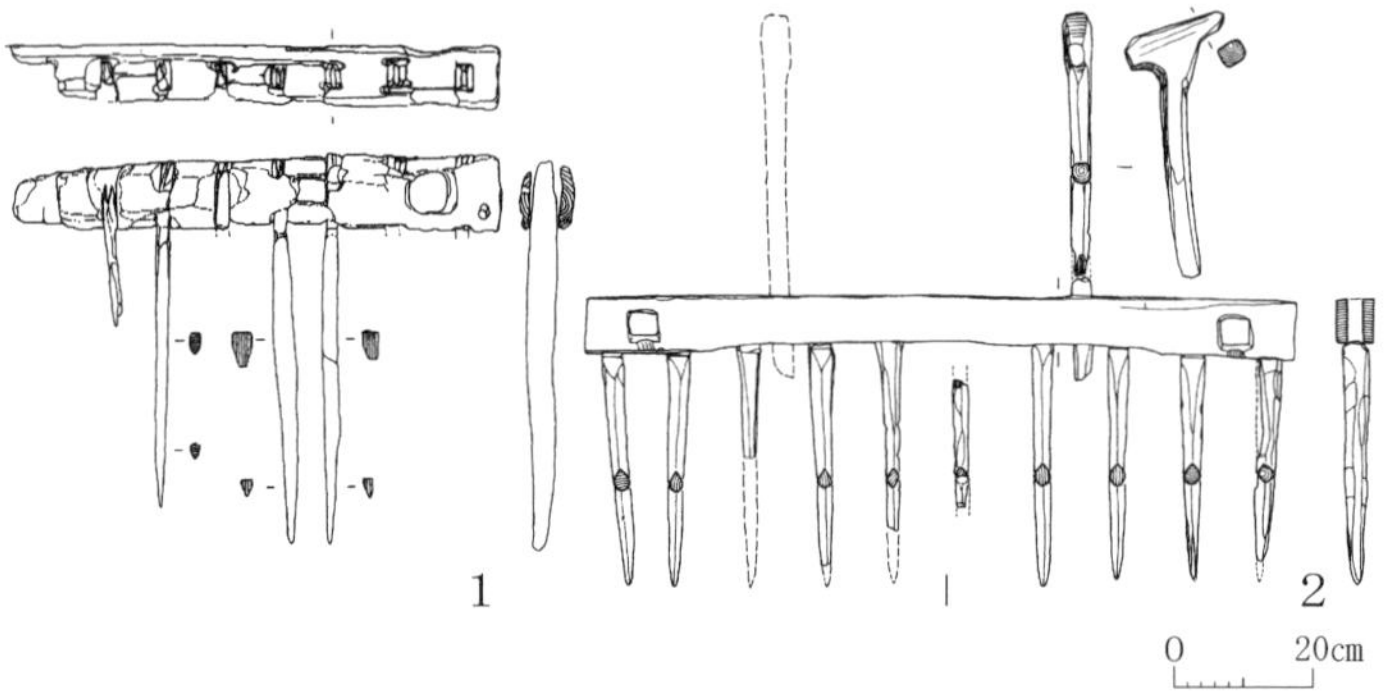

図36　馬　　鍬（1滋賀県石田遺跡：中期　2大阪府上田部遺跡：奈良　ともに木製）

大阪府瓜生堂遺跡から出土した須恵器の壺の破片には、修羅を引く馬の絵がヘラで描かれていた（図35）〔中西ほか一九八〇〕。これは後期（六世紀前葉）のものだが、中期にも遡るものと推測できる。ただ、古墳時代には、まだ車は伝わってきてはいない。それが伝わるのは七、八世紀ころかと思われる。

つぎに、馬の牽引力は後世には農耕に大いに利用されるが、古墳時代ではそれを示すものとして木製の馬鍬（図36）が出土している。この道具は、田植え前に、水を張った田の土塊を砕き田面を平滑にするための道具であるが、それを引くのに畜力が利用された。「代掻き」と呼ばれる作業で、奈良などでは「マンガカキ」といった。後期には普及するが、さらに中期にまで遡る可能性がある。畜力を代表するもう一方の代表である牛もこの時期から登場し、数少ないながら埴輪としても表現されている。ただし、本格的な畜耕ともいえる、牛馬に犂《からすき》を引かせて耕作土の荒起こしをするようになるのは、現在の知見では、少し後の七世紀からのことになる〔上原二〇〇〇〕。

つぎに、人を乗せて速く走ることができるという点で、馬は移動の格好の手段となるとともに、情報を速く伝える手だてともなった。後の律令国家で駅制（中央と地方との交通・情報伝達の制度）が整備されたことを考慮すれば、馬は国を統治する重要な手段ともなったわけで、古墳時代の状況は推測するしかないが、十分心に留めておきたいことである。馬は政治の道具でもあったのである。

馬の能力は軍事にも活かされた。それまでの歩兵に加えて、騎兵が登場したのである。そして、それに伴い、騎兵用の武器・武具も出現した。甲では、胴部を護る鉄板綴じあわせ（革綴から鋲留に変化する）の短甲に（後期前葉には消滅）、全身を護る小札革綴じの挂甲が加わり（後期に発達）、弓矢の矢を入れる矢筒では、鏃を上にして背中に背負う靫《ゆき》とともに、鏃を下にして腰に下げる胡籙《ころく》が加わった（図37）。弓と矢、それぞれにも変化があった。

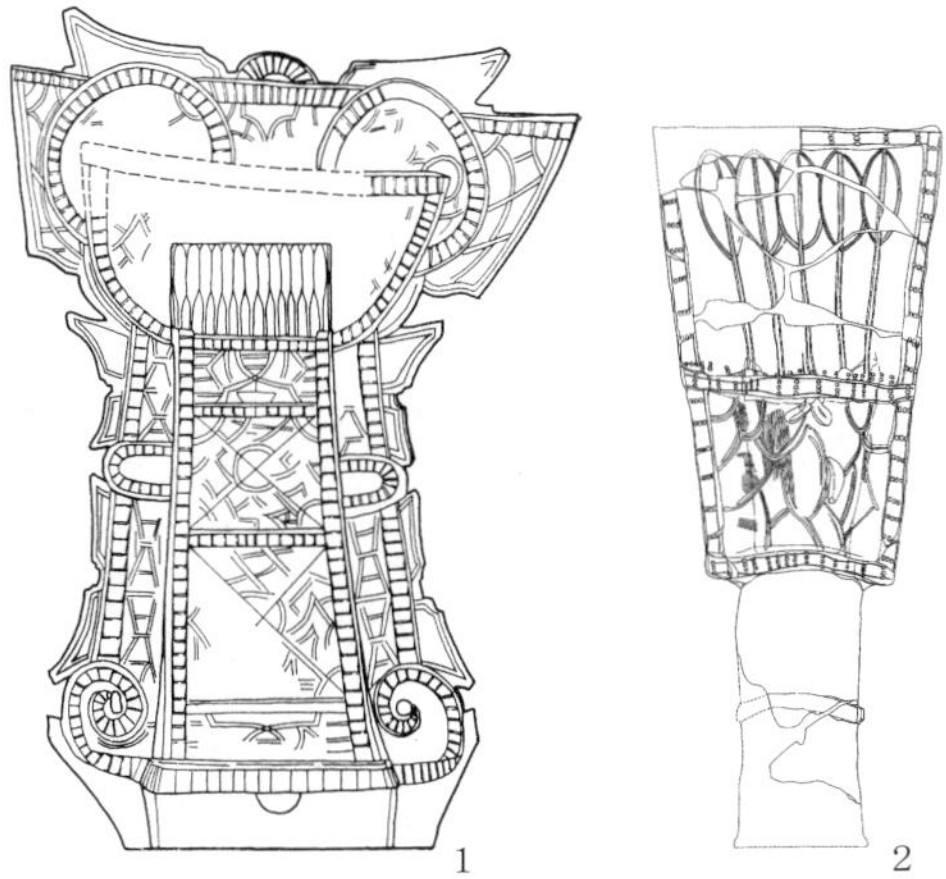

図37　靫と胡籙の埴輪（1靫・奈良県室大墓古墳・中期　2胡籙・和歌山県大日山35号墳・後期）

このような変化は、当然、戦闘の形態や軍隊の編成をも変えたと推測するに難くないが、実際の戦闘において騎馬戦がどの程度の比重を占めたかは不詳である。古墳の副葬品に、馬を飾る鉄地金銅張製の馬具が少なくないことを思えば、列島内では飾り馬がステイタスシンボル的な位置を占める比重が大きかったものと思われる。

さて、乗馬の広まりとともに、馬をコントロールする道具（轡・鏡板、手綱など）や、馬に乗る道具（鐙、鞍など）、馬を飾る道具（雲珠、杏葉など）などの馬具の生産が始まるとともに、馬具製作に係わる諸技術が列島の社会に定着し、製品にも列島の個性が表れるようになった（馬具の倭風化）。

ところで、この馬具には鉄、非鉄金属、木、皮革、織物、組紐など、さまざまな素材が使われており、馬具作りではそれらを加工する様々な技術が必要とされた。したがって、この時期には、馬の飼育・調教技術はもちろん、馬具製作に係わる体系的な技術を持った人々が列島にやってきたことは想像に難くない。先に指摘した鉄や非鉄金属を取り扱う技術の一部もそこから派生したと指摘する研究者もいる（〔北野一九六三〕ほか）。

馬が列島にもたらした影響は、以上にとどまらず、ここでは詳細を省くが、祭祀・儀礼などの分野にも及び、後期には水の神にささげられたとも考えられる土製の馬（土馬）も出現する。まさに馬の文化が総体として伝わってきたのであり、その世界は実に幅広く豊かで奥深い。

(3)　農具の改良・新しい品種

農耕では、先に代掻きにおける馬鍬の利用について述べたが、鍛鉄技術の革新は鉄製農具の改良にもつながった。鉄板を折り曲げて作っただけの直刃鎌や鉄板折曲鍬先・鋤先に代わって、刃部が弧状になる曲刃鎌や、木製の身部との接合部分がソケット状になったU字形鍬先・鋤先が出現した。たぶん、これらの農具の変化は、その背景に農耕技術そのものの改良があったことを推測させるが、詳細は明らかではない。ただ、栽培植物でも新品種の導入があったようで、モモの種の大きさや形態の分類から五世紀ころに新品種が出てきたという指摘がある（補註4）〔金原一九九六〕。

(4)　衣食住の変化

衣食住に関連するものも、大きく変わった。

「衣」では、金属製の装身具が登場する（図38）。垂飾付耳飾り、指輪、帯金具、冠帽などがそれにあたり、金・銀・金銅などを利用したきらびやかなものが作られた。同様の素材を用いた勾玉、丸玉（空玉）、梔子玉、あるいは赤や黄や黄緑など多色のガラス玉類、色ガラスを混ぜた象嵌ガラスのトンボ玉・雁木玉なども用いられた。

いずれも製作地を確定することは難しいが、文様が類似していても作り方が多様な帯金具や、大半の金製垂飾付耳飾りなど、中期の多くは輸入品だと考えられる。ガラスも原料は輸入品で、玉類などとして入ってきたものと推測される。紺色の地に黄色の水玉模様をちりばめたトンボ玉などをよく見ると、模様や素地に小さな穴が開いていて、そのもとが同じ色の小玉であってことがわかる。加熱して柔らかくした玉や半裁した玉を組み合わせる程度のことなら列島でも作れそうだが、同様な穴は日本のトンボ玉にも、韓国のトンボ玉にも認められるので、製作地は簡単には決められない。ちなみに、このころには少数だが、イランのペルシャやローマ製のガラス容器ももたらされている。なお、この時期には新しい高級な織物の製作技術も伝わってきた可能性も高い。

「食」では、食器である須恵器の生産が始まった。朝鮮半島南部の陶質土器（韓式硬質土器）と呼ばれている黒灰色から青灰色を呈する硬質の土器とその製作技術が伝わり、列島でも窖窯《あながま》を用いて高熱・還元冷却で焼かれるようになった。以降、容器類は、弥生土器の伝統を引く赤褐色・軟質の土師器がおもに煮沸・供膳用、須恵器が貯蔵・供膳用と使いわけられるようになり、器種は著しく増加した。ものを蒸して食べるための甑《こしき》もおもに韓式軟質土器として

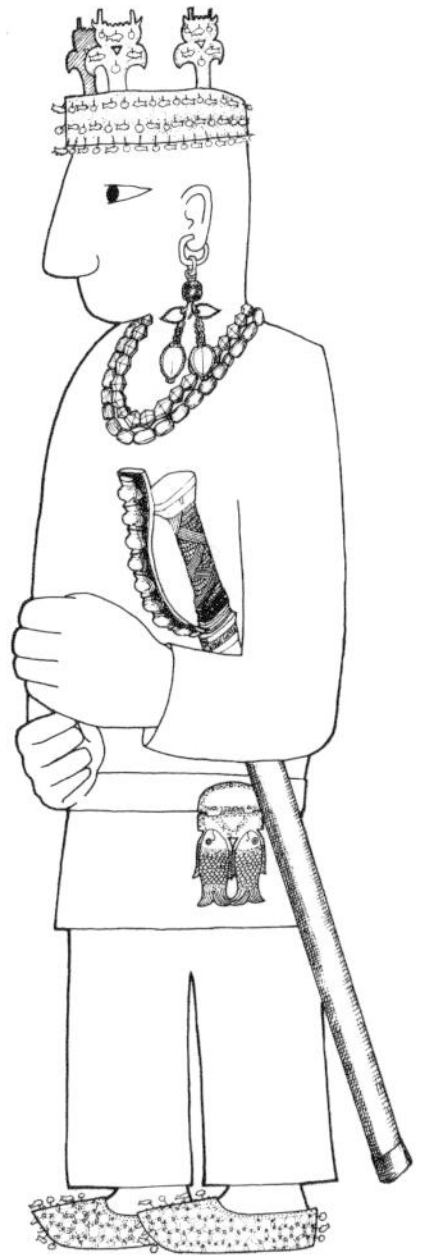

図38　金・銀の装身具をつけ倭装の大刀をはく人（後期）

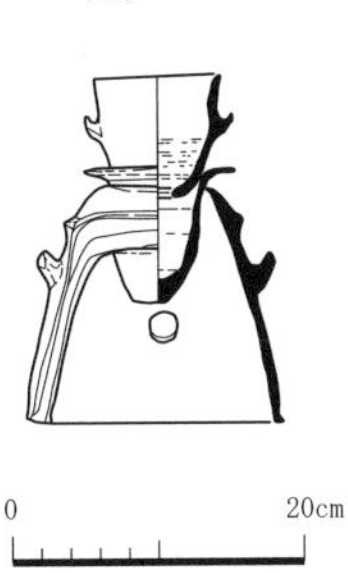

図39　移動式の竈・甕・甑（和歌山県船戸山３号墳・後期・ミニチュア）

伝わってきて、はじめて本格的に米などを蒸して食べる習慣も広まった（図39）。

また、「住」では、掘立柱建物が一層普及するとともに、一部では大壁建物やオンドルなども伝わった。竪穴建物に付設された固定式の竈や移動式の竈も広がった。

中期の中葉から後葉にかけて入ってきた多くのものが後期前葉にかけて定着し、後代に継承されたということができる。しかも、それは個々別々に伝わってきているというよりも、一定の取捨選択を受けつつも、新しい一つの体系性をもった文化だったことに大きな特徴がある。

三　文化の受容と政治社会の変質

では、この時の人・もの・情報が、列島の社会でどのように受容、普及したのかを、もう少し詳しくみてみよう。例としては、生産の場である窯跡の所在がわかり、一定度その製品がどこへ流通したかが判明している考古資料として、須恵器を取りあげる。

現在の研究によると、列島で最古の須恵器窯は大阪府陶邑窯跡群の一郭にある大庭寺遺跡で発見されたもので、TG二三一・二三二型式（陶邑の栂地区にある二三一・二三二号窯出土の須恵器を指標とする須恵器の型式名）とされている。

植野浩三の研究（表15・16・図40）〔植野一九九八〕によると、このTG二三一型式段階には福岡県中部の朝倉郡小隈、山隈、八並窯跡、同東部の京都郡居屋敷窯跡、香川県三郎池西岸窯跡、岡山県奥ヶ谷窯跡、そして大阪府千里、陶邑、一須賀窯跡群など、西日本のいくつかの地域で操業が始まった（図40）。しかし、陶邑や千里窯跡群はその後も継続して操業を続けたのに対し（陶邑が中心）、他の多くは小規模・短期で操業を終えた（居屋敷、三郎池見西岸、奥ヶ谷など）。

表15 初期須恵器窯の消長（中期～後期中葉）

地域	窯跡名	所在地	所属時期 TG231	TK73	TK216	ON46	TK208	TK23	TK47	MT15	TK10	埴輪	備考
九州	神籠池窯跡	佐賀県佐賀市久保泉町						■	- -				
	小隈窯跡	福岡県朝倉郡夜須町下高場	■	- - -	- - -	■	- - -	- - -					
	山隈窯跡	福岡県朝倉郡三輪町山隈	■			- -	■	- - -				○	
	八並窯跡	福岡県朝倉郡夜須町三並	■										
	隈・西小田窯跡群	福岡県筑紫野市隈	■	- -	- - -								
	新開窯跡	福岡県西区今宿新開				■		■	■	■			
	重留窯跡	福岡市早良区重留								■			
	稲元日焼原窯跡	福岡県宗像市稲元							■	■	■		
	裏ノ田窯跡	福岡県太宰府市水城									■		
	牛頸窯跡群	福岡県大野城市牛頸・他									■		
	八女窯跡群	福岡県八女市他忠見区									■		
	居屋敷窯跡	福岡県京都郡豊津町居屋敷	■										
中国・四国	奥ヶ谷窯跡	岡山県総社市福井	■										
	戸瀬池窯跡	岡山県和気郡佐伯町矢田部								■			
	木鍋山一号窯跡	岡山県邑久郡長船町									■		
	日脚1号窯跡	島根県浜田市日脚町							■				
	深谷窯跡	島根県平田市本庄町								■			
	大井窯跡群	島根県松江市大井町							■	- - -	■		廻谷・寺尾窯跡
	門生窯跡群	島根県安来市門生・高畑						■	■				高畑・山根窯跡
	埴見窯跡	鳥取県東伯郡東郷町植見							■				
	七谷窯跡	鳥取県鳥取市久末							■				
	市場南組窯跡	愛媛県伊豫市市場				■							系譜が異なる
	宮山窯跡	香川県三豊郡豊中町比地大	?	?		■						?	
	黒藤窯跡	香川県中多度郡多度津町白方									- ? -		
	三郎池西岸窯跡	香川県高松市三谷町	■										
近畿	那波野丸山窯跡群	兵庫県相生市那波野							■	■	■		
	金ヶ崎窯跡	兵庫県明石市魚住町								■	- - -		
	三田末郡塚窯跡群	兵庫県三田市末野						■					
	出合窯跡	兵庫県神戸市西区玉津町											4C代、TG231以前
	猫谷窯跡	兵庫県多紀郡丹南町一印谷						-	■				
	鬼神谷窯跡	兵庫県城崎郡竹野町鬼神谷						-	■	■			1号窯
	中尾窯跡	兵庫県養父郡関宮町三宅								■			
	千里古窯跡群	大阪府吹田市～豊中市	■	- ■	- - -	- - -	■	■	■	■	■		
	陶邑古窯跡群	大阪府堺市～	■	■	■	■	■	■	■	■	■		
	一須賀窯跡群	大阪府南河内郡河南町東山	■	- - -		■							
	園部窯跡群	京都府船井郡園部町							■	■	■		大向1・桑ノ内6・大向2
	泉窯跡	滋賀県甲賀郡水口町泉						■					
	鏡山窯跡群	滋賀県蒲生郡竜王町～野洲郡野洲町								■	■	○	入町・山面支群
	沙羅谷窯跡	和歌山県和歌山市吉札							■	- - -	■	○	
東海	久居窯跡群	三重県久居市藤ヶ丘						■				○	
	藤谷窯跡	三重県津市垂水							■			○	
	内多窯跡	三重県安濃郡安濃町内多							■			○	
	稲生窯跡	三重県鈴鹿市稲生町						■				○	
	徳居窯跡	三重県鈴鹿市南方～安芸郡河芸町							■			○	
	小杉大谷窯跡	三重県四日市市大谷代							■			○	
	東山窯跡群	愛知県名古屋市昭和区	- - -	- - -	- - ■	■	- - -	■	■	■	■	○	
	下原窯跡群	愛知県春日井市下原								■		○	
	卓ヶ洞窯跡群	愛知県尾張旭市卓ヶ洞～霞ヶ丘町								■		○	城山窯に近接。
	城山窯跡群	愛知県尾張旭市城山町				■	■					○	
	前山窯跡	愛知県常滑市金山						■				?	
	上向イ田窯跡群	愛知県豊田市亀首								■		○	
	水神窯跡	愛知県豊橋市牟呂町							■			○	
	湖西窯跡群	静岡県湖西市～浜名郡新居町						■	- - -	■		○	明通り・一ノ宮峠場窯跡
	有玉窯跡	静岡県浜松市半田町									■	○	
	安久路窯跡	静岡県磐田市西貝塚								■		○	
	衛門坂窯跡	静岡県袋井市岡崎								■		○	
北陸	興道寺窯跡	福井県三方郡美浜町興道寺								■		○	
	鎌谷窯跡	福井県坂井郡金津町鎌谷							- - -	■		○	埴輪に叩きあり。
	小松窯跡群	石川県小松市二ッ梨町							- - -	■	■		二ッ梨東山4号窯跡
	羽咋窯跡群	石川県羽咋市柳田町							■	- - -	- -		柳田ウワノ1号窯跡
	鳥屋窯跡群	石川県鹿島郡鳥屋町深沢								■	- -	?	深沢1号窯跡
	園カンデ窯跡	富山県氷見市園								■	- -		
	松ノ山窯跡	長野県長野市信更町								■		?	
関東東北	桜山窯跡群	埼玉県東松山市田木									■	○	
	泉崎窯跡	福島県西白河郡泉崎村白石山						■					
	大蓮寺窯跡	宮城県仙台市宮城野区東仙台				■							
	金山窯跡	宮城県仙台市太白区西多賀					■						

表16　須恵器窯拡散模式図

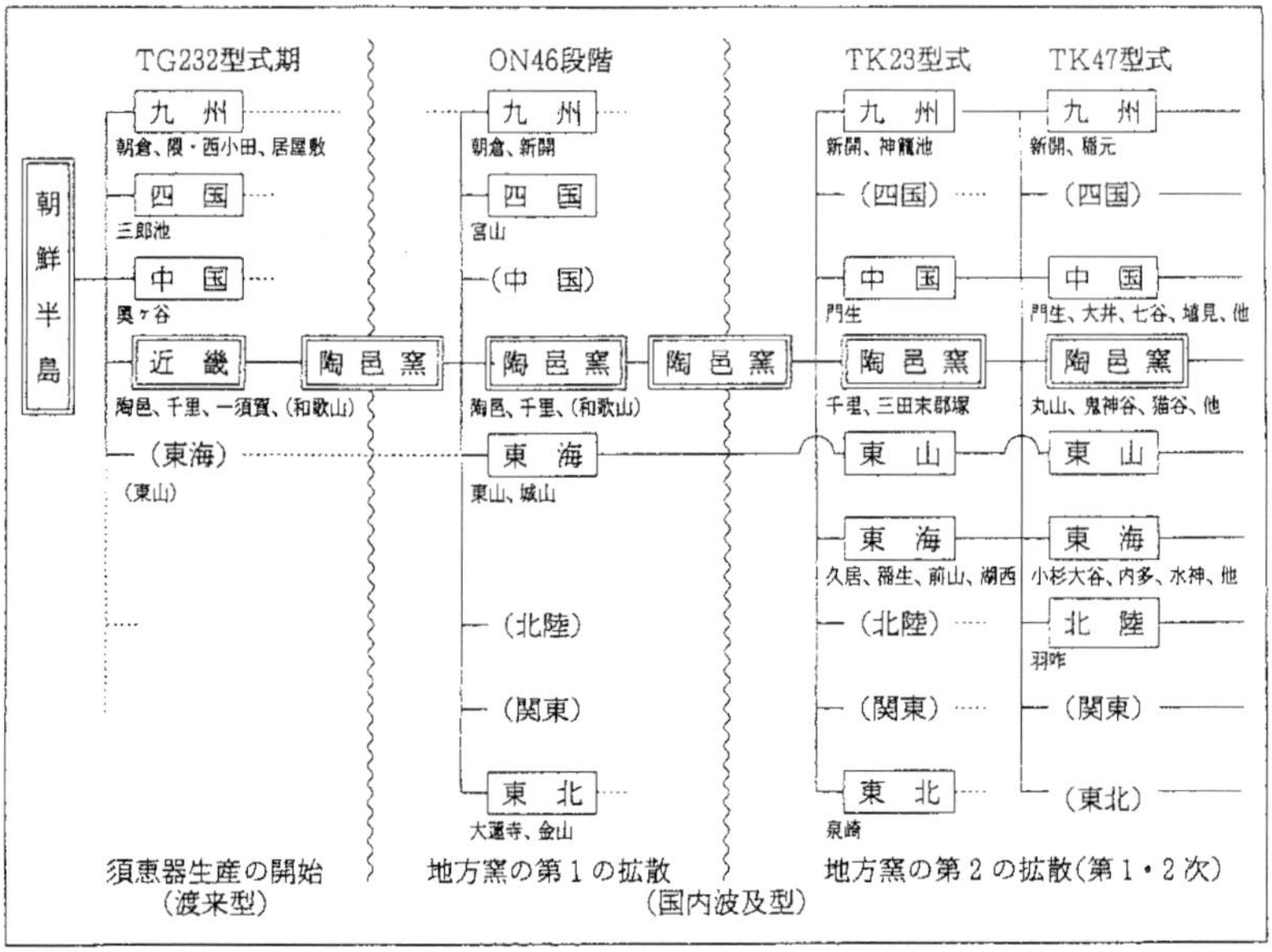

また、つぎの段階にも継続している窯（朝倉各窯や愛知県東山）や、新たに出現する窯（福岡県新開、香川県宮山、宮城県大蓮寺など「地方窯の第一の拡散」）ではその製品に、陶邑の強い影響が認められるのである〔橋口一九九〇、植野一九九三・九八〕。そして、ＴＫ二三～ＴＫ四七型式という後期前葉（五世紀後葉）の段階にはいると、須恵器窯は一気に各地に広がることになった（「地方窯第二の拡散」）。

中期前葉（五世紀前葉）に西日本の各地で始まった須恵器生産は、中葉から後葉にかけての段階には古市・百舌鳥古墳群を営んだヤマト王権が経営したと考えられる陶邑やその影響下の窯でほぼ独占的に行われることになったが、後期前葉に入ると生産体制は大きく変化し、急速に西日本のより多くの地域で行われだしたのである（補註5）。

このような変化は、先に述べた中期の古墳の秩序が後期のそれへと大きく変化していったことと密接に関係する。すなわち、各地の中期の大型前方後円墳を含

1　山隈窯跡群
2　池の上・小寺墳墓群
3　居屋敷窯跡
4　奥ヶ谷窯跡
5　亀山下・大文字遺跡
6　法蓮古墳群
7　市場南組窯跡
8　出作遺跡
9　三谷三郎池西岸窯跡
10　宮山窯跡・深山窯跡
11　村黒遺跡
12　尾崎西遺跡
13　出合窯跡
14　宇治市街遺跡
15　吹田32号窯
16　総持寺遺跡
17　勝部遺跡
18　上町谷１・２号窯
19　宰相山遺跡
20　大坂城跡
21　一須賀２号窯
22　神山遺跡
23　長原45号墳
24　茄子作遺跡
25　蔀屋北遺跡
26　堂山１号墳
27　持ノ木古墳
28　南郷遺跡群
29　竹内遺跡
30　陶邑窯跡群

図40　初期の須恵器窯跡と関連遺跡

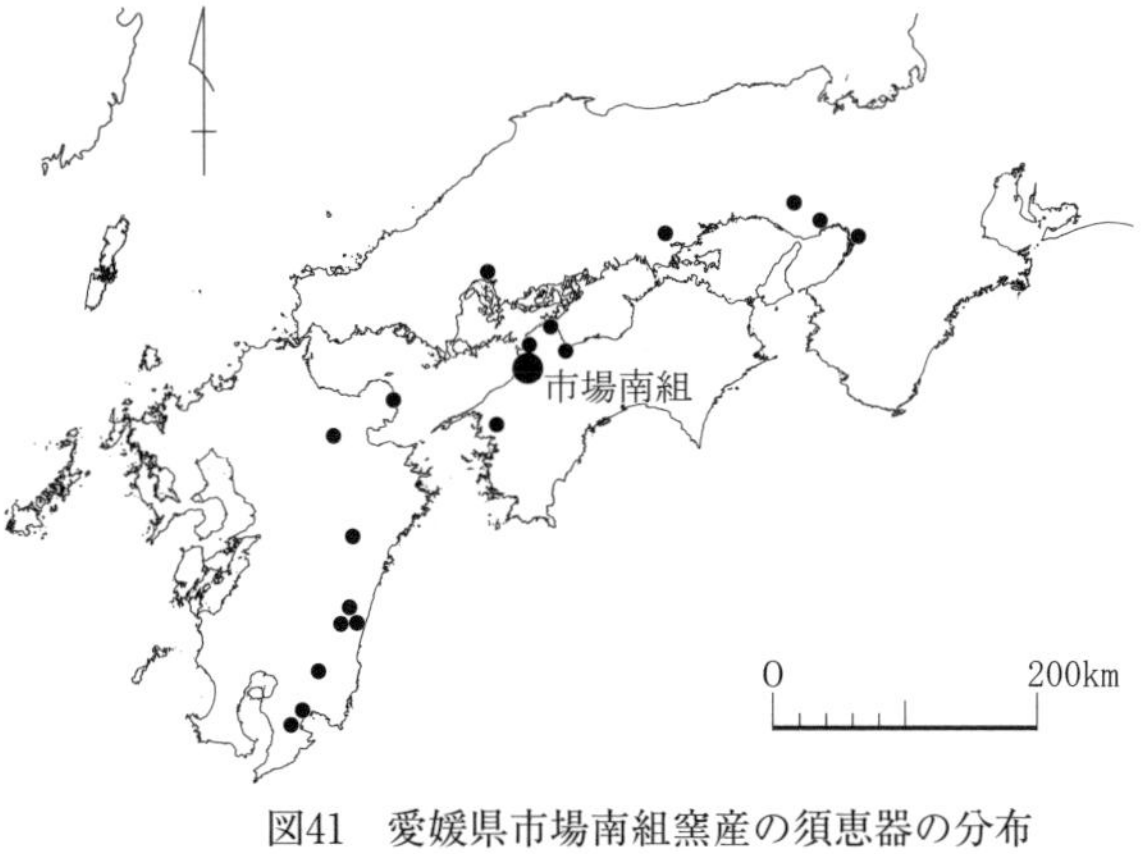

図41　愛媛県市場南組窯産の須恵器の分布

む大型古墳群、および、それと連なっていたと推定される中小の古墳群は、中期から後期への過程で急速に衰退・消滅した。一方、新たな墓域には中小の前方後円墳が築かれるようになるとともに、群集墳が出現した。中期に権勢を誇った旧勢力が衰退し、新興勢力が台頭してきたのである。この時に出現する群集墳とは、それまでは弥生時代以来の伝統を引く方形の周溝墓や台状墓（少数円形あり）を造っていた共同体の有力家長層の墓が一斉に円墳化したもので、埋葬施設には木棺や石棺の直葬、初期の横穴式石室、埴輪棺など多様な棺が用いられたものをさす（古式群集墳）〔和田一九九二〕。

そして、この変化は当然大王一族の墓域である古市・百舌鳥古墳群にも及び、百舌鳥古墳群では中期後葉で、古市古墳群では後期前葉で二〇〇《メートル》を超える巨大前方後円墳の築造は終了し、古市古墳群では後期中葉（六世紀前葉）には墳丘が一二〇《メートル》ほどの前方後円墳が数基築かれた程度となる。つぎに大王墳が巨大な前方後円墳として築かれるようになるのは六世紀前葉も後半のことで、大阪府今城塚古墳（墳長約一九〇《メートル》）がそれにあたり、墓域も古市・百舌鳥から大きく離れた淀川右岸に設けられた。統一的な規格のもとに造られたと考えられる横穴式石室（畿内型横穴式石室）をもつ新式群集墳が爆発的に造られるようになるのは、そのころのことである。

こうした古墳の築造状況を私はつぎのように理解している。

五世紀後半から六世紀前半にかけての時期は、当時の列島社会において富や知識の源泉であった朝鮮半島では激しく歴史が動いていた。半島北部にあった高句麗が強大化し勢力を南に広げ、四七五年には半島西部にあった百済の都・漢城を滅ぼし、翌年、百済は熊津へと遷都した。一方、半島東部にあった新羅も勢力を拡大し、五三二年には列島社会と密接な関係にあった半島南部の加耶諸国の一つの金官国を併合した。このような緊迫した朝鮮半島情勢はヤマト王権にとっては王権の存亡に係わる重大事であった。

そこで、この状況に対処するとともに、国内での新しい富や情報の分配に対する社会的不満などをも解消するために、王権は首長連合体制を脱してより強固な政治体制をめざしたものと考えられる。すなわち、中期において畿内の各地に盤踞していた大首長やそれと連なっていた各地の首長などからなる旧勢力を解体・弱体化させるとともに、新興の中小首長や、首長の支配のもとにあった有力家長層を王権の枠組みのなかに直接組みこむことによって、より中央集権的で強固な政治体制の構築をめざしたものと思われる。

その結果、旧勢力の抵抗などもあって、王権は一時的には衰弱するものの、六世紀前葉後半から中葉には新しい体制を確立し、大王の権力が隔絶化しだすとともに、首長の官人化が促進され、王権による民衆の直接的支配が一歩進んだものと理解したい。

おわりに

中期から後期への古墳の築造状況の変化を以上のように捉えるわけだが、この現象は単に政治社会的レベルの問題だけではなく、中期に伝わった人・もの・情報を誰がどのように享受するかと係わっていていた。すなわち、中期には大王をはじめとする畿内を中心とした大首長や、それと連なっていた各地の首長たちだけがそれを独占的に享受していたのに対し、この段階で、新興のより数多い中小首長や広汎な有力家長層がより直接的に新しい人・もの・情報を享受できるような生産・分配システムへと変化したといえる。したがって、中期から後期への変化は、政治が生産や流通を支配した時代における、新来の人・もの・情報をめぐる争いでもあったと考えている。

（補註1）　中期古墳の階層構成の模式図は〔和田一九九四〕で提起し、修正を加えつつ〔和田二〇〇七〕にいたった。本書二四九頁の図42では最終段階のものを採用しているため、それを参照されたい。

（補註2）　中期の大王の墓域を古市古墳群で代表させたが、当時の大王の墓域は古市古墳群と百舌鳥古墳群を合わせて一対と考えており、古市がA型となる場合は、百舌鳥はA型から大王墳を除いた類A型となり、合わせて一つの組みあわせとなる。百舌鳥に大王墳が築かれた時はその逆となる。

（補註3）　最新の各種石棺の資料集成は〔日本考古学協会編二〇一〇〕参照。

（補註4）　この時期の水田の造成技術については、「耕地の開発は弥生時代の延長線上にあった」〔広瀬一九九一〕との指摘を踏まえつつ、〔江浦二〇一四〕では、「小区画水田の造成技術は弥生時代後期の流れの中にあるものの、それを熟成した段階であったといえる。ただし、この変化自体は画期的といえるほどの変化ではなく、遺物では農具の鉄器化、遺構では大規模な築堤などの技術革新がある一方で、水田造成技術に関しては、表面的には著しい変化が認めがたいのも事実である」とし、一方で、「集落内の菜園的なもののみならず、非常に広範かつ組織的に造営された」畠の展開を評価している。

（補註5）　最新の初期須恵器の集成に〔中辻二〇一四〕がある（図40）。関連のシンポジウムで愛媛県市場南組窯で焼かれた製品の流通範囲が提示されたが（図41）〔三吉二〇一四〕、その範囲は西日本の初期須恵器窯の分布とあまり重ならない。南組窯は陶邑関連窯の生産と流通を補完していた可能性が高い。

第二章　古墳時代の生産と流通

――古墳の秩序と生産・流通システム――

はじめに

ここでは、古墳の秩序からみた生産と流通のシステム、および、そこから窺える生業の問題という視点で検討を加える。対象とする時期はおもに古墳時代中期から後期である。この時期になると、各分野での専門化、専業化が急速に進展してきたため、「生業」には、食料資源の獲得に係わる諸活動という意味に加えて、手工業生産をはじめとする多様な専門ないしは専業集団の活動も含めて考えたい。したがって、「生業」という言葉は「職業」という意味に近いものとして使うことになる。古墳時代、それも後期にどのような「職業」があったかを考えるには、武光誠がまとめた「職業部一覧」（表17）〔武光一九八二〕などが参考になる。

一　中期古墳の秩序

(1)　中期の設定

そこでまず最初に、古墳時代の政治社会的枠組みについて話をしておくと、古墳時代は、大きくは前・中期の前半期と後期の後半期に分けられる。しかし、弥生後期〜終末期以後における、畿内首長連合の成長とその広域支配体制の到達点を明確に捉えるためには、中期を設定する方が理解しやすいと考え、古墳時代を時期区分する場合は中期をいれた三時期区分を用いている〔和田一九九四〕。

その場合、時期区分の指標としているのは、おもに前方後方墳や方墳といったレベルでの墳形の消長、古墳群の消長（墓域の変化）、古墳の秩序の変化などであって、遺物の変化は、もちろん考慮はしているが、直接的な指標とはしていない。ここでいう古墳の秩序とは、同時期の各種の墳形を呈す大小の古墳が、他の墓制も含め、特定の墓地や地域で形成する階層的な群構成と、それらの重層的な関係のことである。

遺跡の動態の方が、遺物の変化よりも、より政治社会的変化を反映していると考えるからである。その意味では、この区分はきわめて政治社会的な区分といえる。

中期古墳を構成する遺物や遺構などの諸要素には、①前期前半（一・二期）〔和田一九八七〕に始まり中期前葉（五・六期）で衰退するもの（三角縁神獣鏡、腕輪形石製品など）、②前期後葉（四期）に始まり中期に発達するもの（滑石製模造品など）、③中期中・後葉（七・八期）に出現し、後期前葉（九期、須恵器ＴＫ二三・四七型式）で消えるもの（鋲留短甲、眉庇付冑など）、ないしは、その後まで存続するもの（馬具、挂甲、胡籙、須恵器など）が中心で、④中期に固有のものはきわめて少ない（蕨手刀子、三角板革綴短甲など）。⑤長持形石棺や同一水面の盾形周濠や造出は中期前葉（五期）に始まると考えているが、一部は後期に継続する。

したがって、遺物を見るかぎり中期の前後にはあまり大きな変化はなく、かえって中期前葉から中・後葉にかけて大きく変化する。そして、その変化の影響は、中期から後期への大きな政治社会的変化となって現れたのである。中期は中期前葉（五・六期）と中・後葉（七・八期）とに二分することも可能だが、その場合は、中・後葉の方が、より

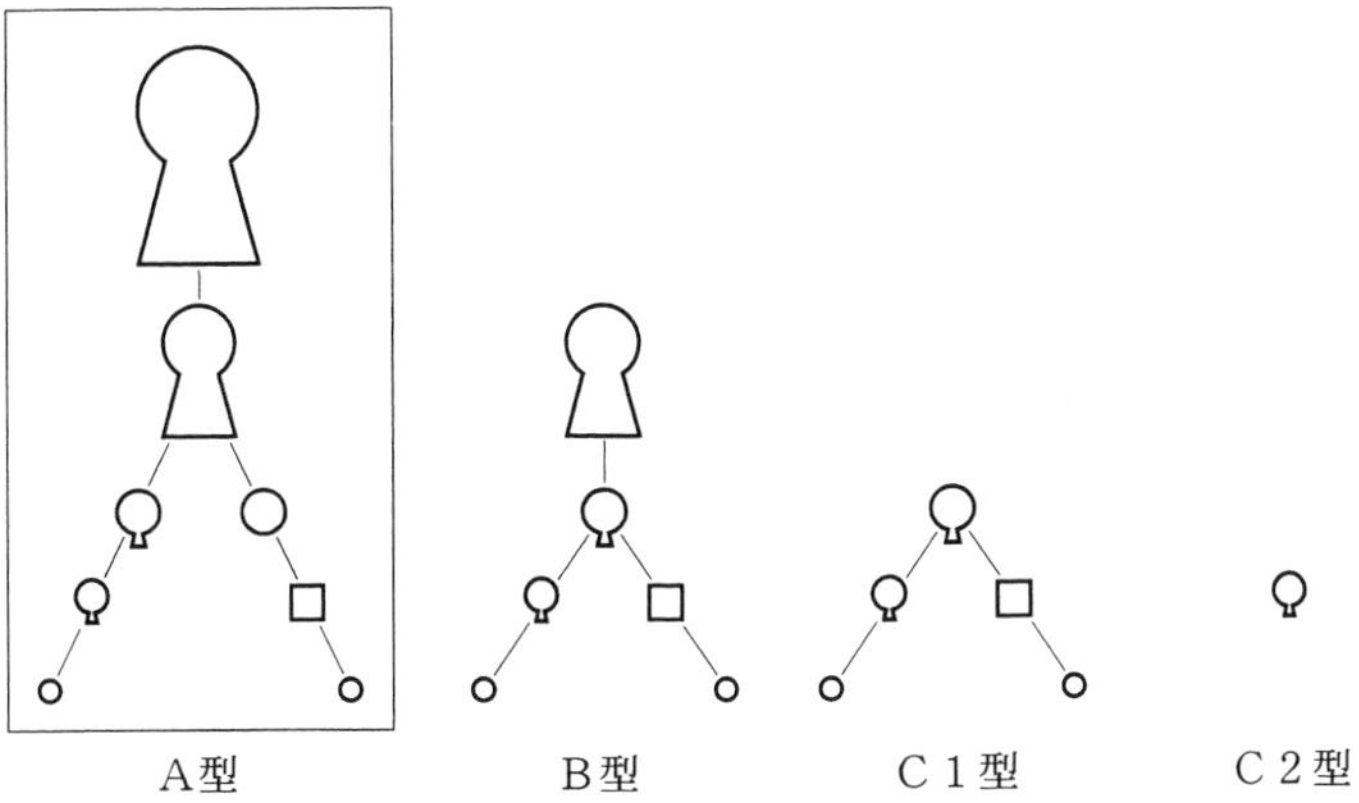

図42　中期における古墳の秩序の諸類型（□は墓域・他は地域）

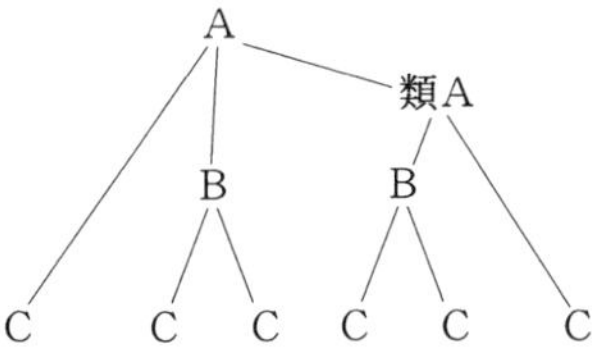

図43　地域勢力の重層的結合

中期的ということができる。

(2)　中期古墳の秩序

つぎに、中期古墳の秩序は、図42のように、基本的にはA・B・C三つの類型でもって捉えられる〔和田一九九四〕。

大王墳のある墓地（大阪府古市・百舌鳥古墳群）での同一時期の古墳の群構成をA型とし、それに準ずる大型古墳群（奈良県佐紀盾並古墳群や馬見古墳群）の構成を類A型とする。両者はともに規模に差のある複数の前方後円墳を含む階層構成型の古墳群である。一方、B型やC型は政治的まとまりがあると推測する特定地域の複数の古墳群からなる古墳の群構成で、各地にもっとも数多く分布している（後に、C型は古墳群にまとまりが想定されるC1型と、古墳群が単独に近いC2型に区分した〔和田二〇〇七〕）。

そして、この体制全体としては、A型と類A型を中心にB型やC型も結集する規模の大きな畿内（地方）連合と、その周辺の規模の小さいB型やC型の地域連合という基本的な枠組みのもとに、図43のような、地域の、あるいは地域を背景とした首長層の多様で重層的な結びつきから成りたっているものと考えられる。

実情をみると、この類型はけっして固定的なものではなく、B型からC型に、あるいはその逆に、時にはB型やC型から主要な古墳がない状態になるなど、一代ごとに変化する場合もしばしばある。しかし、全体としては、シンプルで力強い構成だと評価することができる。中央の大型の古墳群ほど安定的で、地方ほど、同一の墓域に継続的に古墳を築く古墳群が少ないなど、不安定にみえる。

なお、ここでは一系列の古墳群（一基のみの場合も含む）を形成する背景となった集団を単位共同体（「小地域」）とし、複数の古墳群（二、三群から多くて五、六群）から構成される政治社会的まとまりを地域共同体（あるいは地域首長連合）としている。特定の範囲をさす言葉として「地域」と呼ぶ場合はこの範囲をさす。B型、C型はこの範囲の古墳群の構成（組み合わせ）である。また、複数の地域のまとまりは「地方」と表現する。

私は、この中期古墳の秩序は、前期後半（三・四期）段階に急増した王権傘下の数多くの首長層を序列化し再編成したもので、大王をはじめとする畿内有力首長を中心とした限られた数の大首長層が、全国数多くの中小首長を支配した体制の反映と理解し、大王を頂点とする畿内連合を中心とした首長連合の成熟期・到達点であったと評価している。

ただ、各地域の首長のもとにある共同体の有力者層の墓制が、弥生時代以来の方形の周溝墓や台状墓を中心に、時には円形のそれらを含めたものであったことから判断すれば、王権による支配の対象は、単位共同体を代表する首長レベルで止まり、首長層の在地支配は従来のまま温存されていた、言い換えれば、王権による支配の対象は民衆レベルにまでは及んでいなかったものと考える。それが及ぶようになるのは、後期を画す主要な要素の一つである方形の

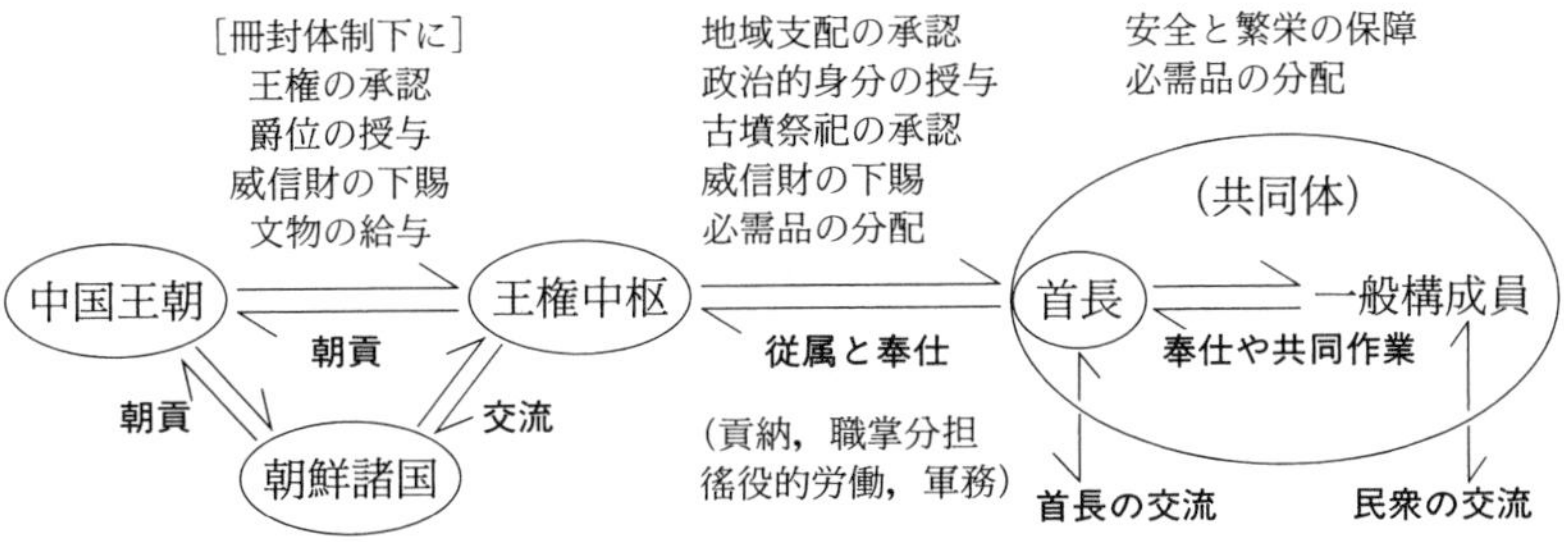

図44　人・もの・情報の流れ（前・中期）

周溝墓や台状墓が全国一斉に円墳化しだす古式群集墳の段階以降のことである。共同体上層の墳墓が、古墳の秩序に組みこまれていくのであり、この段階で王権の支配が共同体の内部にまで直接的に及んだものと推測される。

二　中期段階の生産・流通システム

(1)　人・もの・情報の流れ

では、この段階の生産と流通のシステムはどのように把握することができるだろう。図44は古墳時代前・中期の人・もの・情報の流れの概念図である。取りたてて新しくはないが、これに古墳の秩序を重ねあわせれば、両者の関係は非常に整合的でわかりやすい。

王権はその下に従属してくる首長に対し、在地支配を承認し、政治的身分を与え、古墳の儀礼の実修を認め、各種威信財ほかの文物を下賜するのだが、これに対して、首長層には具体的な奉仕、すなわち米や特産品などの貢納や、王権の維持に必要な各種の職掌の分担、徭役的労働（古墳づくりを含む）、軍務などが課せられ、首長は配下の共同体構成員を率いてそれに応えたと考えられる。また、大首長とその下に連なる中小首長との間でもほぼ同様のことが考えられるし、首長と共同体成員との間でも、安定した生活の保障に対し、共同作業への参加や首長への奉仕が伴った。

特徴は、これらの流れの多くが上下関係を伴うもので、そのなかで威信財ほかの重要物資の生産と流通、古墳の築造と儀礼の実修、軍事活動などといった、多量の人・もの・情報（政治・宗教的要素も含む）が動く活動がその中心に位置し、このシステムを支えていたと推定できることである。今からみれば不合理な巨大前方後円墳の築造や多量の副葬品埋納も、このシステムを支える重要な活動であったわけである。もちろん、水稲農耕をはじめとする日常的な生産活動がそれらを下支えしていたことはいうまでもない。そして、こうした生産と流通のシステムのなかに、生業と社会との主要な接点があったということができる。なお、地域を超えた首長間の交流や、市などでの共同体成員（民衆）の交易といった、対等な関係の交流も存在したと推定されるが、現状ではあまりよくわかっていない。ただ、規模的にはそれほど大きなものであったとは思われない。

(2)　威信財の変化

そのなかで、生産と直接係わる威信財の生産と流通に関しては、それが王権の支配に不可欠なものであったことは河野一隆が「威信財消費型経済システム」として詳細に論じている〔河野一九九八〕。威信財はいずれも王権下に集中され、そこから各首長層に下賜される形で流通したものと考えられるが、いま、その威信財の獲得、あるいは生産段階の時期的変化を整理すると以下のようになる。

古墳時代前期前半段階はおもに国外依存型で、中国製の鏡や刀剣類、あるいは大陸南まわりルートでもたらされたガラス玉などが中心を占める。しかし、中国との交流が弱まる前期後半から中期前葉になると国内生産型が中心となり、仿製鏡や碧玉・緑色凝灰岩製の石製品（腕輪・玉杖形など）などの比重が高まる。この間、朝鮮半島南部産の鉄素材は継続的に導入されていたと推測されるが、朝鮮産の製品はあまり明瞭ではなく、あっても多くはない（鋳造鉄斧など)。なお、国内産のものは、仿製鏡や甲冑のような畿内特定工房生産型のものと、腕輪形石製品のような地方生産型のものとに区別できる。また、甲冑、玉・石製品(滑石化)などの生産体制には、前期後葉から中期前葉ごろに、一定の変化が認められる。

ところが、古墳時代中期中葉から後葉になると、東アジア諸国との交流が活発化するなかで、多様な人・もの・情報がおもに朝鮮半島南部から多量に入ってきて、その多くは列島の社会に定着した。そこでの威信財の生産は、初期には国外依存型であったものが(朝鮮半島南部産中心、一部中国産)、短期日で国内生産型、特に畿内特定工房生産型となっていく(補註1)。

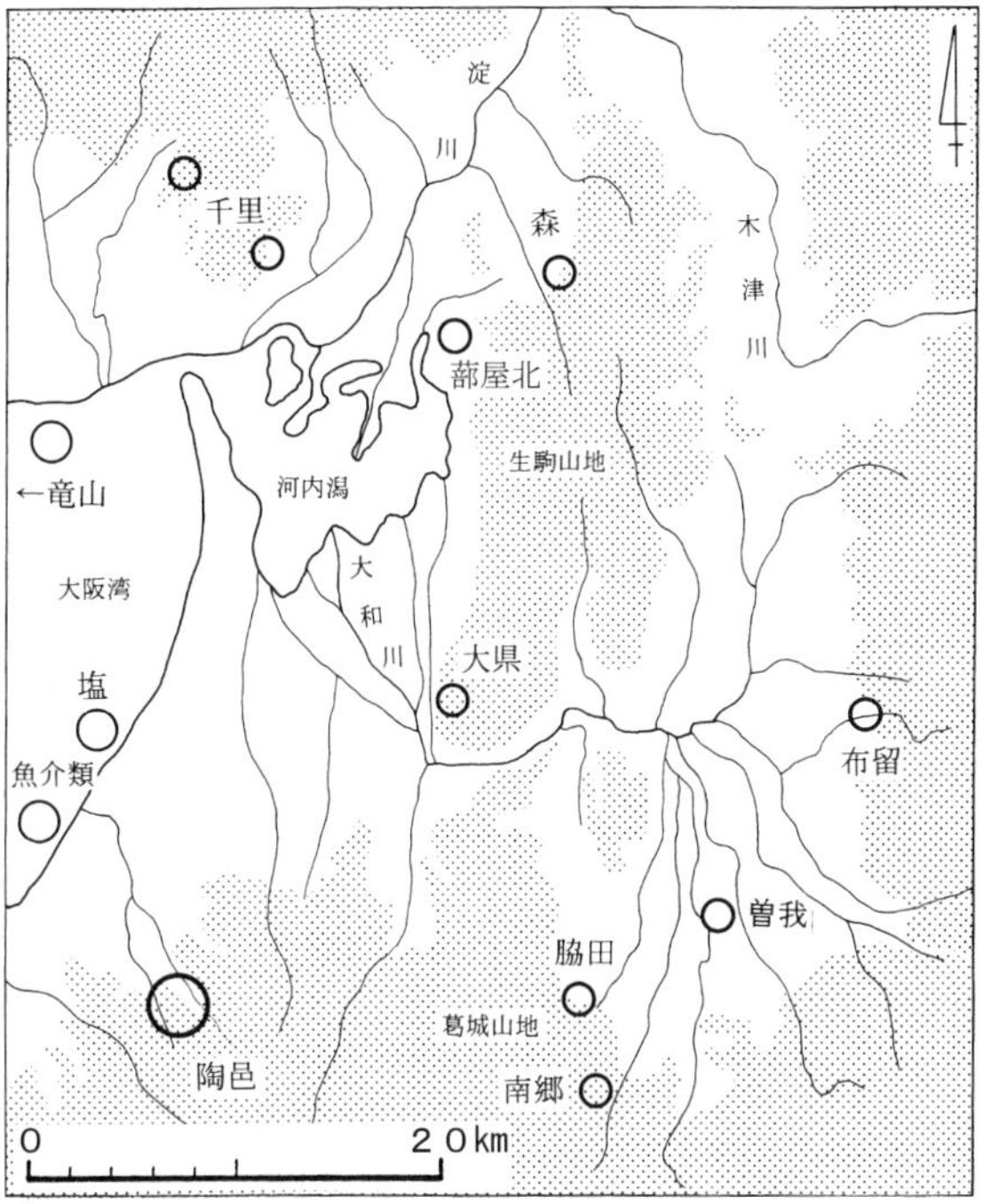

図45 畿内における中期の主要生産遺跡

(3) 畿内に独占された諸技術

そこで、この時期における手工業生産を中心に少し検討を加える(図45)。

① 冑

短甲では、すでに畿内の特定工房で独占的に製作してきた革綴集団に、中期中葉以降、鋲留ほかの新技術をもった渡来工人が加わり、新しい体制が形成された〔野上一九六八、小林一九七四ほか〕。眉庇付冑は、その製作地が半島か列島かが議論されてきたものだが、最近の研究では、従来の甲冑技術を基盤に、半島系の甲冑、帯金具、冠などにみられる、金属器を取り扱う諸技術を統合した体系的な技術によって、列島内で生みだされたものと評価されている〔橋本一九九五〕。これらの甲冑や、従来にはなかった種類である馬具の生産は畿内の特定鍛冶工房で集中的に行われ、それが王権下に集積され、各首長層に配布されたと推定するのがもっとも妥当かと考える。

これらの特定工房は一ヵ所とは限らない。しかし、布留遺跡などで一部の刀剣類の生産が判明している以外は、ほとんど特定できないのが現状である。

② 鉄　器

そこで、花田勝広の研究成果〔花田一九八九・二〇〇二〕によりつつ、それらを生産した可能性のある畿内を中心とした地域の鍛冶遺跡を検討すると、須恵器出現以前のⅠ期（六期以前）では、鍛冶遺跡そのものの数が少なく実態は不詳だが、Ⅱ期の中葉中・後葉（七・八期）には鍛冶遺跡が増加し、大阪府大県遺跡や森遺跡、奈良県布留遺跡などの大型鍛冶遺跡が出現してくるとともに、奈良県南郷角田遺跡のように、多量の韓式土器とともに鉄、銅、銀、ガラス、鹿角などを出土する特殊な遺跡も現れる。小規模な遺跡もないわけではないが、武器・武具、馬具を中心とする畿内の主要な鉄器生産は、半島系の鉄素材をもとに、これらの大型鍛冶遺跡が担ったものと推測され、そこには渡来工人の参画が推測される。鍛冶炉そのものでも新しい技術が認められることは、野島永がフイゴの羽口に関して指摘している〔野島一九九七〕。炉壁に装着せず、炉の斜め上から炉底に向かって送風する羽口（Ⅲ式）に代わって、炉壁に直接装着する羽口（Ⅰ・Ⅱ式）が出現し、六世紀には全国的に主流となるとの指摘である。

③ 玉　生　産

また玉生産では、この時期には生産の基盤がほとんどなかった畿内に奈良県曽我遺跡という大規模な玉作遺跡が出現する。関川尚功によると〔関川一九九二〕、ここでは紀伊の滑石、出雲の碧玉・メノウ、北陸の緑色凝灰岩、下総か陸奥のコハクなど全国各地から集めた一〇種類以上の素材を用いているとのことだが、それとともに他地域から工人が連れてこられたとも考えられている。畿内内部で玉生産を実現しようとする強い意志が感じられる。

④　須　恵　器

生産の場が判明している須恵器では、植野浩三によると〔植野一九九八〕、中期中葉（TG二三二―TK七三）には、西日本の複数地域で操業が始まる（本書二四一頁表15）。これには短期間で操業を終えるものと、継続するものとがある。そのなかで大阪府陶邑窯跡群は中期後葉（ON四六）には盛期を迎え、その製品が九州から東北地方南部にまで及んでいることは三辻利一の胎土分析からも明らかになってきている〔三辻二〇〇二〕。この時期に陶邑から拡散する窯もあるが（地方窯の第一の拡散）、多くは短期間で操業を終える。前段階から生産を継続している窯でも、愛知県東山窯跡群が相対的な独自性を保っていることを除けば、他は器形などから陶邑の影響下に入ったものと推測されている。そして、これはつぎの段階の話になるが、後期前葉（TK二三・四七型式）の段階に大規模な地方窯の拡散（第二の拡散）が起こり、そこではじめて各地に技術が本格的に定着していくことになる。須恵器生産は王権による技術の独占と配布のあり方を示す典型例の一つということができる。この間、畿内には、陶邑以外には他に最初期から操業を続けている比較的規模の小さい大阪府吹田窯跡群があるだけである（第四部第一章補註5参照）。

⑤　石　棺

なお、古墳でのみ用いる特殊なものとして石棺の製作についても触れておく。中期の大王墳をはじめとする畿内の有力首長層の間では長持形石棺が用いられるが、これは竜山石という流紋岩質凝灰岩が採れる兵庫県加古川下流右岸の特定工房で製作され、ほとんどは畿内へ、一部は吉備ほかの地域へ持ちはこばれた。他方、王権の政治的な意味での周辺地域では、舟形石棺がそれぞれ在地の軟質石材を用いて作られるが、これは地方の首長下の特定工房の製品である。地方首長傘下の特定工房は、石棺以外にも須恵器や埴輪をはじめ他にいくつかの種類のものがあったと推定できるが、上記の須恵器窯の場合のように、その継続的な操業の維持のためには王権からの一定の統制から逃れることができなかったと思われる。舟形石棺の製作は、王権がその生産に、長持形石棺を作らないということ以上にほとんど何も係わっていない数少ない例である。しかも、たとえば九州と越前の舟形石棺に共通の型式が認められるなど、これらの地域の首長層間には独自な交流があったことも推測できる〔和田一九九八〕。地域を超えた首長間の交流については、後期の須恵器や埴輪などで研究成果が上がりつつあるが、中期の例は少なく、このような交流をより積極的に掘り起こしていく必要がある。

(4)　中期的システムの特徴

では、中期の手工業関連の生産の特徴はどのように捉えることができるだろう。

その第一は、王権の支配にとって必要な威信財ほかの重要物品は畿内（石棺など一部畿内周辺）で集中的に独占的に生産されたことである。中期中葉におもに朝鮮半島南部から入ってくる新来の技術も一時的には西日本のいくつかの地域で受けいれられるが、ほどなく生産は畿内に集中し、各地のそれは短期日で操業を停止するか、畿内の統制下に入ったものと推定される。玉生産のように以前から地方で生産されていたものについても、工人や素材を畿内に集めて生産した。

第二には、各種の工房（生産遺跡）は特定の場所に集中するのではなく、大和・河内を中心とする畿内一円に分散的に存在していたことである（図45）。製品によっては生産に適した立地条件があり、それが生産の場をある程度規定している場合があるが、鉄器関係なら朝鮮半島などからの鉄素材の入手に便利な港湾施設があり燃料が入手しやすいところとか、須恵器なら良質の粘土が入手しやすく燃料があり製品の搬出に便利なところ、石棺なら石材が採れ搬出に便利なところなどといった具合である。しかし、各種の工房が畿内の各地に分散している理由はそれだけではなさそうである。

第三は、一つの工房の製品はかなり限定されていて、同一ないしは同質の素材の製品か、特定の種類の製品を作っていたと推定されることである。玉生産の曽我遺跡、須恵器生産の陶邑窯跡群、石棺生産の竜山の工房などが前者である。後者は現状では、遺跡から証明できないが、後の職業部民の呼称などを参考にすると、名称に成立時期の差を含んでいるとは思うが、特定の素材の加工に係わる鍛冶部や木部、石作部、陶部などとともに、特定の製品名をもつ矢作部や楯縫部、靫部、甲部、鞍作などが顕著で、それらは一工房一品種のような生産のあり方を推測させる。武器・武具類にそれが多いことも軍事的意味合いもあってのことかと思われる。

したがって、第四の特徴になるが、畿内での生産体制は、畿内の各地に盤踞する首長たちがそれぞれの地で、王権下の生産に関する特定の職掌を分担し、それぞれに特有の技術と技術者とを組織して、特定の製品を生産したものと推定できる。一有力首長が複数の中小首長に率いられた複数の工人集団を抱えていた可能性もある。しかし、いずれにしても、首長層の在地支配の温存とそれを背景とした奉仕の形がこのような王権に統括された首長間分業の体制を生みだしたもので、首長連合体制に特有の生産体制だということができる。そして、それは畿内首長連合の一体性やその優位性を支える体制でもあったわけである。

第五には、特定の首長が特定の製品を作り貢納することで王権に奉仕するというかたちをとっているかぎり、その工房の多くは排他的で閉鎖的な性格が強く、どの集団が何を作るかは特定の首長（特定の集団）の既得権となっていたと思われることである。しばしば東国では埴輪と須恵器の兼業窯があるのに、畿内ではそれがほとんどないことが問題になるが、その原因はここにあるかと思われる。竈や炉を築き高熱を処理する技術は、鉄をはじめとする金属器やガラス、須恵器、埴輪、土師器、製塩土器などの生産にきわめて有効なもので、用いだす時期に差はあったとしても、各種の生産に応用されていくが、古墳時代の畿内には同一工房でそれらが組合わさって複合的に生産された例はあまり知られていない。高熱処理技術などの各種工房への移転に関しては、個々の首長レベルを超えた王権レベルでの判断がなされたものと推測するが、後に述べる複合的工房群のような例はほとんどなかったといってよい。

第六に、このような首長間分業の体制は行政、祭祀・儀礼、軍事などの面でも同様で、重要な役割はほとんどが畿内連合を構成する有力首長層の間で分かちもたれ、各機能が畿内一円に分散的に存在していたものと思われる。そして、そこでは地方はおもに素材や労働力を提供する役割に終始した可能性がある。後者の例は、須恵器生産に推定されている、いわゆる上番工人などがこれにあたる〔菱田一九九二〕。

また、第七になるが、古墳時代前・中期の段階で専業ないしは専門集団といえる集団はけっして多くはなく、ここで取り扱ったような特定工房などがその主だったものといえる程度である。そして、かれらはその所属する共同体によって支えられていたものと考えられる。

なお、ついでに触れておくと、古墳時代に都市が十分発達しなかった理由として、大王や首長の居館が頻繁に移動したことなどとともに、このような分散的な生産体制のあり方を指摘することもできるのではないだろうか。

三　後期古墳の秩序

(1)　後期前半

さて、後期に入ると、その前葉（九期、ＴＫ二三・四七型式）に、中期的な古墳の秩序が崩壊し、大型古墳群やそれに連なる中小古墳群が衰退・消滅する一方で、新たな墓地に中小規模の前方後円墳が築かれるようになるとともに、広い範囲で方形の周溝墓や台状墓が円墳化し古式群集墳となる。古式群集墳とはいまだ多様な埋葬施設をもつ小型の円墳群で、埋葬施設には木棺や箱式石棺の直葬ほか、一部には定型化以前の横穴式石室や横穴をもつものもある。この現象は、中期に権勢を誇った大首長やそれと連なっていた中小首長層が急速に没落し、代わって渡来人を含む新興の中小首長や、共同体の有力者層（有力家長層を推定）が台頭してきて、王権の新しい秩序のなかで重要な位置を占めるようになった結果と判断する。

このような変化は、一つには、朝鮮半島における高句麗勢力の南下や新羅勢力の台頭・拡張に伴う政治的・軍事的緊迫の高まりに対処するため、大王を中心とする王権中枢がより強力で中央集権的な体制の整備をめざして新興勢力と結びつつ、大首長層の在地支配の解体をはかるとともに、これら新興の中小首長や共同体の有力者層を体制の枠内に取りこんでいった結果と判断される。王権の支配が古代家族を単位として有力家長層にまで及ぶのはこの時が最初で、それが古式群集墳を生みだしたと考える。

また、今回の話との係わりでいえば、この動向の背景には、中期における多くの人・もの・情報の伝米と定着のなかで、それらの価値や富を独占していた大首長勢力と新興勢力との間に技術の保有や生産物の分配をめぐって深刻な対立が生じていたというようなことも推測される。この場合、新興勢力には地方の不満勢力も加えて考えるべきであろう。そして、その結果は後期の人・もの・情報の流れに大きな影響を与えたものと推測する。

ただ、この段階での大首長層の抵抗や社会的動揺は非常に大きく、大王家自体も王統の連続性が問われるほどの動揺を受けたものと思われる。中央集権的な体制が本格的に整備されだすのは、おもに後期中葉後半からの新式群集墳の段階からであったと考えている〔和田二〇〇四〕。

⑵　後期後半

すなわち、後期後葉（一一期、MT八五～TK二〇九型式）になると、前方後円墳が段階的に消滅していく。これは首長墳がなくなるというわけではなく、首長墳が円墳化するということである。同時に群集墳は横穴式石室（尺単位で秩序づけられた畿内型横穴式石室が中心）を埋葬施設とする他の時期と比べてきわめて均質的な新式群集墳となり、この時期に急増する。この過程で、大王の権力は一層隔絶化したものになる一方、首長層の重層的結合は薄れ、その在地支配は弱体化し、首長層は官人的性格を強める。他方、首長の私民化しつつあった配下の共同体の一般構成員は、他面では王権が支配するもの、王民とでもいうべき性格を合わせもつものへと変質していったものと推測する。首長の支配下にあった共同体構成員は古墳時代中期を通じて首長の意のままに動く私民化しつつあったと推測しているが、群集墳の段階にはその私民の保有にも王権の承認が必要になったと考えるわけである。なお、均質的とはいっても新式群集墳の横穴式石室には畿内的なものと、各種のそうでないものとが並存するが、その差は王権による支配の強弱と関係しているかと思われる。

四　後期段階の生産・流通システム

(1)　技術の移転と専業化の進展

では、後期における生産と流通はどのように把握できるだろうか。

①　須　恵　器

須恵器では後期前葉に、先に少し述べたように、第二の地方窯の拡散がみられる。これは王権が独占的に保有してきた技術の分配ともいえる現象である。ＴＫ二三型式段階のものは単発型のものが多いが、ＴＫ四七型式段階のものは地域に定着し、その後も継続して操業されるものが多いと指摘されている〔植野一九九八〕。畿内は中期からの二ヵ所の窯が操業しているだけである。須恵器は、一部の装飾付須恵器などを除き、多くは日常必需品となり、製品は畿内生産畿内消費、地方生産地方消費が基本になったと推測される。奈良盆地でも一部に東海産のものなどが認められるが、畿外から多量にもたらされたような例は寡聞にして知らない〔三辻二〇〇二〕。

②　鉄　　器

鍛冶遺跡は後期前葉に一時的に遺跡数が急増（多くは小規模・短期間）するが、Ⅲ期の後期中・後葉には中期以来の大型鍛冶遺跡である大県、布留、森、（脇田）遺跡など特定工房に集中するのが特徴である。他方、Ⅰ・Ⅱ式の羽口にみられるような新しい鍛冶技術は各地に拡散する。この頃になると、列島でも鉄そのものの生産が行われだした可能性が高く、製鉄炉の見つかっている後期後葉には鉄生産は本格化したものと思われる。そして、中国地方などの鉄関係の生産集団は鉄素材や鉄器を貢納しだしたと推察されるが、岡山県総社市窪木薬師遺跡では、五世紀前半に鉄器製作が開始されるものの小規模・短期間で操業を停止、六世紀前葉から中葉ごろに改めて操業が再開され鉄器製作の専業化の兆しがみえはじめ、六世紀後半には確立したと推測されている〔島崎一九九三〕。この動きは、須恵器生産ときわめて類似しており、地方の有力首長が中期中葉に導入した新来の鉄器生産は、同地の奥ヶ谷須恵器窯同様、短期間で操業を停止するが、後期には改めて技術移転が行われ専業化が進んだ例といえる。鉄滓の群集墳への副葬は専業的工人を抽出する一つの指標だが、早い例は後期前葉に遡る〔花田二〇〇二〕。

なお、後期の前・中葉から後葉の間に集団の編成が変化する様子は、古式群集墳から新式群集墳への変化と一致する。奈良県石光山古墳群は同一の墓地で古式から新式へと変化するし、横穴群でも大分県上ノ原横穴群でもこの時期に編成替えがあったことが指摘されている〔村上一九九一〕。これらは王権による支配の変化（強化）として共通のものと考えられる。後述の六世紀後葉における備讃瀬戸の製塩の専業化が急速に進むのもこの時である。

③　玉

玉生産では畿内での生産が後期前半で終了する一方、出雲の玉生産が拡大し、製品が貢納されたものと推察される〔関川一九九一〕。

④　塩

この時期に顕著な展開をとげるのは塩生産である。大阪湾沿岸では、後期前葉になると製塩土器は脚台式から丸底式へと器形が変化し、この土器が薄手・硬質で一部に自然釉が付着することなどから、窖窯類似の窯で焼成されている。〔広瀬一九九四〕。広瀬和雄が指摘しているように、主たる道具を他から供給されるという作業の効率化のための分業体制がこの時期に成立した可能性があるが、陶邑などの須恵器窯で製塩土器を焼いた例はあまり知られておらず、どこで誰が製作したかといった問題が残されている。立命館大学の木立雅朗の話では、石川県輪島市の洲衛1号窯で製塩土器を焼成した例があるとのことであるが、これは九世紀の須恵器窯である。

さらに、製塩遺跡で注目されることは、この時期になると和泉の平野部で可耕地をひかえた場所に立地し農閑期に製塩を行っていたと推定される遺跡は急速に姿を消し、狭い海浜や島嶼部に立地する遺跡で専業度の高い生産が行われだしたという指摘である。ただ、紀淡海峡域では後期後半でも規模は大きくならないが、同様のことは後期中葉以降の備讃瀬戸でも起こり、ここでは遺跡の大規模化が伴う。備讃地域における中期（備讃Ⅴ式）の生産の落ちこみと後期（備讃Ⅵ式）の盛行については、王権が諸地方から塩を入手する機構を整備する過程を反映していると理解されている〔近藤一九七〇―八〇、大久保一九九四〕。王権は、鉄素材や鉄器生産同様、塩生産も全国的な規模で分業体制を整えはじめたことを意味するのだろう。

なお、このような現象は農業と製塩あるいは海上活動の分離を示唆しているかと思われるが、各分野の専業化の進展に伴い、農業も含めて、携わるべき生業が権力の側から強制されるようなことも起こったものと考えられる。

⑤漁　撈

ここで、漁撈に触れておくと、古墳時代の中期後半から後期前葉は、弥生後期から古墳前期の第一の画期に続く、漁具の改良の第二の画期にあたる。イイダコ壺（釣鐘形の発達）や土錘に須恵器窯で焼かれた例が出現し、生産手段の生産を他集団の手に委ねた明確な例を示すとともに、漁具の鉄器化が進み、網漁も改良され、この時期には一定度専業化が進んだものと思われる（本書第一部第三章）。須恵質イイダコ壺の分布が和泉に集中するのも以上の話と関連する。（補註2）

(2)　後期的システムの特徴

以上のように威信財ほかの重要物資のあり方からみるかぎり、古墳時代後期の生産・流通システムは、中期のそれに基礎を置きながらも、それらが再編・強化・細分化されつつ、地方へと拡大されていったということができる。

まず、第一に、須恵器生産に認められるように、畿内で独占されていた技術は地方へと移転され、その地に定着するようになる。フイゴの羽口や窪木薬師遺跡などからみれば、新しい鍛冶技術についても同様のことがいえると思う。これは、それまで中心を占めていた威信財ほかの重要物品の下賜・配布に対して、技術の配布ともいえる。それはおもに王権が新興勢力を掌握する必要からその要求に応じた結果と考えられるが、後期前葉から中葉前半ごろは王権が弱体化している時期にあたることから判断すれば、一部には、この混乱に乗じて、なし崩し的に地方へと流出した技術をそのまま王権が承認したというような側面もあったかもしれない。

しかし、それらを組織化することで、第二の特徴になるが、畿内を超えた範囲での分業体制が成立してくる。畿内の特定工房はおもに装飾付大刀や金銅製馬具などの威信財、主要な武器・武具、あるいは高級品の生産に特化し、一定の自然条件を必要とする鉄素材や一部の鉄器、玉類、塩、海産物などの生産は、その条件に優れた地方に委ねられることになる。王権の基礎をなす重要物資の生産と貢納の体制は、畿内有力首長による独占的な分業の枠を超えて、全国的な広域的分業・貢納体制に再編されていったのである。

第三には、後期前葉からの古式群集墳、さらには後期後葉に急増する新式群集墳の築造状況やその規格性、各地への浸透度などから推測すると、生産と貢納の体制は多方面で段階的に整備され、制度化されていったものと思われる。それはここで取りあげた以外の分野でも推測されるところで、この時期には奉仕の課役化（課は物納税、役は労働税）が急速に進行したものと考えられる。

そして、第四には、この過程で農業も含め、多方面で専業化が進行し、製塩遺跡のあり方から推測できるような生業の区分と固定化が図られるようになったものと推測される。群集墳に製塩土器や漁具、あるいは鉄滓といった生産手段としての道具や生産過程での産物が副葬されるようになるのは、それを示唆している。

ただ、第五として、このような体制はあくまでも特定の首長とその一族、あるいはその配下の者が特定の職掌を分担するという体制であったことに変わりはなく、その限りにおいては分業体制は細分化されることはあっても、それらを総合し、より効率的で生産性の高い複合的工房群の体制へと展開していくことはあまりなく、かえってそれを阻害する要因となったものと思われる。

ところで、第六になるが、七世紀後半になると、奈良県飛鳥池遺跡（鉄、銅、金、銀、水晶、メノウ、コハク、ベッコウなど様々な素材から多様な製品を作った七世紀後半の遺跡）〔花谷二〇〇二〕や滋賀県木瓜原遺跡（高熱処理技術を媒介に製鉄から鉄器、青銅の梵鐘、須恵器などを作った七世紀末から八世紀初頭の遺跡）〔横田一九九六〕のような遺跡が出現してきて「古代のコンビナート」とも呼ばれることがある。コンビナートとは、生産工程の一貫性・多角性を効率よく実現することを目的に一地域に計画的に結合された工場の集団という近代の言葉なので、必ずしも適切な用語ではないが、このような性格を備えた工房群、それを複合的工房群と呼ぶと、それはほとんど古墳時代には存在しなかった、あるいは、あったとしても小規模なものだったと思われる。複合的工房群は後期のような首長間分業の枠組みが解体した後においてのみ成立しえたものと考えられる。したがって、南郷角田遺跡のように各種の素材を出す遺跡でも、それは複合的工房群ではなく、多様な素材と技術を集結した限られた品種のものを生産していた遺跡と考える。このころには、たとえば馬具や装飾付大刀などのように鍛鉄、鍍金、彫金、漆、皮革、組紐、木工などの多様な技術を駆使した製品が少なくないが、その製作には複雑な分業を想定するよりも、諸技術に長けた若干の工人を中心とする比較的単純な分業を想定する方が妥当かと考える。東国の須恵器・埴輪兼業窯の成立は、このような体制からはずれた地域でのみ可能だったもので、生産体制としてはこの方が時代を先取りしていたともいえる。

畿内でも、古墳時代後期末から飛鳥時代前葉に入ると、中国・朝鮮諸国からの影響を受けて瓦陶（須恵器）兼業窯が出現し、馬具工人が仏像をも製作するというような新しい現象が現われる。また、花崗岩をも処理しうる新来の技術（第二次波及の技術）をもった石工集団が、寺院や宮殿の礎石類、庭園の石造物などとともに、切石横穴式石室をも築くといったこれまでになかった動きがみられるようになる〔和田一九八三a〕。このような新しい高度な文化の伝来もまた複合的工房群の出現に寄与したものと思われる。

おわりに

以上、古墳時代中期から後期にかけての古墳の秩序の変化とその解釈を基礎としつつ、当該期の生産・流通システムの変化、およびそれと生業のあり方について検討してきた。この方面の研究は、多くは個別分野ごとに深められ、優れた成果を数多くあげてきている。今回触れることができなかった論考も少ない。しかし、それらを全体としてどう捉えどう評価するかといった作業は意外に少なく、ここでは拙いながらも一つの方向性を示したが、今後、大いに議論される必要がある。また、ここで話した内容は、律令国家形成以前のヤマト王権の全国支配組織との評価が定まりつつある「部の制度」〔鎌田一九八四〕の前史から成立・発展・衰退と深く関係している。今回は一部で触れただけだが、両者の比較研究を本格的に深化させることが考古学、文献史学双方にとって重要な課題かと思われる（表17）。

表17　職業部一覧（武光一九八二）

祭祀	中臣　忌部　卜部　巫部　神部　神人部　神宮部　祝部　神奴部　語部　遊部　笛部　猿女　宮部？　若宮部？　社部？　寺人？　津守？
宮廷の雑務	車持部　日置部　三使部　御使部　御杖部　掃守部　笠取　舎人　采女　膳部　宍人部　多米部　大炊　酒部　酒人部　味酒部　水取部　氷部　児部　小子部　殿部？
財政	税部　調　調使　贄部　蔵部　倉人　倉　倉垣　商長　大市部？
地方行政	三宅　田部　大田部　新田部　三田部　若田部　県使　園人　春米部　船　津
記録	書　西文　史部　馬史　朝明史　鮑田史　板持史　杙田史　桑原史　白猪史　白鳥史　田辺史　算部　若算部
軍事	大伴部　久米部　佐伯部　物部　門部　靫負　大刀佩部　丈部　的　犬養部　県犬養　雅犬養　海犬養　辛犬養　阿曇犬養
牧畜	猪甘部　猪使　大猪甘　馬飼部　倭馬飼　河内馬飼　鳥飼部
漁業	海部　安曇部　磯部　韓海部　川人部　江人　網引部　鵜飼部　網部　大網　神磯部
林業・狩猟	山部　大山部　山守部　小槻部　佐々貴山　鳥取部　鷹甘部　鷹取　狩人
手工業（祭具）	玉造部　玉祖　鏡作部
手工業（武器）	弓削部　矢作部　神矢作　楯縫　楯部　鞍作　甲作　力子作　鞆張　靫編　馬工
手工業（金工）	金作部　朝妻金作　金部　鍛冶部　韓鍛冶　倭鍛冶　忌鉄部
手工業（木工など）	猪名部　工部　木部　船木部　爪工部　手人部　手人　薦集部　苫編部　筥部　呉床作台　橋作　笠縫部　漆部　神漆部
手工業（土器など）	土師部　贄土師部　陶部　埿部　坏部　石作部　石部
手工業（織物）	秦　倭文部　麻績部　神麻績部　大麻績部　若麻績部　大麻部　麻部　長幡部　服部　神服部　呉服部　殿服部　綾部　漢部　錦織部　石川錦織　作木綿　広幡　衣縫部　大蔵衣縫部　内蔵衣縫部
手工業（染色）	赤染部　置染部　茜部　狛染部　黄文
その他	吉士　訳語　薬師　画師　六人部？　阿刀

（補註1）　各地で出土する金銅装の馬具や武器・武具や金属製装身具のなかには、朝鮮半島での軍事行動などで私的に入手されたものも含まれている可能性が高いが、それらは、王権の意思のもとに行われた行為に付随するものであるため、王権による「威信財の下賜」、「必需品の分配」の一部に含めている。

（補註2）　近年、和歌山県山下で発見されたイイダコ壺については〔瀬谷二〇一三〕を参照されたい。

結語　社会と政治・宗教と生産・流通

古墳時代、特にその前・中期に造られた墳墓の階層を検討すると、墳丘をもつ前方後円墳、前方後方墳、円墳、方墳と、墳丘をもつとはいっても墳丘の低い方形周溝墓・方形台状墓（時に円形有り）、墳丘をもたない木棺や箱式石棺などの直葬墓、棺ももたない土坑墓とに区別することができる。この時代は墳墓に被葬者の社会的身分や政治的身分が端的に表現されていたのである。一基の古墳、あるいは同一の墓域に継続的に一系列の古墳を造った集団を一つの共同体とするならば、前者は共同体の首長の墓、後三者は共同体の上層・下層・最下層の人びとの墓と推測できる。古墳時代の社会の基本には、このような「首長と共同体」という構造をもつ社会的単位と社会的階層があったのである。

この首長と共同体という構造は、弥生時代中期後葉から後期前葉ごろから考古学的にも認識できるようになる。格差があるとはいっても比較的均質な方形周溝墓や方形台状墓（ともに弥生墳丘墓）の群のなかに、首長墓と思われる、ひときわ大きい、一辺（直径）二〇メートル以上もある大型墓が出現してくるからである。そして、一部の墳丘には突出部がつくようになり、後の首長専用の墳形である前方後方形や前方後円形の墳丘の祖形となった。弥生時代の共同体のなかに、はっきりと、首長と共同体構成員という格差のある関係が出現してきたのである。

そして、古墳時代になると、首長の墓である古墳は、巨大な前方後円墳を頂点に、前方後円墳、前方後方墳、円墳、方墳の四つの基本形のものが、その形と規模を基準に、一定の顕著な階層性のある秩序（本書二四九頁図42・43）を形成しつつ築かれるようになった。われわれは、その秩序を成りたたせていた政治勢力をヤマト王権と呼び、その形と規模とには王権内における被葬者（死せる首長）の政治的身分が表現されていたと理解している。考古学的に認識できる、同時期で最大の古墳を大王の古墳（大王墳）と推測すると、それは基本的に墳長二〇〇メートル以上を測る巨大な前方後円墳で、三世紀中葉の最初から六世紀後葉の最後まで、五百年前後の一時期を除き、一貫して造りつづけられた。

このように墳墓からみると、古墳時代に顕著な階層的上下関係を保ちつつ造りつづけられたのは首長墳のみであることがわかる。ヤマト王権の政治体制は、各地の首長たちを階層差をもって政治的にまとめあげたものだったわけである。そこで、この政治体制を首長連合体制と呼んでいる。

一方、首長と共同体構成員との関係は、やはり墳墓からみると、弥生時代後期以来大きな変化はなく、共同体各層の墓は弥生時代以来の伝統上にあった。古墳時代に首長連合体制が形成されても、首長と共同体構成員との関係には大きな変化はなかったのである。言い換えれば、各地の首長は、自らの在地支配の温存を保障されたかたちで、首長連合体制をとるヤマト王権の支配下に入っていたのである。

この体制は古墳時代前期前半から徐々に整いだし（生成期）、前期後半には南は鹿児島東部から北は宮城北部までの広範囲の首長を抱えこむようになり（発展期）、中期にはその数多い首長たちをより序列的に再編し、支配の強化を図った（成熟期）。中期は首長連合体制の到達点というべき最盛期だったのである。そして、この時期に、王権は東アジア諸国と活発な交流を行い、多くの人・もの・情報が伝来し、多くが定着し、列島に文明開化的状況をもたらした。

しかし、その結果は、中期の首長連合体制を揺るがすことになり、後期にはいると、首長と共同体の関係も大きく変質することになった。それまでの方形周溝墓・台状墓が円墳化した群集墳の出現に端的に示されるように、古墳時代後期になると、首長の在地支配が弱体化し、それまでは首長の支配下にあった共同体上層の人びとまでもが王権の秩序、すなわち古墳の秩序に組みこまれていったのであり、弱体化した首長は王権の官僚（役人）的性格を強めていったのである。

古墳時代の生産と流通を担った主体とは、このような変遷をとげるなかでの王権と首長と共同体だったのである。したがって、そこでは本書二五一頁図44のような人・もの・情報の流れが主体を占めた。王権は首長を支配し、ある種の政治的身分を与え、在地支配と古墳の儀礼の実修を認め、威信材を下賜し、必需品を分配したのに対し、王権に従属する首長は、共同体構成員を率いて、人（労働力）と物資・物品の貢納で奉仕し、これに応えた。前者は一定の職掌を分担したり、古墳造りやその他の徭役的労働についたり、軍務に従ったりしたことをさし、後者は米や地方の特産品や職掌に応じた物品を貢納したことをさす。

今回の検討の結果の総括は、本書第四部第二章の「古墳時代の生産と流通—古墳の秩序と生産・流通システム—」で、ここでは繰り返さないが、新来の諸技術を背景とした中期的システムでは、重要物品の畿内での独占的生産と首長間分業・貢納体制が特徴で、地方は主として人（労働力）や資材を提供する役割を果したが、後期的システムでは、全国的な広域的分業・貢納体制へと変化し、法の整備が整ってきた、少なくとも飛鳥時代後葉には、首長と共同体という関係を脱した、雇用労働をも含むと考えられる、複合的工房群が出現してきたと評価した。大規模な宮殿や寺院の造営もその一種である。

古墳時代の生産と流通は、当時の政治体制と不可分のかたちをとっていたのである。そして、その政治体制の基礎には、首長と共同体という社会的単位があり、それは血縁関係や婚姻関係など血の原理で結びついた同族的集団を基本にしたものであったと考えられる。首長とは一族の長でもあったわけである。

そのような社会にあっては祖先崇拝・祖霊信仰が卓越し、亡き首長の冥福を祈願する葬送儀礼が重視された。この時代に数多く造られた古墳とは、墓であると同時に、亡き首長の魂を他界（あの世）へと送りとどける葬送儀礼のなかで、魂が送りとどけられるべき他界を墳丘の表面に表現した舞台装置だったわけである。そして、この古墳の儀礼は、現世の支配秩序をあの世へも拡大し、両界を支配するための政治的装置としても機能した〔和田二〇一四〕。すなわち、首長の統合はその祖霊や祖神の統合と並行して進行したのである。古墳時代、特に前・中期の生産され流通したものの中心とは、この古墳の儀礼を遂行するのに不可欠なものだったのである。

古墳時代の生産と流通（経済）は、社会とも政治とも宗教とも、その時代に応じたかたちで、相互に不可分に関係しあっていたのである。

参考文献

秋山日出雄・網干善教　一九五九　『室大墓』（『奈良県史跡名勝天然記念物調査報告』第一八冊）
秋山日出雄ほか　一九七五　『史跡中尾山古墳環境整備事業報告書』奈良県明日香村
飛鳥資料館　二〇〇〇　『あすかの石造物』奈良国立文化財研究所飛鳥資料館
東　潮　一九八七　「鉄鋌の基礎的研究」『考古学論攷』第一二冊、奈良県立橿原考古学研究所（『古代東アジアの鉄と倭』渓水社、一九九九年所収）
東潮・田中俊明　一九九五　『高句麗の歴史と遺跡』中央公論社
赤星直忠　一九二七　「骨製品を発見す」『考古学雑誌』第一七巻第一号
赤星直忠　一九五二　「金石併用時代の漁民」『漁民と対馬』（『九学会年報　人類科学』第四集）
赤星直忠　一九五三　「海蝕洞窟―三浦半島に於ける弥生式遺跡―」『神奈川県文化財調査報告』第二〇冊
赤星直忠　一九七六　「三浦市江奈横穴群」『神奈川県埋蔵文化財調査報告』一〇
赤松啓介・斎藤英二　一九五九「たこつぼ型土器の型式編年」『神戸史談』第二二四号
朝日新聞社　一九七〇　『弥生人展』
朝日新聞社　一九七八　『古代を探る』
網干善教　一九六一　「御所市古瀬『水泥蓮華文石棺古墳』及び『水泥塚穴古墳』の調査」『奈良県史跡名勝天然記念物調査抄報』第一四輯
網干善教　一九六二　『五条猫塚古墳』（『奈良県史跡名勝天然記念物調査報告書』第二〇冊）奈良県教育委員会
網干善教ほか　一九七二　「楠見遺跡の調査」『和歌山市における古墳文化』（『関西大学文学部考古学研究室紀要』第四冊）
網干善教ほか　一九七七　『史跡牽牛子塚古墳』奈良県明日香村
天沼俊一　一九一三　「稲宿の石槨及石棺」『奈良県史蹟勝地調査会報告書』第一回

池畑耕一・葛原克人　一九七四「御堂奥遺跡」『山陽新幹線建設に伴う調査』二（『岡山県埋蔵文化財発掘調査報告書』第二集）
石神怡ほか　一九七五『大園遺跡発掘調査概要』二（『大阪府文化財調査概要』一九七四―一五）
石田茂作　一九三六「飛鳥須弥山遺跡の発掘調査」『考古学雑誌』第二六巻第七号
石野博信・松下勝　一九六九『播磨・東溝弥生遺跡』二
石山　勲ほか　一九七八『福岡県筑紫野市所在剣塚遺跡群の調査』（『九州縦貫自動車道関係埋蔵文化財調査報告』一四、上巻）
泉森　皎　一九七三「奈良県北葛城郡香芝町発見の石棺について」『古代学研究』第六七号
泉森皎ほか　一九七七『竜田御坊山古墳』（『奈良県史跡名勝天然記念物調査報告』第三二冊）
磯貝　勇　一九七一『日本の民具』（『民俗民芸双書』五九）岩崎美術社
磯崎正彦ほか　一九七一「兵庫県太子町常全遺跡調査概要」『山陽新幹線建設地内兵庫県埋蔵文化財調査報告書』（『兵庫県文化財調査報告書』第四冊）
一瀬和夫ほか編　二〇一三『副葬品の型式と編年』（『古墳時代の考古学』四）同成社
伊藤　彰　一九六六「周防灘北岸海底出土の蛸壺」『九州考古学』第二七号
伊藤晃ほか　一九七四「上東遺跡」『山陽新幹線建設に伴う調査』二（『岡山県埋蔵文化財発掘調査報告書』第二集）
伊東照也ほか　一九八一『綾羅木郷遺跡発掘調査報告書』第一集
井上智博・山本美野里編　一九八八『楠木石切場跡』（『大阪府文化財調査研究センター調査報告書』第三七集）
井上裕弘ほか　一九八三『御床松原遺跡』（『志麻町文化財調査報告書』第三集）
今尾文昭　一九八二「素環頭鉄刀考」『橿原考古学研究所紀要　考古学論攷』第八冊
今里幾次　一九六〇「播磨平松の飯蛸壺形土器」『神戸史談』第二一六号
芋本隆裕　一九八二「金属器関係遺物出土の意義」『鬼虎川の金属器関係遺物』東大阪市文化財協会
岩崎卓也　一九八四「後期古墳の築かれるころ」『土曜考古』第九号
岩永省三　一九八〇「弥生時代青銅器型式分類編年再考―剣矛戈を中心として―」『九州考古学』五五号
岩永省三　一九八四「銅鐸年代決定論」『古文化談叢』第一三号
上田三平　一九二七『奈良県に於ける指定史蹟』第一冊（『史蹟調査報告』第三）文部省

上田哲也ほか　一九七一　「門前遺跡」『兵庫県埋蔵文化財調査報告書』第五冊
上田哲也ほか　一九六五　『播磨大中』
上田不二夫　一九九一　「漁業」『糸満市史』
植野浩三　一九九三　「日本における初期須恵器生産の開始と展開」『奈良大学紀要』第二一号、奈良大学
植野浩三　一九九八　「五世紀後半代から六世紀前半代における須恵器生産の拡大」『文化財学報』第一六集、奈良大学文学部文化財学科
上原真人　二〇〇〇　「農具の変革」佐原真・都出比呂志編『環境と食料生産』（『古代史の論点』第一巻）小学館
魚津知克　二〇一〇　「古墳時代社会における鉄製漁具副葬行為の意義」『遠古登攀』（『遠山昭登君追悼考古学論集』同刊行会）
宇田川誠一　一九五九　「羽衣砂丘遺跡調査報告」『高石町史』資料、第一輯
内田律雄　二〇〇九　『古代日本海の漁撈民』（『ものが語る日本史』一七）同成社
内田律雄　二〇一四　「弥生時代の建網―鳥取県青谷上寺地遺跡の『有孔土玉』の性格―」『先史学・考古学論究』Ⅳ、龍田考古会
宇野隆夫　一九九四　「考古学からみた日本生産流通史―二〇〇〇年の歴史を二分する転換点について」『日本史研究』三八〇号
梅原末治　一九一六　「山城綴喜郡茶臼山古墳と其発見物」『考古学雑誌』第六巻第九号
梅原末治　一九二〇　『久津川古墳研究』
梅原末治　一九三一・三三　「桑飼村蛭子山・作り山両古墳の調査」『京都府史蹟名勝天然記念物調査報告』第一二・一四冊
梅原末治　一九三五　『近畿地方古墳墓の調査』一（『日本古文化研究所報告』第一）
梅原末治　一九三七　『近畿地方古墳墓の調査』二（『日本古文化研究所報告』第四）
梅原末治　一九三八　『近畿地方古墳墓の調査』三（『日本古文化研究所報告』第九）
梅原末治　一九四〇　「上代古墳出土の古鏡に就いて」『鏡剣及玉の研究』考古学会（『日本考古学論攷』弘文堂書房、一九四〇年所収）
梅原末治　一九六四　「椿井大塚山古墳」『京都府文化財調査報告』第三冊（樋口隆康一九九八『昭和二八年椿井大塚山古墳発掘調査報告』山城町（現木津川市））
浦　　宏　一九三八　「紀伊会津川々床弥生式遺跡調査報告」『考古学』第九巻第七号
江浦　洋　二〇一四　「古墳出現期の農業基盤―水田造営技術の変革と畠の出現と展開―」『弥生文化博物館研究報告』第七集

江藤千萬樹　一九三七「弥生式末期に於ける原始漁撈聚落」『上代文化』第一五号
江村　弘　一九六三『東海の先史遺跡』綜括編
遠藤元男　一九七四「近世職人づくし　七」『歴史手帖』第二巻第六号
王仲殊　一九八一「関与日本三角縁神獣鏡的問題」『考古』一九八一年四号（岡崎敬訳「日本の三角縁神獣鏡の問題について」『日中古代文化の接点を探る』山川出版社、一九八四年）
王仲殊　一九八四「日本三角縁神獣鏡綜論」『考古』一九八四年五号（駒井正明抄訳「日本三角縁神獣鏡綜論」『考古学研究』三一巻二号、一九八二年）
大賀克彦　二〇〇二「日本列島におけるガラス小玉の変遷」『小羽山古墳群』（『清水町埋蔵文化財発掘調査報告書』Ⅴ
大久保徹也　一九九四「岡山県」近藤義郎編『日本土器製塩研究』青木書店
大阪府教育委員会　一九七〇『大阪府の文化財』
大阪府教育委員会　一九七六『和泉光明池地区窯跡発掘調査概報』
大阪府教育委員会・大阪文化財センター　一九八三ａ『亀井』
大阪府教育委員会・大阪文化財センター　一九八三ｂ『山賀』その二、四
大阪府立弥生文化博物館編　二〇一一『豊饒をもたらす響き　銅鐸』（『大阪府立弥生文化博物館図録』四五）
大阪文化財センター　一九七九『池上遺跡』第二分冊（土器編）
大阪文化財センター　一九八一『河内平野を掘る』
大阪文化財センター　一九八二『亀井遺跡』
大阪文化財センター　一九八四『山賀』その三
大島襄二　一九六七「漁業の発達」『日本の考古学』六
大竹憲治　一九八五「東北地方南部出土の弥生時代骨角製品」『古代文化』第三七巻第五号
大竹憲治　一九八七「いわき周辺弥生時代の骨角器」『月刊文化財』一一月
大塚初重　一九六六「古墳の変遷」『日本の考古学』Ⅳ、河出書房
大野左千夫　一九七八「有溝土錘について」『古代学研究』第八六号

大野左千夫　一九八〇　「有孔土錘について」『古代学研究』第九三号
大野左千夫　一九八一　「石錘についての覚書」『古代学研究』第九五号
大野左千夫　一九九六　「弥生・古墳時代の漁業」『考古学による日本歴史』二
大野嶺夫　一九六六　「和歌山市井辺遺跡の岡崎団地より出土の後期弥生式土器」『古代学研究』第五一号
大道弘雄　一九一二　「河内国小山村発見の大石棺」『考古学雑誌』第二巻第九号
岡崎　敬　一九五六　「日本における初期鉄製品の問題」『考古学雑誌』第四二巻第一号
岡崎　敬　一九六八　「倭の水人」『日本民族と南方文化』平凡社
岡内三眞　一九八〇　「朝鮮初期金属器の製作技術」『古代探叢』早稲田大学出版部
岡林峰夫・橋本勝行　二〇一〇　『網野銚子山古墳範囲確認調査報告書』（『京都府京丹後市文化財調査報告書』第四集）
岡本　晃　一九七五　「金沢市笠舞遺跡」『石川考古学研究会々誌』第一八号
岡山県文化財保護協会　一九七二　『埋蔵文化財発掘調査報告』
置田雅昭　一九七九　『天理市北部地域所在石棺・石室材の実測調査』（『研究討議資料』一〇）
置田雅昭　一九八二　『ウテビ山2号墳発掘調査報告書』（『考古学調査研究中間報告』五）
荻田昭次・北野保　一九七一　『西岩田遺跡』
奥田　尚　一九七七　「古墳の石材とその産地について—石棺材を中心として—」『古代学研究』第八二号
奥田　尚　一九八二　「中河内の古墳の石棺材」『古代学研究』第九七号
奥田　尚　二〇〇二　『石の考古学』学生社
奥田　尚　一九八五　「大和・河内における古墳の石室材」『古代学研究』第一〇八号
奥田尚・増田一裕　一九七九　「古代の石切場跡—その一—岩屋峠西方」『古代学研究』第九一号
奥田尚・増田一裕　一九八一　「古代の石切場跡—その二—ドンズルボー付近」『古代学研究』第九五号
尾崎喜左雄　一九六六　『横穴式石室の研究』吉川弘文館
尾崎喜左雄　一九七一　「豪族の支配と古墳の築造」『前橋市史』第一巻
小田富士雄　一九八五　「銅剣・銅矛国産開始期の再検討」『古文化談叢』一五号

小田富士雄ほか　一九七七『天観寺山窯跡群』
小田泰正・村田照久　一九七五「釣鐘山古墳発掘調査報告」『ふぴと』第三一号
小野忠熈ほか　一九七三『伊倉遺跡』（『山口県埋蔵文化財調査報告』第一六集）
小野田勝一　一九六七「渥美半島鎌田古墳出土の鉄馬について」『古代学研究』第四九号
小野山節　一九五九「馬具と乗馬の風習」小林行雄編『世界考古学大系』第三巻（『日本Ⅲ　古墳時代』）平凡社
小野山節　一九七五a「馬具」小野山節編『古墳と国家の成立ち』（『古代史発掘』第六巻）講談社
小野山節　一九七五b「馬具の製作と工人の動き」小野山節編『古墳と国家の成立ち』（『古代史発掘』第六巻）講談社
小野山節　一九七九「鐘形装飾付馬具とその分布」『MUSEUM』第三三九号
小野山節　一九八三「花形杏葉と光背」『MUSEUM』第三八三号
鏡山猛ほか　一九五八『大分県国東町安国寺弥生式遺跡の調査』
笠野　毅ほか　一九九九「倍野陵墓参考値内『岡益の石堂』の保存処理・調査報告」『書陵部紀要』第五〇号
堅田　直　一九六五『岸和田市春木八幡山遺跡の研究』
堅田　直　一九六九『四ッ池遺跡』（『帝塚山大学考古学シリーズ』五）
堅田　直　一九七〇『磯間岩陰遺跡』（『帝塚山大学考古学シリーズ』六）
勝部明生　一九七八「鏡の鋳造」『日本古代文化の探究　鏡』社会思想社
加藤晋平ほか編　一九八三『縄文文化の研究』第七巻
加藤孝・小野力　一九六四「鉄製銛を出土した宮城県宮戸島貝塚寺下囲遺跡」『日本考古学協会第三〇回総会研究発表要旨』
香取正彦　一九五六「金属工芸」『日本考古学講座』六、河出書房
金原正明　一九九六「古代モモの形態と品種」『考古学ジャーナル』四〇九、ニュー・サイエンス社
兼康保明　一九八五「近江・金勝の水盤とその用途」『末長先生米寿記念献呈論文集』坤、同記念会
金子浩昌　一九六七「骨製のヤス状刺突器」『考古学ジャーナル』一四
金田禎之　一九七七『日本漁具・漁法図説』成山堂書店
狩野睦ほか　一九八四『富山県婦中町友坂遺跡調査報告書』

鎌木義昌　一九六二「原始古代」『岡山市史』古代編
鎌木義昌ほか　一九六五『総社市随庵古墳』
鎌木義昌・間壁忠彦　一九五四「東児島所在の古墳について」『吉備考古』第八八・八九号
鎌木義昌・間壁忠彦　一九六五『随庵古墳』
鎌田元一　一九八四「『部』についての基礎的研究」岸俊男教授退官記念会編『日本政治経済史研究』上
川勝政太郎　一九五七『日本石材工芸史』綜芸舎
川勝政太郎　一九六〇「飛鳥・奈良時代の石造文化」古代学協会編『日本古代史論叢』吉川弘文館
川勝政太郎　一九九八『日本石造美術辞典』東京堂出版
河上邦彦　一九六〇『向坊古墳』奈良県室生村教育委員会
河上邦彦・右島和夫　一九七七「三里古墳の馬具」『平群・三里古墳』奈良県史跡名勝天然記念物調査報告第三三冊
河上邦彦ほか　一九七六『高取町の古墳』（『高取町文化財調査報告』第一冊）
河口貞徳　一九六五「鹿児島県高橋貝塚」『考古学集刊』第三巻第一号（号数カクニン二号？）
川越哲志　一九七四「弥生時代鉄製工具の研究（1）―板状鉄斧について―」『広島大学文学部紀要』三三号
川崎利夫　一九八二「三崎山遺跡と青銅刀」『日本考古学協会昭和五七年度大会資料』
川西宏幸　一九八一「前期畿内政権論」『史林』六四巻五号
川西宏幸　二〇〇七「東アジアの石工技術―線刻技法の展開―」『日中交流の考古学』同成社
河野一隆　一九九八「副葬品生産・流通システム論―付・威信材消費型経済システムの提唱―」『中期古墳の展開と変革』第四四回埋蔵文化財研究集会
神沢勇一　一九七三「間口洞窟遺跡」一（『神奈川県立博物館発掘調査報告書』第七号）
神沢勇一　一九七四「間口洞窟遺跡」二（『神奈川県立博物館発掘調査報告書』第八号）
喜田貞吉　一九二六「奥州地方のアイヌ族の大陸交通は既に先秦時代にあるか」『民族』一巻二号（『喜田貞吉著作集』一、一九八一年所収）
北野耕平　一九六三「中期古墳出土の副葬品とその技術史的意義」橿原考古学研究所編『近畿古文化論攷』吉川弘文館

北山惇ほか　一九七八　『播磨・竜山五号墳発掘調査報告』（『高砂市文化財調査報告』六）
喜兵衛島発掘調査団（近藤義郎）　一九五六　「謎の師楽式」『歴史評論』一九五六年一月号
九州歴史資料館　一九八〇　『青銅の武器』
清野謙次　一九六九　『日本貝塚の研究』
京都大学文学部　一九六〇　『京都大学文学部博物館考古学資料目録』第一部
京都大学文学部　一九六八　『京都大学文学部博物館考古学資料目録』第二部
栗山一夫　一九三五　「播磨加古川流域に築造されたる古墳及び遺物調査報告　続篇二」『人類学雑誌』第五〇巻第二号
剣持輝久　一九七二　「三浦半島における弥生時代の漁撈について」『物質文化』第一九号
黄　暁芬　二〇〇〇　『中国古代葬制の伝統と変革』勉誠出版
神原英朗　一九七六　『岩田古墳群』山陽団地埋蔵文化財調査事務所
楠本政助　一九六五「大洞BC式に伴った角製網針について」『石器時代』第七号
車崎正彦編　二〇〇二　『弥生・古墳時代　鏡』（『考古資料大観』第五巻）小学館
紅村　弘　一九六三　『東海（浦？）の先史遺跡』綜括編
紅村弘ほか　一九六五　「欠山第三号貝塚」『豊川用水路関係遺跡調査報告』
肥塚隆保　一九九五　「古代珪酸塩ガラスの研究—弥生〜奈良時代のガラス材質の変遷」『文化財論叢』Ⅱ、奈良国立文化財研究所創立四〇周年記念論文集刊行会、同朋社
国分直一　一九七二　『南島先史時代の研究』（『考古民俗叢書』一〇）
国分直一ほか　一九七六　「綾羅木郷弥生社会と生産技術」『どるめん』第一〇号
神戸古代史研究会　一九七五　「兵庫県下の石棺　二」『神戸古代史』第二巻第一号
小玉道明　一九六六　『大谷遺跡発掘調査報告書』（『四日市市埋蔵文化財調査報告』二）
小玉道明・伊藤洋　一九七三　『永井遺跡発掘調査報告』（『四日市市埋蔵文化財調査報告』第七集）
小玉道明・谷本鋭次　一九七〇　「西ヶ広遺跡」『東名阪道路埋蔵文化財発掘調査報告』
小島俊次　一九六五　『奈良県の考古学』（『郷土考古学叢書』一）吉川弘文館

小島俊次　一九六八　「野神古墳」『奈良市史』考古編、吉川弘文館
後藤正二　一九七八　「石工」『臼杵石仏地域の民俗』大分県臼杵市教育委員会
後藤宗俊ほか　一九七五　『台ノ原遺跡』（『大分県文化財調査報告』第三三輯
小林謙一　一九七四　「甲冑製作技術の変遷と工人の系統　上・下」『考古学研究』第二〇巻第四号（号数確認）
小林行雄　一九五二　『福岡県糸島郡一貴山村田中銚子塚古墳の研究』日本考古学協会
小林行雄　一九五五　「古墳の発生の歴史的意義」『史林』第三八巻第一号（『古墳時代の研究』青木書店、一九六一年所収）
小林行雄　一九五六　「前期古墳の副葬品にあらわれた文化の二相」『京都大学文学部五十周年記念論集』（『古墳時代の研究』青木書店、
一九六一所収）
小林行雄　一九五七　『河内松岳山古墳の調査』（『大阪府文化財調査報告書』第五輯）
小林行雄　一九五九　『日本Ⅲ　古墳時代』（『世界考古学大系』第三巻）平凡社
小林行雄　一九六一　「初期大和政権の勢力圏」『史林』第四〇巻第四号（『古墳時代の研究』青木書店、一九六一年所収）
小林行雄　一九六二　『古代の技術』塙書房
小林行雄　一九六五ａ　『古鏡』学生社
小林行雄　一九六五ｂ　「神功・応神期の時代」『朝鮮学報』第三六輯（『古代文化論考』一九七六に所収）
小林行雄　一九六六　「倭の五王の時代」『日本書紀研究』二（『古墳文化論考』平凡社、一九七六年所収）
小林行雄　一九七一　「解説」『論集・日本文化の起源』一、平凡社
小林行雄　一九七六　「仿製三角縁神獣鏡の研究」『古墳文化論考』平凡社
小林行雄　一九七八　「弥生・古墳時代のガラス工芸」『ＭＵＳＥＵＭ』第三二四号
小林行雄　一九八一　「鏡・大刀・玉のなぞ」『古墳の謎を探る』帝塚山大学考古学研究室
小林行雄　一九八二　「『倭人伝』と三角縁神獣鏡」『シンポジウム・邪馬台国の謎を解く』大阪文化財センター
小林行雄・佐原真　一九六四　『紫雲出』
近藤喬一　一九七〇　「平形銅剣と銅鐸の関係について」『古代学』一七巻三号
近藤喬一　一九七三　「三角縁神獣鏡の仿製について」『考古学雑誌』第五九巻第二号

近藤喬一　一九七四ａ「武器から祭器へ」樋口隆康編『大陸文化と青銅器』（『古代史発掘』第五巻）講談社
近藤喬一　一九七四ｂ「青銅器の製作技法」樋口隆康編『大陸文化と青銅器』（『古代史発掘』第五巻）講談社
近藤喬一　一九七五「鏡」小野山節編『古墳と国家の成立ち』（『古代史発掘』第六巻）講談社
近藤喬一　一九八三「三角縁神獣鏡製作の契機について」『考古学雑誌』六九巻二号
近藤喬一　一九八四「日・朝青銅器の諸問題」『東アジア世界における日本古代史講座』二、学生社
近藤喬一　一九八五「銅剣・銅鐸と弥生文化」『古代出雲王権は存在したか』山陰中央新報社
近藤義郎　一九五八「師楽式遺跡における古代塩生産の立証」『歴史学研究』二二三号
近藤義郎　一九八〇ａ「日本塩業史の考古学的研究」『日本塩業大系　原始・古代・中世』
近藤義郎　一九八〇ｂ『楯築遺跡』（『山陽カラーシリーズ』三）山陽新聞社
近藤義郎　一九七九―八〇「土器製塩の話（一～四）」『考古学研究』第二六巻第三号～第二七巻第二号
近藤義郎　一九八三『前方後円墳の時代』岩波書店
近藤義郎編　一九九四『日本土器製塩研究』青木書店
埼玉県　一九八二『新修埼玉県史』資料編二
斎藤　優　一九六〇『足羽山の古墳』福井県郷土誌懇談会
斎藤　優　一九七九『改訂　松岡古墳群』福井県松岡町教育委員会
斎藤　優　一九八二「越前・福井市篠尾の新瑠古墳」『古代学研究』第九七号
酒井仁夫　一九七〇「宮の前遺跡Ｅ地点」『今宿バイパス関係埋蔵文化財調査報告』第一集
榊原松司・石川和明　一九七五「静岡県菊川町白岩遺跡出土の杵」『考古学雑誌』第六一巻第二号
坂田邦洋　一九七六『対馬の考古学』
坂本太郎ほか校注　一九六七『日本書紀』（『日本古典文学大系』六七）岩波書店
先山　徹　二〇〇五「岩石と定義」『竜山石切場―竜山採石遺跡詳細分布調査報告書』（『高砂市文化財調査報告』一二）
笹津備洋　一九六四「沼津市口野洞高貝層発見の鹿角製品について」『史学』第三七巻第二号
佐田　茂ほか　一九七二『筑後古城山古墳』同調査団

佐藤晃一　一九九四「近畿北部のはにわ」『はにわの成立と展開』（第二回加悦町文化財シンポジウム）
真田幸成ほか　一九七〇『上箕田弥生式遺跡第二次調査報告』（『鈴鹿市文化財調査報告』第二冊）
佐原　真　一九六〇「銅鐸の鋳造」杉原荘介編『日本Ⅱ　弥生時代』（『世界考古学大系』第二巻）平凡社
佐原　真　一九七九『銅鐸』（『日本の原始美術』七）講談社
佐原　真　一九八一ａ「最近の銅鐸関係資料とその年代」『鬼虎川の銅鐸鋳型』東大阪市遺跡保護調査会
佐原　真　一九八一ｂ「遍歴の鋳物師たち」『考古学ジャーナル』一九四号
佐原　真　一九八二「三十四のキャンバス」『考古学論考』
佐原　真　一九八三「図版解説」『銅鐸と女王国の時代』日本放送出版協会
佐原　真　一九八七『日本人の誕生』（『大系日本の歴史』第一巻）
佐原真編　一九八三『弥生土器』上・下、ニュー・サイエンス社
佐原真・春成秀爾　一九八二「銅鐸出土地名表」『考古学ジャーナル』二一〇号
沢田正昭　一九八〇「青銅鏡の非破壊分析」『考古学・美術史の自然科学的研究』日本学術振興会
潮見　浩　一九八六「鉄・鉄器の生産」『岩波講座日本考古学』第三巻、岩波書店
塩屋勝利・折尾学　一九七五『山陽新幹線関係埋蔵文化財調査報告』（『福岡市埋蔵文化財調査報告書』第三二集）
滋賀県立安土城博物館編　二〇一一『大岩山銅鐸から見えてくるもの』（『第二回滋賀・大阪博物館連携企画「銅鐸を探る」平成二三年度春期特別展』）
滋賀県立風土記の丘資料館　一九七九『常設展図録』
柴垣勇夫ほか　一九七二『貝殻山貝塚調査報告』
島崎　東　一九九三「結語」『窪木薬師遺跡』（『岡山県埋蔵文化財発掘調査報告』八六）岡山県教育委員会
清水宗昭・高橋徹　一九八二「大分の石棺」『九州考古学』第五六号
下垣仁志　二〇一一『古墳時代の王権構造』吉川弘文館
下川達彌　一九七四（＊七三が正しい、本文要修正）「滑石製石鍋考」『長崎県立美術博物館研究紀要』第二号
渋澤敬三　一九六二「日本釣魚技術史小考」（出典は？）

渋澤敬三編　一九六六　『絵巻物による日本常民生活絵引』三、角川書店
島津義昭・勢田広之　一九八〇　「塩塚古墳」『熊本県文化財調査報告』第四六集
島根県教育委員会　一九七九　『タテチョウ遺跡発掘調査報告書』一
下條信行　一九八二　「銅矛形祭器の生産と波及」『古文化論集』上、森貞次郎博士古稀記念論文集刊行会
下條信行　一九八四　「弥生・古墳時代の九州型石錘について」『九州文化史研究所紀要』第二九号
下関市教育委員会　一九六九　『下関市綾羅木郷遺跡調査概報』第八報
下関市教育委員会　一九七一　『下関市綾羅木郷遺跡調査概報』第九報（一）
正林護・下川達彌　一九八〇　『大瀬戸町石鍋製作所遺跡詳細分布調査報告書』（『大瀬戸町文化財調査報告書』第一集）
白石太一郎　一九七三　「岩屋山式の横穴式石室について」『論集・終末期古墳』塙書房
白崎　卓　一九八六　「竜ヶ丘古墳出土石棺の製作技法について」『福井考古学会会誌』第四号
新谷武夫　一九七七　「環状柄頭研究序説」『考古論集』松崎寿和先生退官記念事業会
新原正典　一九八九　『沖出古墳』（『稲築町文化財調査報告書』第二集）
末永雅雄ほか　一九四三　『大和唐古弥生式遺跡の研究』（『京都帝国大学文学部考古学研究報告』第一六冊）
末永雅雄　一九四四　『宮滝の遺跡』（『奈良県史蹟名勝天然記念物調査報告』第一五冊）
菅谷文則　一九七五ａ　『宇陀・円切古墳群』（『奈良県史跡名勝天然記念物調査報告』第三〇冊
菅谷文則　一九七五ｂ　『新庄屋敷山古墳』奈良県新庄町
菅谷文則　一九八五　「榛原石考―大化前後におけるある石工集団の興廃―」『末永雅雄先生米寿記念献呈論文集』
杉崎章ほか　一九七四　「愛知県犬山市・白山平東之宮古墳の調査」『日本考古学協会第四〇回総会研究発表要旨』
鈴木嘉吉　一九六一　「伽藍計画」『世界考古学大系』四（日本四）、平凡社
鈴木敏弘編　一九七五　『武蔵伊興遺跡』
関川尚功　一九七六　「石光山四六号墳」『葛城・石光山古墳群』（『奈良県史蹟名勝天然記念物調査報告』第三一冊）
関川尚功　一九九一　「玉とガラス」『生産と流通Ⅱ』（石野博信ほか編『古墳時代の研究』第五巻）雄山閣
積山　洋　二〇一二　「塩業と漁業」『古墳時代』下巻（広瀬和雄・和田晴吾編『講座・日本の考古学』八）青木書店

瀬口眞司編　二〇〇七　『入江内湖遺跡』一（『一般国道八号米原バイパス建設に伴う発掘調査報告書』一）滋賀県教育委員会・滋賀県文化財保護協会
瀬谷今日子　二〇一三　「和歌山県出土イイダコ壷―館蔵資料の報告と合わせて」『紀伊風土記の丘研究』第二号
瀬戸内海歴史民俗資料館　一九七五　『展示品図録』二
芹沢長介　一九六〇　『石器時代の日本』築地書館
芹沢長介編　一九七四　『最後の狩人たち』（『古代史発掘』一、旧石器時代）講談社
善入義信　一九五九　「岡山県児島市六口島発見の師楽式土器」『若木考古』第五五号
第二阪和国道内遺跡調査会　一九六九　『池上・四ツ池』六号
第二阪和国道内遺跡調査会　一九六九　『池上・四ツ池遺跡』七・八
第二阪和国道内遺跡調査会　一九七〇　『池上・四ツ池』
高木恭二・渡辺一徳　一九九〇　「石棺研究への一提言―阿蘇石の誤認とピンク石石棺の系譜―」『古代文化』第四二巻第一号
高倉洋彰　一九七二　「弥生時代小形仿製鏡について」『考古学雑誌』五八巻三号（『弥生時代社会の研究』寧楽社、一九八一所収）
高倉洋彰　一九八五　「弥生時代小形仿製鏡について（承前）」『考古学雑誌』七〇巻三号
高田貫太ほか　二〇〇八　「大極殿院南門の調査・第一四八次」『奈良文化財研究所紀要』
高橋健自　一九一三　「河内に於ける一種の古墳」『考古学雑誌』第四巻第四号
高橋　工　一九九五　「東アジアにおける甲冑の系譜と日本―特に五世紀までの甲冑製作技術と設計―」『日本考古学』第二号、日本考古学協会
滝澤　亮　一九八二　「内原遺跡出土の漁具について」『長井町内原遺跡』
竹並遺跡調査会　一九七九　『竹並遺跡』
武光　誠　一九八一　『研究史　部民制』吉川弘文館
武光　誠　一九八二　『部民制』吉川弘文館
田代克己ほか　一九七五　「東奈良遺跡出土の銅鐸鎔笵について」『考古学雑誌』第六一巻第一号
巽　三郎　一九六四　「白浜町串ヶ峯の洞穴遺跡略報」『熊野路考古』四

巽　三郎　一九六六　『大目津泊り遺跡調査報告書』
巽三郎・中村貞史　一九六九　『鷹島』
立石菜穂編　一九七八　「展示品解説」『漁具の考古学』堺市博物館
伊達宗泰・北野耕平　一九五七　「塚山古墳」『奈良県埋蔵文化財調査報告書』第一集
田中　琢　一九七〇　「「まつり」から「まつりごと」へ」『古代の日本』五、角川書店
田中　琢　一九七九　『古鏡』（『日本の原始美術』八）、講談社
田中勝弘・吉田秀則編　一九九七　『物と人―古墳時代の生産と運搬―』滋賀県立安土城博物館
田辺昭三　一九六六　『陶邑古窯址群』一（『平安学園研究論集』第一〇号）
田辺昭三　一九八一　『須恵器大成』角川書店
田辺昭三・佐原真　一九六六　『日本の考古学』Ⅲ、河出書房
田辺昭三ほか　一九七三　『湖西線関係遺跡調査報告書』
種田斉吾・栗本佳弘　一九七三　『千葉市上ノ台遺跡』
田淵実夫　一九七五　『石垣』（『ものと人間の文化史』）法政大学出版局
段上達雄ほか　一九八三・八四　『国東半島の石工』一・二（『大分県立宇佐風土記の丘歴史民俗資料館報告書』第一・二集）
千葉徳爾註解　一九七〇　『日本山海名産名物図会』社会思想社
津金澤吉茂　一九八三　「古代上野国における石造技術についての一試論―山王廃寺の塔心柱根巻石を中心に―」『群馬県立歴史博物館紀要』第四号
堤圭三郎　一九六八　「宇治市坊主山古墳出土の三輪玉について」『史想』第一四号、京都教育大学考古学研究会
都出比呂志　一九六八　「考古学からみた分業の問題」『考古学研究』第五八号、考古学研究会
都出比呂志　一九八四　「農耕社会の形成」『講座日本歴史』一、東京大学出版会
都出比呂志　一九八九　「古墳が造られた時代」同編『古墳時代の王と民衆』（『古代史復元』第六巻）講談社
坪井清足　一九五八　「飛鳥寺の発掘調査の経過」『仏教芸術』第三三号
坪井清足　一九六一　「墓制の変貌」『世界考古学体系』四（日本四）、平凡社

坪井清足ほか　二〇〇四『因幡万葉歴史館紀要』第二号
出口　浩　一九七三「吉野町七社遺跡」『鹿児島考古』第八号
同志社大学考古学研究会　一九七三「丹後地域の古式古墳」『同志社考古』第一〇号
遠江考古学研究会　一九六六『大沢・川尻古窯跡調査報告書』(『遠江考古学研究会学報』第三集)
富樫卯三郎　一九七八『向野田古墳』(『宇土市埋蔵文化財調査報告書』第二集)
富樫卯三郎・高木恭二　一九八二「熊本県城ノ越古墳出土の三角縁神獣鏡について」『考古学雑誌』第六七巻第三号
得居義治　一九五九「北條市出土の弥生遺物について」『愛媛考古学』第三号
徳富則久・森田孝志　一九八三『詫田西分貝塚』(『千代田町文化財調査報告書』第二集)
鳥取県教育文化財団　一九八三『長瀬高浜遺跡発掘調査報告書』Ⅳ(『鳥取県教育文化財団報告書』一四)
豊橋市教育委員会　一九六三『瓜郷』
鳥居治夫　一九七三「文献からみた石作とその同族」『近江』創刊号、近江考古学研究会
内藤晃・市原寿文編　一九七二『浜名湖弁天島海底遺跡発掘調査概報』
直良信夫・小林行雄　一九三二「播磨国吉田史前遺蹟の研究」『考古学』第三巻第五号
直良信夫・渡辺九一郎　一九二七「聖陵山古墳とその遺物」『考古学雑誌』第一七巻第八号
長岡京市教育委員会　一九八一『史跡・恵解山古墳』
中川　渉　一九八八「瀬戸内のイイダコ壷とマダコ壷」『季刊考古学』第二五号、雄山閣
中口裕・上野与一　一九六〇「加賀国柴山潟周辺出土の土錘について」『古代学研究』第二三号
中島直幸・田島龍太編　一九八二『菜畑遺跡』(『唐津市文化財調査報告』第五集)
中島直幸ほか　一九八二「柏崎松本遺跡」『末盧国』
中田昭ほか　一九七三「ザブ遺跡」『山陽新幹線建設地内遺跡発掘調査報告』
中谷雅治ほか　一九七五『高川原遺跡発掘調査報告書』(『大江町文化財調査報告』第一集)
中辻慧大　二〇一四『須恵器誕生』(『和歌山県立紀伊風土記の丘秋期特別展』)
中西靖人　一九八五「埊」『弥生文化の研究』第五巻

中西靖人ほか　一九八〇　『瓜生堂』大阪文化財センター
仲原知之編　二〇一三　『大日山古墳発掘調査報告書』和歌山県教育委員会
長嶺正秀・末永弥義編　一九八五　『下稗田遺跡』（『行橋市文化財調査報告書』第一七集）
中村徹也編　一九八二　『天神山古墳』Ⅱ（『山口市文化財調査報告』第一四集）
中村浩ほか　一九七六　『陶邑』一（『大阪府文化財調査報告書』第二八輯）
名児耶明ほか解説　一九七九　『当麻曼荼羅縁起絵巻』（『日本絵巻大成』二四）中央公論社
奈良国立文化財研究所　一九五八　『飛鳥寺発掘調査報告』（『奈良国立文化財研究所学報』第五冊）
奈良国立文化財研究所　一九六〇　『川原寺発掘調査報告』（『奈良国立文化財研究所学報』第九冊）
楢崎彰一　一九五五　「名古屋市熱田区高蔵一号墳の調査」『名古屋大学文学部研究論集』一一
奈良拓弥　二〇一〇　「竪穴式石槨の構造と使用石材からみた地域間関係」『日本考古学』第二九号
難波洋三　一九八六　「銅鐸」『道具と技術Ⅱ』（金関恕・佐原眞編『弥生文化の研究』第六巻）雄山閣出版
難波洋三　二〇〇七　『難波分類に基づく銅鐸出土地名表の作成』（『平成一五年度～一八年度科学研究費補助金基盤研究（C）研究成果報告書』）
新納　泉　一九八二　「単竜・単鳳環頭大刀の編年」『史林』第六五巻第四号
新納　泉　一九八三　「装飾付大刀と古墳時代後期の兵制」『考古学研究』第三〇巻第三号
西口壽生ほか　二〇〇三　「大極殿院の調査・第一一七次」『奈良文化財研究所紀要』
西谷真治　一九六八　「石の宝殿」『天理大学報』第五九輯
西谷真治　一九七〇　「益田石船補考」『史迹と美術』第四〇一号
西谷真治・置田雅昭　一九八八　『ニゴレ古墳』（『弥栄町文化財調査報告』第五集）弥栄町教育委員会
西谷真治・鎌木義昌　一九五九　『金蔵山古墳』（『倉敷考古館研究報告』第一冊）
西谷正・鄭永鎬監修　二〇〇〇　『石塔寺三重石塔のルーツを探る』蒲生町国際親善協会
西ノ浜海蝕洞穴発掘調査団　一九八三　『三浦市西ノ浜洞穴』
日本考古学協会編　一九五四　『登呂』本編

日本考古学協会二〇一〇年度兵庫大会実行委員会編　二〇一〇　「古墳時代の棺とその歴史的意義」『日本考古学協会二〇一〇年度兵庫大会・研究発表資料集』同委員会

布目順郎　一九五〇　「銅鐸面の『I字形器具を持った人物』画像について」『考古学雑誌』第三六巻第二号
根木修・湯浅卓雄・土肥直樹　一九九二　「水稲耕作の伝来と共に開始された淡水漁撈」『考古学研究』第三九巻第一号
農商務省水産局編　一九一二　『日本水産捕採誌』上巻（復刻版一九八三）
野上丈助　一九六八a　「古墳時代における甲冑の変遷とその技術史的意義」『考古学研究』第一四巻第四号　第三部一章第四部第2章
野上丈助　一九六八b　「古墳時代における鉄および鉄器生産の諸問題」『考古学研究』第一五巻第二号
野上丈助　一九七二　『誉田白鳥遺跡発掘調査概要』（『大阪府文化財調査概要』一九七一—四）
野上丈助　一九八三　「日本出土の垂飾付耳飾について」『古文化論叢』藤沢一夫先生古稀記念論集刊行会
野島　永　一九九七　「弥生・古墳時代の鉄器生産の一様相」『たたら研究』第三八号、たたら研究会
萩本勝・山本雅和編　一九九〇　『三重県鳥羽市白浜遺跡発掘調査報告』本浦遺跡群調査委員会
橋口達也　一九七五　「横穴掘削工具について」『稲葉公園内遺跡』（『稲葉町教育委員会調査報告書』第一集）
橋口達也　一九七六　「磨製石剣嵌入骨について」『スダレ遺跡』（『穂波町文化財調査報告書』一）
橋口達也　一九七九　「甕棺の編年的研究」『九州縦貫自動車道関係埋蔵文化財調査報告』三一、中巻、福岡県教育委員会
橋口達也　一九八三　「ふたたび初期鉄製品をめぐる二、三の問題について」『日本製鉄史論集』たたら研究会
橋口達也・八幡一郎　一九七二　「半球形有孔滑石製品」『考古学雑誌』第五七巻第三号
橋口達也ほか　一九七一　『宮の前遺跡』（『福岡市埋蔵文化財調査報告書』第一三集）
橋詰清孝　一九九七　「神戸層群凝灰質砂岩を開発した石工集団」『古文化論集』伊達先生古稀記念論集
橋本澄夫　一九七四　「高田遺跡の調査概要」『富来町史　資料編』のうち「富来町の考古資料」
橋本達也　一九九五　「古墳時代中期における金工技術の変革とその意義—眉庇付冑を中心として—」『考古学雑誌』第八〇巻第四号、日本考古学会
橋本裕行編　一九八六　『弥生人の四季』奈良県立橿原考古学研究所付属博物館
花田勝広　一九八八　「横穴墓の造墓技術—河内の横穴墓を中心に—」『ヒストリア』第一〇二号

花田勝広　一九八九「倭政権と鍛冶工房」『考古学研究』第三六巻第三号
花田勝広　二〇〇二『古代の鉄生産と渡来人—倭政権の形成と生産組織—』雄山閣
花谷　浩　二〇〇二「飛鳥池遺跡と銅・ガラス製品の生産」『三世紀のクニグニ・古代の生産と工房』（『考古学研究会例会シンポジウム記録』三）考古学研究会
浜田耕作　一九二五『豊後磨崖石佛の研究』（『京都帝国大学文学部考古学研究報告』第九冊）
浜田耕作・梅原末治　一九二三『近江国高島郡水尾村の古墳』（『京都帝国大学文学部考古学研究報告』第八冊）
浜松市教育委員会編　一九七五『伊場遺跡—出土品の解説目録—』
林巳奈夫　一九七六『漢代の文物』京都大学人文科学研究所
原田大六　一九六一「一七号遺跡の遺物」『続沖ノ島』宗像神社復興期成会
春成秀爾　一九八二「銅鐸の時代」『国立歴史民俗博物館研究報告』第一集
春成秀爾　一九八四「最古の銅鐸」『考古学雑誌』七〇巻一号
樋口隆康　一九七九『古鏡』新潮社
菱田哲郎　一九九二「須恵器生産の拡大と工人の動向」『考古学研究』第三九巻第三号
平川敬治　一九九六「奈良時代以降の漁業」『考古学による日本歴史　二　産業Ⅰ　狩猟・漁業・農業』雄山閣
広島県教育委員会　一九七五『草戸千軒町遺跡』
広島県立府中高等学校生徒会地歴部　一九六七『古代吉備品治国の古墳について』（『府高学報』四）
広瀬和雄　一九七六『大園遺跡発掘調査概要』三（『大阪府文化財調査概要』一九七五年）
広瀬和雄　一九九一「耕地と灌漑」『生産と流通』Ⅰ（金関恕・佐原眞編『弥生文化の研究』第四巻）雄山閣
広瀬和雄　一九九四「大阪府」近藤義郎編『日本土器製塩研究』青木書店
広瀬和雄・和田晴吾編　二〇一一『古墳時代』下巻（『講座・日本の考古学』八）青木書店
福岡市歴史博物館　一九七七『福岡平野の歴史—緊急発掘された遺跡と遺物—』
福山敏男　一九四三「奈良時代に於ける法華寺の造営」『日本建築史の研究』桑名文星堂
藤井寺市教育委員会事務局編　一九九三『新版・古市古墳群』（『藤井寺市の遺跡ガイドブック』No.六）藤井寺市教育委員会事務局

藤井利章　一九七九　「家形石棺と古代氏族」『橿原考古学研究所論集』四
藤井利章　一九八二　「津堂城山古墳の研究」『藤井寺市史紀要』第三集
藤井直正ほか　一九七二　『勝部遺跡』
藤井直正・都出比呂志　一九六六　「考古資料」『枚岡市史』第三巻　史料編一
藤岡謙二郎　一九四二　「大阪市住吉区遠里小野町弥生遺跡」『大阪府下に於ける史前遺跡の調査』（『大阪府史蹟天然紀念物調査報告』第一二輯）
藤沢真依　一九七六　『東奈良』東奈良遺跡調査会
藤田憲司　一九七六　「讃岐の石棺」『倉敷考古館研究集報』一二
藤田三郎　一九八四　「唐古・鍵遺跡出土の骨角製品」『考古学ジャーナル』二三七
藤原清尚編　二〇〇五　『竜山石切場—竜山採石遺跡詳細分布調査報告書』高砂市教育委員会
藤森栄一　一九三六　「弥生式末期に於ける大型石錘」『考古学』第七巻第九号
藤森栄一　一九六一　「諏訪神社の柴舟」『信濃』第三次・第一三巻第一〇号
平安学園考古学クラブ　一九六二　「船橋遺跡の遺物の研究」（『平安学園研究報告』第三号）
埋蔵文化財研究会編　一九八六　『海の生産用具』第一九回埋蔵文化財研究集会
埋蔵文化財研究会編　二〇〇七　『古墳時代の海人集団を再検討する』第五六回埋蔵文化財研究集会
間壁忠彦　一九六六　「倉敷市広江浜遺跡調査概報」『倉敷考古館研究集報』第二号
間壁忠彦　一九六九　「児島・上之町保育園内遺跡」『倉敷考古館研究集報』第六号
間壁忠彦　一九七七　「石材からみた山陽道西部の家形石棺」『考古論集』松崎寿和先生退官記念事業会
間壁忠彦・間壁葭子　一九七四ａ　「石棺石材の同定と岡山県の石棺をめぐる問題」『倉敷考古館集報』第九号
間壁忠彦・間壁葭子　一九七四ｂ　「岡山県丸山古墳ほか長持型・古式家形石棺の石材同定」『倉敷考古館集報』第一〇号
間壁忠彦・間壁葭子　一九七五　「長持型石棺」『倉敷考古館集報』第一一号
間壁忠彦・間壁葭子　一九七八　『日本史の謎・石宝殿』六興出版
間壁忠彦ほか　一九七六　「石材からみた畿内と近江の家形石棺」『倉敷考古館研究集報』第一二号

正岡睦夫　一九七八「愛媛県今治市桜井雉之尾丘陵の古墳出土遺物」『古代学研究』第八六号
正岡睦夫ほか　一九七二「雄町遺跡」『岡山県埋蔵文化財発掘調査報告』
増田一裕　一九七七「畿内系家形石棺に関する一試考」『古代学研究』第八三・八四号
増田一裕・奥田尚　一九八〇「レンガ色安山岩製棺蓋未製品の発見」『古代学研究』第九三号
増田重信　一九七三「姫路城使用の石棺」『古代学研究』第六八号
増田孝彦ほか　一九九七『遠所遺跡』（『京都府遺跡調査報告書』第二一冊）京都府埋蔵文化財調査研究センター
町田　章　一九七〇「古代帯金具考」『考古学雑誌』五六巻一号
町田　章　一九七六「環刀の系譜」『研究論集』三、奈良国立文化財研究所
町田　章　一九七九『装身具』（『日本の原始美術』九）講談社
松井　章　一九九二「動物遺在体から見た馬の起源と普及」小野山節編『日本馬具大観』第一巻、古代上、日本中央競馬協会
松井和幸　二〇〇四「馬鍬の起源と変遷」『考古学研究』第五一巻第一号
松崎寿和・潮見浩　一九六三「松永市馬取遺跡調査報告」『広島県文化財調査報告』第四集
松田真一　一九八二「穴虫石切場遺跡」『奈良県遺跡調査概報（一九八〇年度）』
松本浩一ほか　一九八〇・八一「截切石組積横穴式石室における構築技術上の諸問題―いわゆる朱線をもつ南下E号古墳を中心として―（上）・（下）」『群馬県史研究』第一一・一三号
真鍋篤行　一九九五「弥生・古墳時代の瀬戸内地方の漁業」『瀬戸内海歴史民俗資料館紀要』Ⅷ
真野　修　一九七六「古代の飯蛸壺漁」『山陽ニュース』一九七六年七月号
馬目順一　一九八三「閉窩式回転銛」『縄文文化の研究』七
馬淵久夫　二〇一〇〜一二「漢式鏡の化学的研究（一）〜（三）」『考古学と自然科学』第六一〜六三号、日本文化材科学会
馬淵久夫・平尾良光　一九八二「鉛同位体比からみた銅鐸の原料」『考古学雑誌』六八巻一号
馬淵久夫・平尾良光　一九八二〜八三「鉛同位体比法による漢式鏡の研究」一・二『ＭＵＳＥＵＭ』三七〇・三八二号
馬淵久夫ほか　一九八二「古代東アジア銅貨の鉛同位体比」『考古学と自然科学』一五号
馬淵久夫ほか　一九八三「鉛同位体比法による太安萬侶墓誌銅板および武蔵国分寺附近出土銅造仏の原料産地推定」『古文化財の科

学』第二八号
丸山竜平　一九七一「近江石部の基礎的研究」『立命館文学』第三一二号
丸山竜平ほか　一九八六「滋賀県下における製鉄遺跡の諸問題」『考古学雑誌』第七二巻第二号
三浦圭一　一九八二「技術とそのにない手の社会的展開」『技術の社会史』一、有斐閣
三重県立神戸高等学校郷土研究クラブ編　一九六一『上箕田弥生式遺跡第一次調査報告』
三重大学歴史研究会原始古代史部会　一九六四「三重県津市高松弥生遺跡について」『古代学研究』第三七号
三木文雄　一九七四「王墓山古墳の遺物」『倉敷考古館研究集報』第一〇号
三辻利一　二〇〇二「胎土分析三〇年を振り返って」『日本文化財科学会会報』第四四号、日本文化財科学会
水野正好　一九七二「古墳発生の論理（一）」『考古学研究』一八巻四号
水野正好・野上丈助　一九七二『近飛鳥遺跡分布調査概要　Ⅱ』（『大阪府文化財調査概要』一九七一―六）
宮崎正義　一九六三「沖ノ島古墳群発掘調査概報」『三原文化』第二〇号
宮本常一監修　一九七三『佐渡相川の歴史』資料集二
三吉秀充　二〇一四「伊予市市場南組窯跡における初期須恵器の生産」『須恵器誕生』（平成二六年秋期特別展記念シンポジウム予稿集）
六車恵一　一九六五「讃岐津田湾をめぐる四・五世紀ごろの謎」『香川県文化財協会報』特別号七
向坂鋼二　一九七一「飾大刀について」『掛川市宇洞ヶ谷横穴墳発掘調査報告』（『静岡県文化財調査報告書』第一〇集）
向坂鋼二　一九七八「有樋十字型木製品」『伊場遺跡　遺物編』一（『伊場遺跡発掘調査報告書』第三冊）
村上久和編　一九九一『上ノ原横穴群』Ⅱ、大分県教育委員会
村上久和ほか　一九八八「勘助野地遺跡」『一般国道一〇号線中津バイパス埋蔵文化財発掘調査報告書』一
村川行弘・石野博信　一九六四『会下山』
森岡秀人・藤川祐作　二〇〇八「矢穴の型式学」『古代学研究』第一八〇号
森川昌和ほか　一九七一「浜禰遺跡」（『若狭考古学研究会研究報告』三）
森　浩一　一九五〇「大阪湾沿岸の飯蛸壺形土器とその遺跡」『古代学研究』第二号

森　浩一　一九五九「古墳出土の鉄鋌」『古代学研究』第二一・二二号
森　浩一　一九六三「飯蛸壺形土器と須恵器生産の問題」橿原考古学研究所編『近畿古文化論攷』吉川弘文館
森　浩一　一九六七「漁業」『体系日本史叢書一〇　産業史二』山川出版社
森浩一・白石太一郎　一九六八「鳴門海峡地帯における古代漁業遺跡調査報告」『紀淡・鳴門海峡地帯における考古学調査報告』（『同志社大学文学部考古学調査報告』第二冊）
森下章司　一九九一「古墳時代仿製鏡の変遷とその特質」『史林』第七四巻第六号、史学研究会
奈良県立橿原公苑考古博物館　一九七一『大和考古資料目録』第一集
森貞次郎　一九六一「福岡県夜臼遺跡」『日本農耕文化の生成』
森　暢編　一九七九「三十二番職人歌合絵巻」『新修日本絵巻物全集』二八、角川書店
森村健一　一九七六『今池遺跡』
安井良三編　一九六九『笠嶋遺跡』
柳沢一男　一九九〇「横穴式石室からみた地域間動向・近畿と九州」『横穴式石室を考える』帝塚山考古学研究所・古墳部会
柳田純孝ほか　一九七四『野方中原遺跡調査概報』（『福岡市埋蔵文化財調査報告書』第三〇集）
柳瀬昭彦　一九八四「土器製塩」『えとのす』二四
家根祥多編　一九九一『有熊遺跡第一・二次発掘調査概報』（『立命館大学文学部学芸員課程研究報告』第三冊）
山口大学人文学部考古学研究室　一九八二『伊倉遺跡発掘調査概報』（『山口大学人文学部考古学研究室研究報告』第一集）
山崎一雄　一九七七「飯塚市立岩および春日市須玖岡本関係試料の化学分析」『立岩』六興出版
山崎一雄　一九八二「宇木汲田遺跡出土の銅釧およびガラス玉の化学分析」『末盧国』河出書房新社
山崎一雄ほか　一九八〇「鉛同位体比測定による日本及び中国出土の考古遺物の産地の研究」『考古学・美術史の自然科学的研究』日本学術振興会
山崎純男編　一九八二『海の中道遺跡』（『福岡市埋蔵文化財調査報告書』第八七集）
山崎純男ほか　一九七三『下山門遺跡』（『福岡市埋蔵文化財調査報告書』第二三集）
山下勝年　一九七四「愛知県南知多町内浦下別所遺跡調査概報」『古代学研究』第七三号

山中英彦　一九七八『貝島古墳群』（『北九州市文化財調査報告書』第二八集）
山中英彦　一九八〇「鉄製漁撈具出土の古墳について」『古代探叢』早稲田大学出版部
山本　清　一九六六「山陰の石棺について・I―割竹型・舟形系の石棺―」『山陰文化研究紀要』第七号（『山陰古墳文化の研究』一九七一所収）
山本慶一　一九六九「備讃瀬戸海域より引揚げられたる古式タコ壺について」『物質文化』第一四号
横田洋三　二〇〇四「歴史に見る湖東流紋岩」『滋賀文化財だより』二八九
横田洋三編　一九九六『木瓜原遺跡』滋賀県教育委員長会・滋賀県文化財保護協会
横山将三郎　一九三三「釜山府絶影島東三洞貝塚報告」『史前学雑誌』第五巻第四号
吉岡　哲　一九七九「横口式石槨に関する二、三の問題」『河内太平寺古墳群』河内考古刊行会
吉田　晶　一九九七「石工たちの嘆き」『羽曳野市史』一、羽曳野市
吉田富夫　一九六八『埋田遺跡発掘調査報告』
吉田宣夫　一九七四『市脇遺跡発掘調査概報』
吉田宣夫　一九七七「ミニチュアカマドを出した船戸山古墳群」『月刊文化財』八
由水常雄　一九七八「東洋古代ガラスの技法」『MUSEUM』第三二四号
和歌山市教育委員会　一九六五『井辺弥生式遺跡発掘調査報告』
和田　萃　一九七三「飛鳥川の堰―弥勒石と道場法師―」『日本史研究』第一三〇号
和田晴吾　一九七六「畿内の家形石棺」『史林』第五九巻三号
和田晴吾　一九八一「漁具資料」『考古学メモワール』一九八〇、京都大学文学部考古学研究室
和田晴吾　一九八三「出雲の家形石棺」『展望・アジアの考古学』新潮社
和田晴吾　一九八七「古墳時代の時期区分をめぐって」『考古学研究』第三四巻第二号
和田晴吾　一九八九「葬制の変遷」都出比呂志編『古墳時代の王と民衆』（『古代史復元』第六巻）講談社、和田二〇一四所収
和田晴吾　一九九二「群集墳と終末期古墳」狩野久・山中一郎編『近畿I』（『新版・古代の日本』第五巻）角川書店
和田晴吾　一九九四「古墳築造の諸段階と政治的階層構成―五世紀代の首長制的体制に触れつつ―」荒木敏夫編『ヤマト王権と交流

の諸相』（水野祐監修『古代王権と交流』第五巻）名著出版
和田晴吾　一九九五「棺と古墳祭祀―『据えつける』と『持ちはこぶ棺』―」『立命館文学』第五四二号、和田二〇一四所収
和田晴吾　一九九六「大王の棺」『仁徳陵古墳築造の時代』（『大阪府立近つ飛鳥博物館図録』八）
和田晴吾　一九九七「三大古墳と日本海沿岸の古墳」『日本海三大古墳がなぜ丹後につくられたのか』（『第三回加悦町文化財シンポジウム』）加悦町・加悦町教育委員会
和田晴吾　一九九八a「畿内の石棺」『継体大王と越の国』福井新聞社
和田晴吾　一九九八b「古墳時代は国家段階か」都出比呂志・田中琢編『権力と国家と戦争』（『古代史の論点』第四巻）小学館
和田晴吾　一九九九a「古墳時代編年表」永原慶二監修『岩波日本史辞典』岩波書店
和田晴吾　一九九九b「古墳時代　棺・槨・室一覧図」永原慶二監修『岩波日本史辞典』岩波書店
和田晴吾　二〇〇三「棺と古墳祭祀（二）『閉ざされた棺』と『開かれた棺』」『立命館大学考古学論集』一、立命館大学考古学論集刊行会、和田二〇一四所収
和田晴吾　二〇〇四「古墳文化論」歴史学研究会・日本史研究会編『日本史講座』第一巻、東京大学出版会
和田晴吾　二〇〇七「古墳群の分析視角と群集墳」佐々木憲一編『関東の後期古墳群』（『考古学リーダー』一二）六一書房
和田晴吾　二〇一四『古墳時代の葬制と他界観』吉川弘文館
和田晴吾ほか　一九九二『鳴谷東古墳群第三・四次発掘調査概報』（『立命館大学文学部学芸員課程研究報告』第四冊）
渡辺一徳・高木恭二　一九八九「古墳時代石棺材としての阿蘇溶結凝灰岩」『熊本大学教育学部紀要』三八
渡辺　誠　一九六六「縄文文化時代における釣針の研究」『人類学雑誌』第七四巻第一号
渡辺　誠　一九六八「九州地方における抜歯の風習」『帝塚山考古学』第一号
渡辺　誠　一九七三『縄文時代の漁業』（『雄山閣考古学選書』七）
渡辺　誠　一九七〇「縄文時代における網漁業の研究」『日本原始文化の研究』（『平安博物館研究紀要』第一輯）
渡辺　誠　一九八五「西北九州の縄文時代漁撈文化」『列島の文化史』二

初出一覧

第一部　弥生・古墳時代の漁具と漁撈
第一章「弥生・古墳時代の漁具」小林行雄博士古稀記念論文集刊行委員会編『考古学論考』平凡社、一九八二年五月
第二章「土錘・石錘」・「釣針」・「ヤス・モリ」『道具と技術』Ⅰ（金関恕・佐原眞編『弥生文化の研究』第五巻）雄山閣、一九八五年一〇月
第三章「漁撈」『生業』金関恕・佐原眞編『弥生文化の研究』第二巻）雄山閣、一九八八年三月
付論一「漁撈」田中琢・佐原眞編『日本考古学事典』三省堂、二〇〇二年五月
第二部　古代の石工とその技術
第一章「石造物と石工」『専門的技術と技能』（上原真人ほか編『列島の古代史』第五巻）岩波書店、二〇〇六年二月（一部削除）
第二章「古墳時代の石工とその技術」『北陸の考古学』（『石川考古学研究会々誌』第二六号）一九八三年三月
第三章「石工技術」『生産と流通』Ⅱ（石野博信ほか編『古墳時代の研究』第五巻）雄山閣、一九九一年九月
第三部　弥生・古墳時代の金属器の生産と流通
第一章「金属器の生産と流通」『生産と流通』（近藤義郎ほか編『岩波講座　日本考古学』第三巻）岩波書店、一九八六年三月

付論一　「わが国の初期鉄器文化」『古代の製鉄コンビナート』一九九四年三月、立命館大学

付論二　「丹後の古墳群の動向と遠所遺跡」『歴史シンポジウム・丹後と古代製鉄』京都府弥栄町、一九九〇年一二月（改稿）

第四部　古墳時代の生産と流通

第一章　「古市古墳群とその時代」『古市古墳群とその時代―王権の構造と社会の変化―』（『藤井寺の遺跡ガイドブック』一二）藤井寺市教育委員会、二〇〇〇年三月（改稿）

第二章　「古墳時代の生業と社会―古墳の秩序と生産・流通システム―」『考古学研究』第五〇巻第三号、二〇〇三年一二月

結語　　新稿

挿図・表出典

図1　和田一九八二（個々の図は報告書等より）
図2　和田一九八二
図3　和田一九八二
図4　和田一九八二（個々の図は報告書等より）
図5　和田一九八二（個々の図は報告書等より）
図6　和田一九八五（個々の図は報告書等より）
図7　和田一九八五（個々の図は報告書等より）
図8　和田一九八五（個々の図は報告書等より）
図9　和田一九八五（個々の図は報告書等より）
図10　佐原一九八二
図11　和田一九八八
図12　和田一九九九b
図13　和田一九九九b
図14　和田一九九九b
図15　和田一九九九b
図16　和田一九九九b
図17　和田一九八三
図18　和田一九八三（著者撮影）
図19　和田一九八三（著者拓本）
図20　和田二〇〇六（著者撮影）
図21　和田一九八六
図22　和田一九八六（個々の図は報告書等より）
図23　和田一九八六（個々の図は報告書等より）
図24　1～10は網干一九六二、11・12は東一九八七
図25　西谷・置田一九八八（一部変更）
図26　佐藤一九九四、3は三浦二〇一〇、9・10は和田ほか一九九二
図27　増田ほか一九九七より作成
図28　家根一九九一より作成
図29　和田一九九六
図30　和田一九九八b
図31　和田一九九六
図32　和田一九九九a
図33　堤一九六八
図34　大阪府教育委員会提供
図35　中西ほか一九八〇
図36　松井二〇〇四
図37　秋山・網干一九五九、仲原編二〇一三
図38　町田一九七九
図39　吉田一九七七

図40　中辻二〇一四（一部変更・同氏より図の提供あり）
図41　三吉二〇一四（一部変更）
図42　和田二〇〇七
図43　和田二〇〇七
図44　和田二〇〇四（一部変更）
図45　和田二〇〇四（一部変更）
表1　和田一九八五
表2　和田一九八五
表3　和田二〇〇六
表4　和田二〇〇六
表5　和田二〇〇六
表6　和田一九八三
表7　和田一九八三（一部変更）
表8　和田一九八三
表9　和田一九八三
表10　和田一九九一
表11　和田一九九一
表12　和田一九九一
表13　和田一九八六
表14　和田一九九四
表15　植野一九九八（一部変更）
表16　植野一九九八
表17　武光一九八二

あとがき

第一部第一章の「弥生・古墳時代の漁具」(一九八二年)は京都大学文学部の卒業論文(一九七二年)をもとにしたものである。大学入学と同時に考古学研究会に入り、遺跡の保存運動に係わるなかで、大小・精粗いずれの遺物・遺構・遺跡にも価値があることを学び、卒論のテーマには、当時はあまり注目されていなかった弥生・古墳時代の土錘や石錘をはじめとする漁具を選んだ。魚捕りが好きなのに海のない奈良県に生まれ育ち、海への憧憬が強かったことや、助手だった都出比呂志さんの後押しがあったことも理由の一つである。漁村から農村を見てみるのも悪くはないなとも思っていた。見てまわった遺跡には土器製塩の遺跡が多かった。小林行雄先生から論文発表の許可を得たが、結局、発表できたのは一〇年後になってしまった。漁撈の研究を深めるには魚類そのものの生態や古環境の復元といった自然科学的研究が不可欠で、弥生・古墳時代の人とその社会を知りたい私にとっては少し迂遠な方向だという思いから、大学院の修士課程では古墳、特に石棺研究に打ちこんだ。

第二部第二章の「古代の石工とその技術」(一九八三年)は、修士論文『家形石棺とその時代』(一九七五年)に関係する遺物や遺構を見てまわった折に観察した石材加工技術の検討をまとめたものである。石材の表面に残る工具痕の拓本どりでは友人や家族にたいへんお世話になった。

また、学部・大学院を通じ、講義に出ない学生に単位を与えるために先生方が用意してくれた課題は「英語の文献を読んで要約し批判せよ」というものだったが、都出さんはスカンジナビア半島の新石器時代の漁具についての論文、小野山節先生はギリシア・ローマ時代の地中海世界における石棺についての書物だったのには、その視野の広さに驚くとともに、心遣いに感謝した。

第三部第一章「非鉄金属器の生産と流通」（一九八六年）は岡山大学におられた近藤義郎先生から突然言い渡された課題だったが、当時は比較的時間に余裕があった富山大学時代で、新鮮な気持ちで取り組むことができた。結果的には、その時に得た知見が「古墳時代の時期区分をめぐって」（『考古学研究』第三四巻第二号、一九八七年）で活かされ、私の古墳時代編年の基軸となった。

第三部の付論一「日本列島の初期鉄器文化」（一九九四年）は現在、立命館大学草津キャンパスがある地点で、滋賀県文化財保護協会が木瓜原遺跡という大規模な製鉄遺跡を発掘調査したことが契機となって、付論二「丹後の古墳群の動向と遠所遺跡」（一九九〇年）は、丹後の加悦町（現与謝野町）で立命館大学が鳴谷東古墳群を発掘していた折に、京都府埋蔵文化財調査研究センターが大規模に発掘調査していた遠所遺跡で製鉄遺構が多数発見されたことが契機となって作成したものである。木瓜原遺跡では横田洋三さん、遠所遺跡では増田孝彦さんにたいへんお世話になった。加悦町の有熊遺跡では発掘担当で二〇〇一年に急逝した元立命館大学文学部助教授の家根祥多さんのことが忘れられない。九月の長雨で発掘は長引いたが、主力メンバーからは多くの研究者が育った。

顧みれば、多くの方々に育てられつつ今に至ったという思いが強い。いつも近くに鏡や須恵器や埴輪や瓦などの研究者がいてくれたことも幸いした。皆、鋭い問題意識をもっていた。ここでは各論文に係わった僅かな方にしか触れられないが、お名前を挙げていない多くの方々からも有益なご教示・ご協力を数多く受けた。富山大学や立命館大学の学生や卒業生からも多くを学んだ。皆さまに厚くお礼申しあげるとともに、自由な行動を許してくれた家族にも心から感謝したい。なかには、いまだそのご厚意に答えられていないものも少なくないないが、今後の精進の糧としたい。

なお、本書の出版にあたっては、文章の校正、挿図の修正などで立命館大学准教授の下垣仁志氏、同大学院の原田昌浩・藤原怜史の両氏から多大の支援を得た。また、吉川弘文館の石津輝真氏には一貫して激励をいただき、限りないご支援を受けた。前著の『古墳時代の葬制と他界観』に続いて、このようなかたちで論文集を出していただいた吉川弘文館にも深く感謝したい。なお、表紙カバー表裏の写真については、兵庫県美方郡香美町教育委員会、大手前大学史学研究所、ならびに兵庫県立考古博物館から提供を受けた。

改めて、皆さまに心から厚くお礼申しあげます。

二〇一五年八月

和田晴吾

古墳時代の葬制と他界観

和田晴吾著

Ａ５判・三〇二頁／三八〇〇円

古墳はなぜ造られたのか。これまで政治・社会背景を中心に議論された古墳の築造を、精神的・宗教的行為として再検討する。古墳の築造そのものを葬送儀礼の一環と捉え、その儀礼における人びとの行為を具体的に復元し、加えて古墳の秩序が他界の秩序でもあった観念を解明する。中国、朝鮮半島の事例とも比較しつつ、東アジア世界のなかで捉えなおす。

（価格は税別）

吉川弘文館

著者略歴
一九四八年　奈良県生まれ
一九七七年　京都大学大学院文学研究科博士課程中退
京都大学文学部助手、富山大学人文学部助教授、立命館大学文学部教授を経て、
現在　兵庫県立考古博物館館長、立命館大学文学部名誉教授・博士（文学）
〔主要編著書・論文〕
『古墳時代の葬制と他界観』（吉川弘文館、二〇一四年）
『渡来遺物からみた古代日韓交流の考古学的研究』（編著、科研費報告書、二〇〇七年）
『講座・日本考古学』第七・八巻（共編著、青木書店、二〇一一・一二年）
「古墳文化論」『東アジアにおける国家の形成』（『日本史講座』第一巻、東京大学出版会、二〇〇四年）

古墳時代の生産と流通

二〇一五年（平成二十七）十一月一日　第一刷発行

著　者　和《わ》田《だ》晴《せい》吾《ご》

発行者　吉川道郎

発行所　株式会社　吉川弘文館
郵便番号一一三―〇〇三三
東京都文京区本郷七丁目二番八号
電話〇三―三八一三―九一五一〈代〉
振替口座〇〇一〇〇―五―二四四番
http://www.yoshikawa-k.co.jp/

印刷＝藤原印刷株式会社
製本＝株式会社　ブックアート
装幀＝黒瀬章夫

ISBN978-4-642-09344-6

索　引

Ⅰ 事　項

あ　行

か　行

さ　行

た　行

な 行

は 行

ま 行

や 行

ら 行

わ 行

Ⅱ 遺 跡 名

あ 行

か　行

さ 行

た　行

な　行

は　行

ま 行

や 行

ら　行

わ　行